21 世纪高职高专规划教材·公共基础系列

普通话训练教程

主　　编　高雅杰
副主编　　王　晶　佟永波
参　　编　冯　华　崔晓丹　栗延斌
　　　　　张振华　宋俊生
主　　审　金晓晖

清华大学出版社
北京交通大学出版社
·北京·

内容简介

本书以教育部、国家语委 2003 年颁布的《普通话水平测试大纲》为依据，将普通话学习与普通话水平测试紧密结合起来，本着知识性、操作性与实用性相结合的原则，编入了普通话声母、普通话韵母、普通话声调、普通话音变、普通话朗读、话题说话和普通话模拟测试等训练内容，寓理论知识于实际训练之中。通过这些内容的教学，旨在培养高职学生的普通话能力、社交语言能力，同时提高学生的综合素质。

本书是高职院校各类专业适用的基础教材，也可作为机关、公司和其他人员自学的参考用书。

本书封面贴有清华大学出版社防伪标签，无标签者不得销售。
版权所有，翻印必究。侵权举报电话：010 - 62782989 13501256678 13801310933

图书在版编目（CIP）数据

普通话训练教程／高雅杰主编. —北京：清华大学出版社；北京交通大学出版社，2009.7 (2018.1 重印)

（21 世纪高职高专规划教材·公共基础系列）

ISBN 978 - 7 - 81123 - 684 - 2

Ⅰ. 普… Ⅱ. 高… Ⅲ. 普通话 - 教材 Ⅳ. H012

中国版本图书馆 CIP 数据核字（2009）第 102473 号

责任编辑：孙秀翠
出版发行：清 华 大 学 出 版 社   邮编：100084   电话：010 - 62776969
　　　　　北京交通大学出版社   邮编：100044   电话：010 - 51686414
印　刷　者：北京时代华都印刷有限公司
经　　　销：全国新华书店
开　　　本：185×230   印张：18.5   字数：420 千字
版　　　次：2009 年 7 月第 1 版   2018 年 1 月第 6 次印刷
书　　　号：ISBN 978 - 7 - 81123 - 684 - 2/H·154
印　　　数：13 001～15 000 册   定价：29.00 元

本书如有质量问题，请向北京交通大学出版社质监组反映。对您的意见和批评，我们表示欢迎和感谢。
投诉电话：010 - 51686043，51686008；传真：010 - 62225406；E-mail：press@bjtu.edu.cn。

出版说明

高职高专教育是我国高等教育的重要组成部分,它的根本任务是培养生产、建设、管理和服务第一线需要的德、智、体、美全面发展的高等技术应用型专门人才,所培养的学生在掌握必要的基础理论和专业知识的基础上,应重点掌握从事本专业领域实际工作的基本知识和职业技能,因而与其对应的教材也必须有自己的体系和特色。

为了适应我国高职高专教育发展及其对教学改革和教材建设的需要,在教育部的指导下,我们在全国范围内组织并成立了"21世纪高职高专教育教材研究与编审委员会"(以下简称"教材研究与编审委员会")。"教材研究与编审委员会"的成员单位皆为教学改革成效较大、办学特色鲜明、办学实力强的高等专科学校、高等职业学校、成人高等学校及高等院校主办的二级职业技术学院,其中一些学校是国家重点建设的示范性职业技术学院。

为了保证规划教材的出版质量,"教材研究与编审委员会"在全国范围内选聘"21世纪高职高专规划教材编审委员会"(以下简称"教材编审委员会")成员和征集教材,并要求"教材编审委员会"成员和规划教材的编著者必须是从事高职高专教学第一线的优秀教师或生产第一线的专家。"教材编审委员会"组织各专业的专家、教授对所征集的教材进行评选,对所列选教材进行审定。

目前,"教材研究与编审委员会"计划用2~3年的时间出版各类高职高专教材200种,范围覆盖计算机应用、电子电气、财会与管理、商务英语等专业的主要课程。此次规划教材全部按教育部制定的"高职高专教育基础课程教学基本要求"编写,其中部分教材是教育部《新世纪高职高专教育人才培养模式和教学内容体系改革与建设项目计划》的研究成果。此次规划教材按照突出应用性、实践性和针对性的原则编写并重组系列课程教材结构,力求反映高职高专课程和教学内容体系改革方向;反映当前教学的新内容,突出基础理论知识的应用和实践技能的培养;适应"实践的要求和岗位的需要",不依照"学科"体系,即贴近岗位,淡化学科;在兼顾理论和实践内容的同时,避免"全"而"深"的面面俱到,基础理论以应用为目的,以必要、够用为度;尽量体现新知识、新技术、新工艺、新方法,以利于学生综合素质的形成和科学思维方式与创新能力的培养。

此外,为了使规划教材更具广泛性、科学性、先进性和代表性,我们希望全国从事高职高专教育的院校能够积极加入到"教材研究与编审委员会"中来,推荐"教材编审委员会"成员和有特色的、有创新的教材。同时,希望将教学实践中的意见与建议,及时反馈给我们,以便对已出版的教材不断修订、完善,不断提高教材质量,完善教材体系,为社会奉献更多更新的与高职高专教育配套的高质量教材。

此次所有规划教材由全国重点大学出版社——清华大学出版社与北京交通大学出版社联合出版,适合于各类高等专科学校、高等职业学校、成人高等学校及高等院校主办的二级职业技术学院使用。

21世纪高职高专教育教材研究与编审委员会

2009年7月

前　言

　　普通话是当前我国社会生活中最重要的交际工具,越来越多的人希望自己能说一口漂亮的普通话,随时随地展示自己的"第二张名片",说好普通话也成为现代大学生必备的基本素质,是事业成功的有利条件。著名语言学家吕叔湘先生曾指出"学好语言是学好一切的根本"。特别是到了今天的信息时代,语言文字规范更是掌握计算机语言的必要前提。能说流畅的普通话,具有较强的语言文字能力和计算机操作能力,在求学、求职和事业竞争中就能处于优势地位。近年来,"普通话水平测试等级证书"成为我国多数大学生就业必备的"通行证",许多在校的大学生都通过考取普通话水平测试等级证书以适应这一时代的要求。而随着新世纪语言文字工作的发展,特别是随着计算机辅助普通话水平测试工作的开展,普通话水平测试工作将更加科学化、规范化,对每一个应试者提出了更严格的要求,应试者必须经过系统的训练才能取得好的成绩。

　　本书从普通话语音训练、普通话应用技能训练和普通话综合模拟训练三方面系统地讲述了普通话的语音知识、普通话基本技能和普通话水平测试的内容、方法、要求等,既提供全面的普通话基础知识,又提供强有力的普通话技能指导和普通话水平测试的技巧方略。

　　本书主编高雅杰,副主编王晶、佟永波,主审金晓晖。

　　具体编写分工如下:

　　绪论由王晶编写,第一章、第六章由崔晓丹、高雅杰编写,第二章、第三章由佟永波、宋俊生编写,第四章、第五章由栗延斌、张振华编写,第七章由冯华编写,第八章由王晶编写。

　　本书在编写过程中参考了一些专家学者的论述与资料,由于体例有限未能一一注明,在此向有关专家学者致谢!同时,由于本书编写时间短,错误在所难免,恳请专家、同人批评指正。

编　者
2009年6月

目 录

绪论 普通话概述 …………………………………………………………… (1)
  第一节 普通话系统简介 ………………………………………………… (1)
    一、普通话的概念 …………………………………………………… (1)
    二、推广和普及普通话的意义和目标 ……………………………… (5)
    三、学习普通话的原则与方法 ……………………………………… (8)
  第二节 普通话的产生与规范 …………………………………………… (13)
    一、普通话的产生 …………………………………………………… (13)
    二、普通话的规范 …………………………………………………… (14)

第一章 语音常识 ………………………………………………………… (21)
  第一节 语音概说 ………………………………………………………… (21)
    一、语音的概念 ……………………………………………………… (21)
    二、语音的性质 ……………………………………………………… (22)
    三、语音的结构单位 ………………………………………………… (23)
  第二节 发音器官与发音技巧 …………………………………………… (24)
    一、发音器官 ………………………………………………………… (24)
    二、发音技巧 ………………………………………………………… (25)
  第三节 普通话发音训练 ………………………………………………… (27)
    一、气息控制训练 …………………………………………………… (27)
    二、共鸣训练 ………………………………………………………… (28)
    三、吐字归音训练 …………………………………………………… (29)

第二章 普通话声母 ……………………………………………………… (31)
  第一节 普通话声母概述 ………………………………………………… (31)
    一、声母的构成 ……………………………………………………… (31)
    二、声母的分类 ……………………………………………………… (32)
    三、声母发音分析 …………………………………………………… (34)
  第二节 普通话声母辨正 ………………………………………………… (36)

一、区分舌尖前音 z, c, s 和舌尖后音 zh, ch, sh ……………………… (36)
二、分清鼻音韵母 n 和边音声母 l ………………………………………… (39)
三、分清舌尖前音 r 和边音 l 的读音 …………………………………… (41)
四、分清唇齿音声母 f 与舌根音声母 h …………………………………… (42)
五、防止给零声元音添加声母 …………………………………………… (43)
第三节 普通话声母综合训练 ………………………………………………… (47)
一、声母发音练习 ………………………………………………………… (47)
二、声母发音综合练习 …………………………………………………… (48)

第三章 普通话韵母 …………………………………………………………… (53)
第一节 普通话韵母概述 ……………………………………………………… (54)
一、韵母与元音 …………………………………………………………… (54)
二、韵母的构成 …………………………………………………………… (54)
三、韵母的分类 …………………………………………………………… (55)
第二节 普通话韵母辨正 ……………………………………………………… (61)
一、分清 i 和 ü 的读音 …………………………………………………… (61)
二、分清 o 和 e 的读音 …………………………………………………… (62)
三、分清 ai 和 ei 的读音 ………………………………………………… (62)
四、分清 an 和 ang en 和 eng in 和 ing eng 和 ong un 和 iong 的读音 ……… (63)
五、避免丢失韵头 i 和 u ………………………………………………… (66)
六、韵母发音检测 ………………………………………………………… (67)
第三节 普通话韵母综合训练 ………………………………………………… (68)
一、韵母发音练习 ………………………………………………………… (68)
二、韵母发音综合练习 …………………………………………………… (73)

第四章 普通话声调 …………………………………………………………… (76)
第一节 普通话声调概述 ……………………………………………………… (76)
一、声调及其作用 ………………………………………………………… (76)
二、调值、调类、调号 …………………………………………………… (78)
第二节 普通话声调辨正 ……………………………………………………… (86)
一、普通话声调和方言声调辨正 ………………………………………… (86)
二、普通话声调与黑龙江方言声调的差异 ……………………………… (87)
第三节 普通话声调综合训练 ………………………………………………… (91)
一、声调发音训练 ………………………………………………………… (91)
二、声调辨正训练 ………………………………………………………… (95)

三、声调综合训练 ……………………………………………… (96)

第五章　普通话音变 ……………………………………………… (108)
第一节　普通话音变类型 ………………………………………… (108)
　　一、普通话音变的含义 …………………………………………… (108)
　　二、音变的类型 …………………………………………………… (108)
　　三、轻声 …………………………………………………………… (115)
　　四、儿化 …………………………………………………………… (121)
第二节　普通话音变综合训练 …………………………………… (123)
　　一、变调发音训练 ………………………………………………… (123)
　　二、语气词"啊"的音变训练 …………………………………… (130)
　　三、轻声的发音训练 ……………………………………………… (133)
　　四、儿化的发音训练 ……………………………………………… (135)

第六章　普通话朗读训练 ………………………………………… (138)
第一节　普通话朗读技巧 ………………………………………… (138)
　　一、朗读的含义 …………………………………………………… (138)
　　二、普通话水平测试中朗读的基本要求 ………………………… (138)
　　三、朗读的基本技巧 ……………………………………………… (141)
　　四、不同体裁的朗读技巧 ………………………………………… (149)
第二节　普通话朗读综合训练 …………………………………… (151)
　　一、单项训练 ……………………………………………………… (151)
　　二、综合训练 ……………………………………………………… (152)
　　三、独立训练 ……………………………………………………… (160)

第七章　普通话说话训练 ………………………………………… (164)
第一节　普通话话题说话技巧 …………………………………… (164)
　　一、普通话水平测试常用话题 …………………………………… (164)
　　二、普通话水平测试话题的分类方略 …………………………… (166)
　　三、普通话话题说话中的常见问题 ……………………………… (167)
　　四、普通话水平测试"命题说话"的基本要求 ………………… (168)
　　五、普通话水平测试"命题说话"的准备技巧 ………………… (170)
第二节　普通话话题说话综合训练 ……………………………… (173)

Ⅲ

第八章　普通话水平测试模拟训练 (201)

第一节　普通话水平测试基础知识 (201)
一、普通话水平测试的名称、性质、方式 (201)
二、普通话水平测试的对象和等级要求 (202)
三、普通话水平测试的内容和范围 (203)
四、普通话水平测试试卷构成和评分 (203)
五、普通话水平测试等级标准 (210)
六、普通话水平测试规程 (211)

第二节　普通话水平测试应试技巧 (220)
一、考前准备技巧 (220)
二、临场准备技巧 (225)
三、临场控制技巧 (226)
四、单项测试应试技巧 (227)

第三节　普通话水平测试模拟训练 (232)
模拟试卷一　北京市普通话水平测试样卷 (232)
模拟试卷二　上海市普通话水平测试样卷 (233)
模拟试卷三　黑龙江省普通话测试用卷　021号卷 (235)

附录A　普通话水平测试大纲 (241)
附录B　普通话异读词审音表 (247)
附录C　常用多音字表 (278)

参考文献 (288)

绪论

普通话概述

本章内容提要

❈ 普通话的概念；
❈ 推广和普及普通话的意义与目标；
❈ 学习普通话的原则与方法；
❈ 普通话的产生与规范。

精彩案例

单位小冯去北京出差，钱用完了，就到银行取钱，为小冯服务的是一个40出头的女人。小冯隔着玻璃用刚训练了两星期的普通话亲切地喊："大姐，我取钱。"银行女工作人员脸色大变，身体像筛糠一般开始抖动。小冯想，喊声大姐就激动成这样，莫不是我太帅了吧？于是更加嚣张地喊："大姐，我取钱！"忽然感觉脑袋嗡的一声，小冯被银行保安一棍子打倒在地，昏了过去。在医院，警察问刚醒过来的小冯："你为什么要抢银行？"小冯傻了："我抢什么银行？"那个银行的女同志指着病床上的小冯说："还狡辩，隔着玻璃就喊'打劫，我缺钱'，不是抢劫难道是存款啊？"如今小冯每天都要提醒我们："兄弟们，说好普通话，这样才安全！"

第一节 普通话系统简介

一、普通话的概念

普通话是汉民族的共同语，是规范化的现代汉语，是全国通用的语言。《宪法》和《语言文字法》把普通话作为我国语言规范的标准。语音、词汇、语法是语言的三要素，普通话的定义也从这3个方面限定和规范了它的内涵。它的科学定义可以表述为：普通话是以北京语音为标准音，以北方方言为基础方言，以典范的现代白话文著作为语法规范的现代汉民族共同语。普通话的"普通"不是"普普通通，没有特点"的意思，而是"普遍、通行"的意思。普通话是我国不同方言区以及国内不同民族之间的交际用语，也是我国对外进行国际交流的标准语，是联合国法定的6种工作语言之一。

1. 语音标准

普通话语音是以北京语音为标准音。北京语系是北方方言的主干，又是现代汉语语系的主脉，普通话语音特点主要体现在北京语系的特点上。

自元朝以来，北京一直是中国的政治、经济、文化中心。明清时期，以北京语音为标准音的"官话"传播到全国各地。"五四"运动后，又掀起了"国语运动"，这些都极大地促进了北京语音的传播，使北京语音最终成为"国音"。

北京语音比起任何方言、古音都简约易学，清晰度高、辨析力强。北京语音的音素只有32个，其中元音音素10个，辅音音素22个，它们分别在现代汉语音节中充当声母和韵母。北京语音的基本音节约400个，即便给每个音节冠以声调，总数也不过1 300多个。而发音方法和发音部位又都是普通的、常见的，与一些方言、少数民族语言和外来语相比，说来易学，听来易懂。北京语音除特殊的"轻声"外，音节的声调只有阴平、阳平、上声、去声4种，不像粤、吴、闽方言那样包括入声字在内有七八种之多。北京语音的音节结构形式严整、认记方便，声母和韵母以不同质的相互间隔和联结，使得音节界限清晰洗练而又容易形成节奏明快的语流，听起来富于节律性。除了少量以元音音素起头的零声母音节，绝大多数都是以辅音音素起头的有声母音节。辅音音素除了ng外，其余的都可以充当音节的声母。元音音素可以充当韵尾的只有i和u（ao和iao）两个。北京语音的音节不论开头或韵尾，都不存在复辅音现象。不像现代英语那样两个以上辅音联结成的辅音群可以任意出现在元音的前后。总之，北京语音既清越又柔和，节奏明快洒脱，韵律婉转跌宕。连读连说时，轻松灵动，活泼自然，可如行云流水，娓娓动听，亦可大气磅礴，铿锵激越。

虽然普通话以北京语音为标准音，但是普通话语音和北京语音也不能完全画上等号。北京语音指的是北京语音系统，也就是指北京话的声母、韵母、声调系统，而不包括北京土音。北京话有很多土音，比如，把"蝴蝶（húdié）"说成"hútiěr"，把"往东（wǎng 东）"说成"wàn 东"，把"告诉（gàosù）"说成"gàosong"。这些土音，使其他方言区的人难以接受。另外，北京话里还有异读音现象，例如，"侵略"一词，有人念"qīn lüè"、也有人念成"qǐn lüè"；"附近"一词，有人念"fùjìn"，也有人念成"fǔjìn"，这也给普通话的推广带来许多麻烦。特别是北京语音的儿化韵过多。比如，"今天、明天"，北京语音说成"今儿个，明儿个"。所以，从1956年开始，国家对北京土话的字音进行了多次审订，到了1985年才制定了普通话的标准读音。因此，当前我们学习普通话的语音，应以1985年公布的《普通话异读词审音表》和2005年版的《现代汉语词典》作为规范。

一位乡音浓重的语文老师,为学生朗读陆游的《卧春》,要求学生边听边写下来。

语文老师朗读如下:	有位学生听写如下:
《卧春》	《我蠢》
暗梅幽闻花,	俺没有文化,
卧枝伤恨底,	我智商很低,
遥闻卧似水,	要问我是谁,
易透达春绿。	一头大蠢驴,
岸似绿,	俺是驴,
岸似透绿,	俺是头驴,
岸似透黛绿。	俺是头呆驴。

2. 词汇标准

普通话词汇以北方方言为基础方言。一般来说,北方方言指的是长江以北的汉语方言,广义上还包括四川、云南、贵州和广西北部的方言,这些地区的词汇是普通话词汇的基础和主要来源。为什么要以北方方言为基础方言呢?主要原因是汉语方言复杂,我国语言学界根据全国汉民族居住地把现代汉语按语音系统,粗略地划分为七大方言区,即北方方言、吴方言、赣方言、湘方言、闽方言、粤方言和客家方言。在这七大方言区中,北方方言覆盖的面积大,人口比例多,占汉族总人口的73%以上,分布在从东北的黑龙江到西南的云贵高原、从西北的玉门关到东海之滨以及长江沿岸的广阔地域,具有广泛性和普遍性。北方话各种方言虽然存在差异,但词汇却有相当的一致性。正因为如此,所以使用北方话的人,哪怕一个在东北,一个在西南,交流起来也几乎没有什么大的困难。而其他六个方言区,不仅方言内部分歧很大,而且方言区之间的差异也很大。因此,以北方话为基础方言的普通话是唯一能跨越方言隔阂、沟通各兄弟民族之间交际的全国通用的语言。

当然,北方方言能够成为普通话词汇的基础,还有一定的历史原因。就是明清时期,几部长篇小说,像《水浒传》、《西游记》、《红楼梦》用的都是北方方言,这些小说传遍了各个方言区,所以,实际上随着长篇小说的流行,北京方言的很多词汇也被各方言区普遍认同了。但要强调的是北方方言的词语中也有许多北方各地的土语,比如,北京人把"吝啬"说成"抠门儿",把"肥皂"叫作"胰子"。时下里比较火的东北方言里土语就更多了,比如,东北人问:"你在哪呢?"说成"你在哪嘎达呢?","你干什么呢?"说成"你干啥呢?",普通话说"这个人长得真难看",东北方言说成:"这个人长的真砢碜"。还有东北方言形容"多"的词汇很丰富,可以说成"贼多、成多了、老多了、老鼻子了、海了"。像这样的方言词语如果使用过多,必然会造成交流的障碍,引起不必要的误会。所以,不能把所有北方方言的词汇都作为普通话的词汇标准,要有一个选择。当各地有义同而形不同的词语时,一般以北方方言中比较通行的词语为标准;如"玉米"、"棒子"、"包米"、"珍珠米"、"老玉米",这些同一事物的不同名称,普通话选用通用的"玉米",放弃了其他不通用的名称。当然,普通话也适当吸收了一些有生命力的古代汉语、其他方言以及外来语言中的词汇来丰富和发展自己。例如,"若干"、"而已"、"逝世"、"诞辰"等是古汉语的书面语,"尴尬"、"垃圾"是从吴方言中来的,"发廊"、"炒鱿鱼"、"发烧友"是从粤方言中来的,"沙发"、"克隆"、"咖啡"是外来词。近年来,国家语委正在组织人力编写《现代汉语规范词典》,将对普通话词汇作出进一步的规范。

1998年某省发大水,中央的一个联络员与某省的某位领导联系,询问情况。

某省的这位领导张嘴就说:"哎呀妈呀,首长啊!!俺们这嘎水老大了!"

联络员就问:"具体情况怎么样?都哪些地区被淹了?"

某省的领导说:"俺们这嘎整个浪都给淹了!!"

于是联络员就摊开地图开始找,旁边的人问他找什么呢?联络员说:"我找'整个浪'呢,'整个浪'这个地方在哪?怎么找不着啊。"

大家说他能找到吗?肯定不能啊,因为,"整个浪"在东北方言中就是全、都的意思。

这个小笑话说明了什么呢?

引用泰戈尔的一句名言就是:世界上最遥远的距离,不是生与死的距离,也不是天各一方。而是你说方言我什么也听不明白。总之,一句话:说好普通话,走遍天下都不怕!

3. 语法标准

普通话的语法是以典范的现代白话文著作为语法规范。这个标准包括4方面的意思。

(1)"典范"就是排除不典范的现代白话文著作作为语法规范;也就是要以鲁迅、茅盾、冰心、叶圣陶等大家的现代白话作品为规范,并且还必须是这些现代白话文中的"一般的用例"。

(2)"白话文"就是排除文言文。

(3)"现代白话文"就是排除五四以前的早期白话文。自"五四"新文化运动以来,白话文就以其通俗性、大众化、表现力强而深得广大学者和民众的欢迎。在白话文著作里,由于书面语是经过作者反复推敲加工的、比较成熟的语言,具有普遍性、确定性和稳固性,不但语法有明确的规范性,词汇有广泛的通用性,而且文字简练、明白,修辞恰当,逻辑性强。

(4)"著作"就是指普通话的书面形式,它建立在口语基础上,但又不等于一般的口语,而是经过加工、提炼的语言。

播放一段标准的普通话录音或视频（如中央电视台的节目），音量放小，坚持听几分钟，说出所听的内容，然后放大音量复听对照（有关内容教师可根据需求自选）。

二、推广和普及普通话的意义和目标

（一）推广和普及普通话的意义

1. 增强民族凝聚力

语言是一个民族的声音。从大处讲，推广普通话，说好普通话，是我们祖国屹立于世界民族之林的需要。我国现有56个民族，13亿多人口，使用约80种语言，仅其中的汉语，就分成北方、吴、赣、湘、粤、闽、客家等多种大方言，每种大方言下又分为若干次方言，次方言下又有无数种土语。各种方言土语之间，难以听懂甚至无法沟通的现象比比皆是。普通话是现代汉民族共同语，我国不同方言、不同语言的各地区、各民族之间使用普通话进行交流、沟通，加强了民族间的团结，增强了中华民族的凝聚力。因此，推广普通话，直接关系到国家的统一，民族的团结，社会的稳定和经济文化事业的发展。

一个口音很重的县长到村里作报告：

"兔子们，虾米们，猪尾巴！不要酱瓜，咸菜太贵啦！"

（翻译：同志们，乡民们，注意吧！不要讲话，现在开会啦！）

县长讲完后，主持人说："咸菜请香肠酱瓜！"

（翻译：现在请乡长讲话！）

乡长说："兔子们，今天的饭狗吃了，大家都是大王八！"

（翻译：同志们，今天的饭够吃了，大家都使大碗吧！）

"不要酱瓜，我捡个狗屎给你们舔舔"

（翻译：不要讲话，我讲个故事给你们听听。）

2. 加快经济建设的步伐

推广普及普通话，营造良好的语言环境，有利于促进人们的交流，有利于商品流通和培育统一的大市场。随着改革开放和社会主义市场经济的发展，社会对普及普通话的需求日益迫切。党的十四大确定了建立社会主义市场经济体制的战略决策，改革开放更加深入，市场经济逐步建立，中文信息技术飞速发展，这持续、迅猛地促进了人口流动。伴随人口流动的是语言的流动，而这些流动人口为了谋生和竞争，都不得不操着带家乡音的普通话进行交际，从而推动了全国通用的语言——普通话的普及。跨地域的经济协作、投资招商、商品展销、交流培训、旅游观光及大型文化、体育活动等，都离不开普通话。在沿海经济发达地区，普通话已经成为与本地方言并行的通用语言，许多企业很早就意识到普通话与经济效益、企业形象的密切关系，并将普通话作为商品和企业形象的媒介。香港一位商场营业员说："过去不爱说普通话，是因为跟面子联系在一起。现在愿意说普通话，是因为跟票子联系在一起。"

精彩案例

会讲普通话，购物可打折。香港电台普通话台决定在2001年9月13日，由"汇丰普通话基金"赞助，举办第一次普通话日，鼓励港人说普通话。香港电台还与香港旅游服务业协会和香港总商会等机构合作，邀请他们旗下约3 000家会员商户，展开"普通话日购物优惠"活动。9月13日当天，顾客凡到贴有"普通话日"招贴的商店，用普通话购物，即可获得九五折优惠。

3. 适应信息产业的需求

当前，信息技术水平是衡量国家科技水平的标志之一，而语言文字的规范化、标准化是提高中文信息处理水平的先决条件。推广普及普通话和推行《汉语拼音方案》有利于推动中文信息处理技术的发展和应用。计算机处理的信息内容主要是语言文字，语言文字是主要的信息载体，规范标准的语言文字是信息产业发展的前提。现在，人们的日常生活已经离不开广播、电视、电脑，而普通话恰恰是它们传播信息的主要载体。比如多数人用计算机打字使用拼音输入法，因为拼音输入法简单、易操作，但其使用的前提就是普通话准确、汉语拼音熟练。另外，"动口不动手"将成为今后计算机输入的发展趋势。计算机键盘的作用将逐步减少，今后人们使用计算机时将不再是通过键盘输入文字，而是用语音来输入文字。微软总裁比尔·盖茨说："用语音输入文字是我们微软公司正在努力奋斗的目标之一。"他认为在今后5年内，互联网搜索将更多通过语音来完成。现在语音输入和语音转换技术已跨入实用阶段，但如果普通话普及工作跟不上，语音输入技术的应用和推广就会受到很大限制。

4. 有利于个人整体素质的提高

精彩案例

《扬子晚报》报道过一件聘请保姆的新鲜事。南京的黄先生想给未满周岁的儿子找一位保姆，他在报上登出广告，保姆要有高中学历，还必须会说普通话。黄先生告诉记者，保姆的言行会对孩子产生很大影响，对保姆要求高是对孩子负责。

"说好普通话，高雅又潇洒"，普通话的推广普及程度不仅是一个国家文明程度的标尺，也是衡量一个人素质、修养的尺度之一。自如、流利、顺畅地使用本国母语是一个人应具备的基本素质，其他各种素质、能力都是在此基础上发展而来的。人的思想、能力、学识、修养、文化都要通过语言来展现，语言能力是一个人工具性的、终身受用的能力，语言能力的提高有利于一个人整体素质的发挥和发展。发达国家的研究者们把阅读表达能力称为"第一文化"，把计算机语言称为"第二文化"，具备"第一文化"是获得"第二文化"的基础和前提。一个人，如果能说流畅标准的民族共同语，具有自如运用语言文字的能力，再熟练掌握一至两门外语，具备操作计算机的基本能力，将会在求学、求职、竞争中处于优势。现在，很多企业招聘员工都把会说普通话列入录用条件，很多城市也都要求年轻干部"四会"——会普通话、会计算机、会开汽车、会外语。就像推广普通话的口号说的那样：说好普通话，走遍天下都不怕。

2007年高考有一道语文试题：要求用10到20个字给推广普通话做个广告策划，也就是写广告词。现将一些经典的广告语摘录如下：

◆ 方言诚可贵，外语价更高；若为普通话，二者皆可抛。
◆ 做普诵人，讲普通话。
◆ 学好普通话，走遍天下都不怕。
◆ 今年暑假不休息，学习只学普通话；今年过节不说话，要说就说普通话。
◆ 出门儿要讲普通话！地球人都知道。
◆ 学习普通话！我们一直在努力！
◆ 普通话，挺好。
◆ 悟空，你要说普通话。要不然观音姐姐会怪你的！
◆ 说了普通话，牙好，胃口好，吃嘛嘛香。
◆ 上网用TCP/IP，说话说普通话。
◆ 嘿，说了普通话，还真对得起咱这张嘴！
◆ 爱她，就对她说普通话。
◆ 普通话，咱老百姓自己的话。
◆ 普通话，语言中的战斗机。
◆ 从前说方言，一句话五遍地说，麻烦！现在好了，说了普通话，一口气说五句，还不累，好听易懂。您听好了，这是普通话！
◆ 国家免检产品——普通话！
◆ 不管黑猫白猫，会说普通话的猫就是好猫！
◆ 普通话——国家宇航员指定语言。
◆ 一人说普通话，全家都光荣！

- ◆ 自从说了普通话，腰不酸腿不痛了，学习成绩还提高了许多。
- ◆ 不想说普通话的士兵不是好兵！
- ◆ 自从学了普通话，身体好了，普通人我还不告诉他呢。

（二）推广和普及普通话的目标

目前，我国还处在工业化的初级阶段，交通和通信还不够发达，严格意义上的语言规范化工作也还只是刚刚起步，方言分歧还在严重地阻碍着社会进步，普及普通话的任务还远远没有完成。为了大力推广普通话，促进汉语规范化，从而有利于普及文化教育、发展科学技术、提高工作效率，1997年全国语言文字工作会议确定了新世纪推广普及普通话的宏伟目标，即：2010年以前，普通话在全国范围内初步普及，交际中的方言隔阂基本消除，受过中等或中等以上教育的公民具备普通话的应用能力，并在必要的场合自觉地使用普通话；21世纪中叶以前，普通话在全国范围内普及，交际中没有方言隔阂。经过未来四五十年的不懈努力，我国国民语文素质大幅度提高，普通话的社会应用更加适应社会的经济、政治、文化发展需要，形成与中等发达国家水平相适应的良好语言环境。

三、学习普通话的原则与方法

学好普通话，不但要标准规范，而且要悦耳动听，这绝非一件容易的事情。从某种程度上讲，学好普通话并不亚于学好一门外语，尤其是对那些方音土语较重的人来说更是如此。因此，普通话水平的提高，绝不是一朝一夕的事情，必须持之以恒，狠下苦功。同时，还要掌握正确的学习原则与方法。

（一）学习普通话应遵循的原则

1. 克服心理障碍，自觉开口

普通话并不难学，难的是对心理状态的调整和改善。许多人在学习普通话时害怕自己因生硬别扭的发音出丑，或是畏惧长时间训练的困难，这些心理障碍常常会阻碍学习普通话的进程。针对这种情况，需要及时调节心理状态，放下心理包袱，大胆地开口讲。任何学习都有一个从笨拙到熟练的过程，学习普通话也不例外，要尽早达到熟练程度，只有下苦工夫克服困难，战胜畏惧心理，才能成为学习中的胜利者。反之，如果在学习中过分顾及面子，不敢坦然面对自己的发音缺陷，更不能以顽强的意志和艰苦的努力去克服、改善它，一味地退避畏缩，其结果不仅使自己付出了时间和精力却收效甚微，而且容易造成心理上的阴影，加重今后学习和生活的负担。如果大家都敢于说，并且互相纠正，就会营造出一种普通话学习的良好氛围。

2. 以练为主，学练结合

普通话训练与其他理论课相比有明显的区别，它必须突出一个"练"字，"练"是普通话学习最重要的原则。"练"就是进行语言实践，利用一切机会多说多听，采取多种形式，主动地、反复地进行练习。虽然突出"练"字,但是练习要在一定理论指导下采取多种形式,主动地、反复地进行。因此,不能排除基础知识和基本理论的学习,特别是要重视语音知识的学习。因为,各汉语方言区的人在说普通话时,往往会带有地方口音,这叫作"地方普通话",它是介于标准普通话和方言间的一种过渡状态。"地方普通话"与普通话之间的差异突出表现在语音方面,学习普通话,提高口语表达技能的重点、难点就是语音知识。如果没有语音知识做基础,就难以对自己不准确的语音进行科学的分析和纠正。掌握了语音知识,就能知道每个音、每个字的正确发音到底是怎样的,音与音、字与字之间的发音差别是什么,从而提高辨别和判断语音的能力,掌握正确的发音方法。如果普通话语音不合要求,口语表达效果和水平都将无从谈起。

3. 以听促说,听说配合

口语训练以说练为主,但也不可忽视听的训练。听与说两者之间关系极为密切,听是说的基础,听好才能说好。把听与说相结合,既能培养听话的能力,又能促进说话能力的增强。听话能力是指对口语的接受能力,听的过程包含着对话语的理解、记忆、分析、判断。听的速度及听辨的正确程度,能反映出一个人思维能力的强弱和知识水平的高低。不少学生听辨能力较差,听别人讲话不专心、不耐心;听较长的发言抓不住要点,分不清条理;更不习惯于边听边记,迅速进行分析判断。这都是缺乏严格训练的结果。听话训练要注重注意、记忆、理解、反应、品评等能力的培养,方式多种多样,如听广播、听朗读、听故事、听演讲、听辩论等,听记结合、听后复述、进行评议等。听说兼备,以听促说,是提高普通话能力的重要途径之一。

4. 由易到难,循序渐进

普通话训练需要遵循由易到难、由简到繁的规律,循序渐进地进行。在训练步骤上,应按照由单项练习到综合练习;由读到说;由说片段到说整段整篇;由照稿读到按提纲说,再到脱稿说,最后到即兴说这样的程序来安排。应从发好每个音节练起,逐步过渡到语句、片段、全篇,每一步训练内容都要扎扎实实地完成。只有严格按照科学的程序学习训练,才能使普通话的训练取得较好的效果。

5. 课内课外,相辅相成

普通话的训练不仅仅是在课堂上,它需要广开阵地,把课内教学与课外活动结合起来。课内教学应尽可能为学生提供较多的练习机会,采用朗读、背诵、复述、演讲、对话等多种形式进行练习,帮助学生掌握口语表达的技巧和要领。但是,仅靠课堂练习是难以完成练习任务的,必须在课外挤时间练习。同时,还应积极参加一切能够锻炼口头表达能力的活动,如故事会、朗诵会、演讲会、辩论会等。这样,不仅课内的训练内容得到了巩固,而且还能够让大家相互交流,相互促进,共同提高,使口语水平有一个质的飞跃。

6. 边练边测,训练测评相结合

普通话训练要目标明确,在重视训练的同时,对每一阶段的训练效果,必须采取一定的方式进行测评。训练阶段是消化知识、提高能力的阶段,是普通话训练的重要组成部分;测评阶段则是对自己训练效果的考察。如果只进行训练而不及时测评，就不知道自己达到了什么样的水平，还存在什么问题，就很难有更大的提高。因此，通过测评可以及时发现问题，看到成绩，总结经验以保证取得更好的效果。

（二）学习普通话的方法

要学好普通话，应努力做到八多，即多听多想、多读多说、多查多比较、多问多记。

1. 多听多想

听是人们认识声音的唯一渠道，是学好语音的重要前提和基础，又是提高听辨能力的好方法。一个连普通话都听不懂的人能讲出一口流利的普通话，是令人难以想像的。多听，就是要多听电台、电视台标准普通话的播音，特别是中央电视台和中央人民广播电台的节目。多看讲普通话的电影、电视，多听普通话教师或说普通话比较好的同学的发音，也可拿自己的录音与正确的普通话对照着听。在收听收看时，应该注意播音员的口形，可以边听边模仿，也可把自己的普通话的录音和普通话标准者的录音进行比较，找出差异，加以改进。同时，在听中多感受多比较，想一想自己哪些字音发得对，哪些字音发得不对，是声母、韵母错了，还是声调不对。

2. 多读多说

多读，就是要跟着普通话教师或普通话录音、录像带读，可在教师指导下，采取多种形式的读。多朗读规范的书面材料，读一些普通话读本或带有注音、调号的读物，从一个词、一句话读起，一丝不苟，坚持朗读或朗诵，提高朗读水平。

多说，就是经常开展"说"的活动，在说中锻炼自己的能力。说好普通话应以字音准确为前提。首先，要学好汉语拼音，打好基础，字音比较标准了，就可以有针对性地朗读绕口令之类，提高发音器官协调发音的能力，还可以多朗读、背诵一些名篇佳作以培养良好的语感。其次，要积极参加朗诵、演讲、讲故事、说快板、说相声、歌唱、话剧、辩论、播音主持等语言艺术活动。

3. 多查多比较

在听的比较中，发现与自己习惯上的发音有不一致的，要及时记录下来，通过查"常用字表"明确读音，特别是大纲规定的常用字词的标准读音必须熟悉掌握。勤查新版《新华字典》和《现代汉语词典》。在练习中如果遇到这样或那样的问题，可以向他人请教，也可以多查字典、词典和教材。建议使用最新版的《新华字典》、《现代汉语词典》及《现代汉语规范字典》。

4. 多问多记

学问乃是问之道，问题的解决，也以问为先。问题不怕错，就怕不问，不问就永远错，问了才能解决。要记住没有对应规律的例外字、特殊字的读音，反复朗读，逐个记住。在学习普通话过程中，尤其要注意克服地方方言的发音习惯，注意每个字音、调的辨正。

总之，学习普通话，光记一些概念、规则是没有多大用处的，重要的是在理解知识，掌握方法的基础之上，全面地进行听、说、读、记的训练，养成勤动脑想、动耳记、动口说、动手查的良好习惯，这样才能练就一口标准、流利、令人羡慕的普通话。

普通话和方言

　　方言是语言的地域变体，相对于共同语来说，每种方言在语音、词汇、语法系统方面都与共同语存在着程度不同的差异，而最显著的是语音系统的差异。汉语方言之间的差异可以大到不能彼此通话、相互交流的程度，这在世界其他语言中是不多见的。西方学者甚至认为："汉语更像一个语系，而不像有几种方言的单一语言。"

　　每一种语言内部存在各种各样的地域性差异，据此，可以划分出多种方言。所谓方言，即是同一种语言在时间和空间的共同作用下所形成的地域变体。汉语的各种方言都是汉语的地域变体。汉语的方言体系十分复杂，从大的方面可以划分成北方方言、吴方言、粤方言等，各大方言内部又可分出若干次方言，甚至同一种次方言内部的各土语之间，也存在着严重的分歧，有时也会有交际困难。20世纪初，随着现代语言学传入中国，方言研究的科学方法也逐渐被中国的语言研究者们接受和采纳，章炳麟、赵元任、李方桂、丁声树、李荣等先后提出了九区、十一区、八区的分类法，1963年，闽南闽北二合一的七区观点被学术界普遍接受。下面简单介绍一下汉语七大方言区。

　　1. 官话方言，也叫北方话或北方方言

　　代表方言：北京话。

　　分布地域：长江以北除皖北怀宁等九县和湖北监利、苏北、海门三县的所有地区；长江以南包括云南、贵州、重庆、广西、安徽的部分地区，苏、浙、赣、湘、鄂的部分地区。本区共辖1700个县市，使用人口7.1亿，占汉语区地域的3/4，人口的73%。

　　2. 吴方言，也叫吴语

　　代表方言：上海话（现在）、苏州话（早期）。

　　分布地域：上海市、浙江省、苏南，苏北部分地区、赣东北部分地区、闽北浦城。共辖135个市县，使用人口约7 000万，占汉语区人口的7.2%。

　　3. 湘方言，也叫湘语

　　代表方言：长沙话（湘北）、邵阳话（湘南）。

　　分布地域：湖南省中部、南部，广西东北部的部分地区。共辖61个市县，使用人口约3 085万，占汉语区人口的3.2%。

　　4. 赣方言，也叫赣语

　　代表方言：南昌话。

分布地域：赣北、赣中、湘东和粤东南部分市县，皖西南和闽西部分地区。共辖101个市县，使用人口约3 127万，占汉语区人口的3.2%。

5. 客家方言，也叫客家话

代表方言：梅县话。

分布地域：广东的东部、中部以及毗连的赣南闽西和湘东南地区，台湾西北部和南部的部分市县，广西、四川不成片分布。共分布于200多个市县，其中纯客家话市县41个。使用人口约3 500万，占汉语区人口的3.6%。另外，海外华人社区也有客家话分布。

6. 闽南方言，也叫闽南话

代表方言：倔州顶、厦门佰。

分布地域：福建省、海南省、台湾省、广东潮汕地区和雷州半岛，浙南苍南、平阳二县，广西平南、桂平的部分地区。共辖107个市县，使用人口约5 500万，占汉语区人口的5.7%。东南亚华人社区也有广泛分布。

7. 粤方言，也叫粤语

代表方言：广州话。

分布地域：广东珠江三角洲和茂名地区，广西东南的梧州、玉林、钦州，香港、澳门特别行政区。共辖90个市县和特别行政区，使用人口约4 000万，占汉语区人口的4.1%。美洲、澳洲华人社区也有广泛分布。

【练一练】

1. 用普通话向全班同学作自我介绍。
2. 选一篇短小的诗文用普通话在班上朗读。
3. 就是否有必要开设普通话训练课程谈谈自己的看法。

【经典网站推荐】

1. 普通话学习网：http：//www.pthxx.com
2. 欣欣普通话在线：http：//www.pthzx.net
3. 在线学习—普通话学习：http：//www.cso365.com/putonghua
4. 中国语言文字网：http：//www.china-language.gov.cn

【经典视频推荐】

1. 标准普通话教程讲座：北京广播学院播音主持艺术学院副教授吴弘毅主讲
http：//www.56.com/w90/play_album-aid-6555196_vid-MzQ0MjUzOTI.html
2. 普通话学习讲座：http：//www.tudou.com/programs/view/ZrJQ8Uh5Y4U/

【经典软件推荐】

《跟我学普通话》（Let's Learn Chinese），是一款技术先进的普通话学习软件。

【学习提示】

1. 从今天开始，每天坚持收听中央人民广播电台或收看中央台的新闻联播节目，并录下一段标准的普通话，反复听，反复模仿，直到用标准的普通话能将其背熟为止。

2. 从今天开始，准备一个能够随身携带的小笔记本，随时记录别人说错的字或自己不确定的字音，及时查字典纠正。

第二节 普通话的产生与规范

一、普通话的产生

中华民族是一个古老的民族，民族共同语在历史上并不罕见，如有记载的孔子时代的"雅言"，扬雄时代的"通语"，明、清时期的"官话"，辛亥革命以后的"国语"等。因此，现代汉民族共同语并不是现当代才出现的，从现阶段不同的地区对普通话的不同称谓，比如，现阶段我国大陆称作"普通话"，台湾地区称为"国语"，东南亚华人称为"华语"，学术界称为"现代标准汉语"，可以看出：现代汉民族共同语——普通话的产生和发展经历了一个非常曲折复杂的过程。

根据历史记载，春秋时期孔夫子时代把共同语叫作雅言。雅言以洛阳雅言为标准。孔夫子有三千多徒弟来自当时的各地，各地的学生都讲自己的方言，孔夫子讲课的时候怎么能够让来自各地的学生都听得明白呢？因为当时有共同语——雅言，所以孔夫子在讲学的时候用雅言，这样交际就没有什么障碍了。

到了汉代，共同语有了进一步的发展，当时把共同语叫作通语。各地讲不同方言的人可以用通语进行交际。

晋代五胡乱华、衣冠南渡以后，中原雅音南移，作为中国官方语言的官话逐渐分为南北两支。北方以洛阳雅言为标准音，南方以建康雅言为标准音。洛阳雅言属于中原话，建康雅言属于吴语。主流上以南方的建康雅言为正统。隋朝统一中国定都长安，编著《切韵》，音系以金陵雅音为主，参考洛阳雅音的综合系统，以南朝为正统政权。隋朝末期，扬州成为中国经济最繁荣的地区，因此，扬州吴音也曾成为南方雅言的代表，但是，没有得到官方语言的地位。

唐宋时期，即使在北方，口头语言与书面语言的差别也显著增大了。富丽堂皇的唐诗中，已经采纳了一些当时的口语。唐朝开始，江南成为中国经济最发达的地区，因此江南的苏州吴音也成为南方雅言的一种通行语。由于政治中心在长安，长安话属于中原话。因此，长安雅言也是北方雅言的标准音。到了宋代，汉文更出现了口语化的倾向。及至南宋，首都建在临安，因此，临安雅言也成为标准音的一种。临安雅言属于吴语，但是临安雅言中有很多中原话的痕迹，直至今天的杭州话也有中原话的痕迹。

宋元以来，用"白话"写成的各种体裁的作品非常丰富。如《水浒传》、《儒林外史》、《红楼梦》等许多文学巨著。这些作品的语言虽然都或多或少带有若干地方方言的色彩，但基本上属于北方话。元、明、清、民国都曾建都北京，北京成了政治、经济、文化的中心，各民族的交往融合促进了北京话的完善和发展。从元朝开始，北京话已作为

"官话"，在官方或非官方的交往中使用，元末音韵学家周德清著的《中原音韵》一书证明了这一点。

清代一开始，仍然以南京官话为正统。雍正年间清设正音馆，确立北京官话的官方地位。到了19世纪末，也就是清朝末年，中国的形势发生了很大变化，受到西方学术思想的影响，特别是受到日本的影响。日本在明治维新前后大力推广日本语的共同语，日本人把日本语的民族共同语叫作"国语"。"国语"这个词本来是中国古代一本书的名字，日本人把国语当作民族共同语的名称。19世纪末中国的文化生活发生了很大变化，国语这个名词得到传播。由于太平天国运动，江南经济开始衰落，吴音开始失去标准音的地位。这样，北京白话开始成为唯一的标准音。1902年，学者吴汝纶去日本考察，日本人曾向他建议中国应该推行国语教育来统一语言。在谈话中就曾提到"普通话"的名称。1904年，近代女革命家秋瑾留学日本时，曾与留日学生组织了一个"演说联系会"，拟定了一份简章，在这份简章中也出现了"普通话"这一名称。1906年，研究切音字的学者朱文熊在《江苏新字母》一书中把汉语分为"国文"（文言文）、"普通话"和"俗语"（方言），他不仅提出了"普通话"这一名称，而且明确地给"普通话"下了定义：各省通行话。1909年，清政府资政院议员江谦正式提出把"官话"正名为"国语"（之前清朝一直称满语为"国语"），清政府表示采纳这个建议，并着手审定"国音"标准，但未及施行，清政府就被推翻了。"中华民国"成立后，1913年2月召开"读音统一会"议定国音，北方代表提出的以北京语音为标准音的主张，遭到南方省份代表的强烈反对。

到了20世纪初，特别是"五四"运动以后，民族民主革命运动高涨，掀起了"国语运动"和"白话文运动"，提倡白话文反对文言文，出现了大量优秀的白话文文学作品。"五四"运动的白话文运动促进了国语运动的发展。在口语上"国语"代替了"官话"。那时的国语实际上已经成为以北京语音为标准音的汉民族的共同语。在白话文学作品广泛流传的同时，以北京话为代表的北方话，逐渐取得了各个方言区之间交际工具的地位。1924年，"国语统一筹备会"明确国音应当以实际存在的口语语音作为标准音，并一致通过以北京语音为国语标准音。这时候的国语实际上已经成为以北京语音为标准音的汉民族的共同语。

二、普通话的规范

共同语的普及和规范程度是衡量一个国家或民族现代化发展水平的重要标志。西方发达国家早在200多年前、日本也在100多年前就基本完成了这项任务。我国如果从20世纪20年代国语运动算起，普通话的推广和规范工作也有80多年的历史了，但前期收效甚微。"普通话"的定义，解放以前的几十年一直是不明确的，也存在不同看法。新中国成立后，各民族加强了团结和交往，经济和文化不断向前发展，确立规范的民族共同语成了迫切的需要。

1955年10月召开"全国文字改革会议"和"现代汉语规范问题学术会议"期间，汉民族共同语的名称正式定为"普通话",并同时确定了它的定义,即"以北京语音为标准音,以北方话为基础方言"。1955年10月26日,《人民日报》发表题为《为促进汉字改革、推广普通话、实现汉语规范化而努力》的社论,文中提到:"汉民族共同语,就是以北方话为基础方言、以北京语音为标准音的普通话。"1956年2月6日,国务院发出关于推广普通话的指示,把普通话的定义增补为"以北京语音为标准音,以北方话为基础方言,以典范的现代白话文著作为语法规范。"这里普通话的意思为"普遍、通行"。这个定义从语音、词汇、语法三个方面明确规定了普通话的标准,对普通话作出了全面、严密、明确的解释。

1958年,普通话工作委员会公布《汉语拼音方案》,形成了全国范围的学习普通话热潮;1963年公布《普通话异读词审音总表初稿》,这之后发生了"文化大革命",普通话推广工作受到了极大的影响。

1978年,党的十一届三中全会标志着我国进入社会主义新时期。随着党在新时期的基本路线的确立和贯彻,各条战线拨乱反正,各项事业百废俱兴,推广普通话工作也逐步走上了正轨。1980年10月,"文革"后的第一期中央普通话进修班在北京开学。

1982年12月4日,第五届全国人民代表大会第五次会议通过了新的《中华人民共和国宪法》。《宪法》在第十九条里庄严规定:"国家推广全国通用的普通话。"推广普通话载入法律,这在我国历史上还是第一次。从此,推广普通话工作进入一个新的阶段。12月21日,教育部、文改会、解放军总政治部、团中央、全国总工会、全国妇联、公安部、商业部、铁道部、交通部、邮电部、城乡建设环境保护部、文化部、广播电视部、国家旅游局等15个部委联合发出《大家都来说普通话》的倡议书,《人民日报》发表了题为《作推广普通话的促进派》的评论员文章,《光明日报》发表了题为《全国师生都要做大力推广普通话的模范》的评论员文章。同年,中国文字改革委员会成立了普通话审音委员会,其成员包括王力、李荣、周祖谟、徐世荣、张志公、徐仲华、俞敏、陆宗达、周有光、孙修章、夏青等著名语言学界人士。

1985年,审音委员会公布了《普通话异读词审音表》。此后,《新华字典》、《现代汉语词典》、《现代汉语规范字典》等权威性汉语工具书根据《普通话异读词审音表》为汉字注音。例如,"呆板"原读作 áibǎn,审音之后读作 dāibǎn;"确凿"原读作 quèzuò,审音之后读作 quèzáo;"指"原来有 zhī(手指甲)、zhí(手指头)、zhǐ(手指)三个读音,审音之后统读 zhǐ;"曝光"原读作 pùguāng,审音之后读作 bàoguāng,而在"一曝十寒"里"曝"仍读作 pù。

1986年1月召开的全国语言文字工作会议是我国推广普通话历史上的又一个重要里程碑。1986年1月6日至13日,全国语言文字工作会议在北京召开,国务院副总理万里、中共中央政治局委员胡乔木分别在开幕式和闭幕式上作了重要讲话,国家语委主任刘导生作了题为《新时期的语言文字工作》的报告,国家教委副主任柳斌作了题为《教育战线要重视语言文字工作》的报告,有关专家就现代汉语规范化问题、汉字的整理和研究、《汉语拼音方案》的应用发展、基础教育中的语文训练、语文与科技、语言信息处理、地名中的语文等做了专题发言。从会议规定的当前任务也可以看出,"大力推广和积极普及普通话"已经成为新时期语言文字工作的首要任务。这次会议之前,中国文字改革委员会改名为国家语言文字工作委员会。本次会议之后,各省、自治区、直辖市陆续成立省级语言文字工作委员会。

从1986年起至20世纪末,国家语委与教育部陆续发出10份关于加强中等师范学校、高等师范院校、小学、普通中学、职业中学、普通高校等各级各类学校普及普通话工作的通知,要求第一步做到普通话成为教学语言,师生在课堂上都说普通话。第二步做到普通话成为校园语言,师生员工在教学、会议、宣传和集体活动中都说普通话。对师范专业及其他与口语表达密切相关专业的学生实行普通话不合格暂不发给毕业证书的制度。国家两委发布了面向师范院校、普通中小学、职业中学普及普通话工作的评估指导标准,于20世纪90年代初对全国所有的中等师范学校、师范专科学校以及大部分本科师范院校的普及普通话工作进行了检查评估。检查评估表明,师范院校的普及普通话工作取得了阶段性的重大进展,普遍开设了教师口语课,实现了普通话成为教学语言。从1994年起,全国各地陆续开始按照国家语委和教育部发布的标准和要求,对中小学和职业中学的普及普通话工作进行检查评估(目前仍在进行中)。

1997年12月23日,第二次全国语言文字工作会议在北京人民大会堂隆重召开。中共中央政治局常委、国务院副总理李岚清发表了书面讲话。他代表党中央、国务院向会议的召开表示热烈祝贺。李岚清强调指出,语言文字是文化主要载体,是文化发展的重要标志,语言文字的规范化、标准化程度是文化发达程度的标志之一。他对推广普通话的工作提出了殷切的希望,他说:"到本世纪末至下世纪初叶,推广普通话工作应有大的进展。现在交通、通信便捷,各地区、各民族之间的交往比以往任何时候都更加广泛和频繁,又有广播、电视等现代化传播媒体,经过努力,在这一代青少年中基本普及普通话是应当而且可以实现的。"他要求各级各类学校,特别是中小学校和师范院校继续把说好普通话,写好规范字,提高语言表达能力作为素质教育的重要内容,首先使普通话成为校园语言。他还说:"我赞成把说普通话列入对公务员的要求,公务员和教师一样,要带头说普通话。"这次会议还提出了在即将进入的21世纪的推广普通话工作目标:2010年以前,要在全国范围内实现普通话初步普及,交际中的方言隔阂基本消除,受过中等或中等以上教育的公民具备普通话的应用能力,并在必要的场合自觉地使用普通话,与口语表达关系密切行业的工作人员,其普通话水平达到相应的要求;21世纪中叶,普通话在全国范围内普及,交际中没有方言隔阂,我国国民语文素质将大幅度提高,语言文字的社会应用更加适应社会主义经济、政治、文化建设需要,形成与中等发达国家水平相适应的良好的语言文字环境。

1997年,国务院第134次总理办公会议批准:自1998年起,每年9月份第三周为全国推广普通话宣传周。

2000年10月31日,九届全国人大常委会第十八次会议通过《中华人民共和国国家通用语言文字法》,同日,国家主席江泽民签发主席令,颁布该法。

中华人民共和国主席令

（第三十七号）

《中华人民共和国国家通用语言文字法》已由中华人民共和国第九届全国人民代表大会常务委员会第十八次会议于 2000 年 10 月 31 日通过，现予公布，自 2001 年 1 月 1 日起施行。

中华人民共和国主席　江泽民
二〇〇〇年十月三十一日

中华人民共和国国家通用语言文字法

（2000 年 10 月 31 日第九届全国人民代表大会常务委员会第十八次会议通过，2000 年 10 月 31 日中华人民共和国主席令第 37 号发布）

目录
第一章　总则
第二章　国家通用语言文字的使用
第三章　管理和监督
第四章　附则

第一章　总　　则

第一条　为推动国家通用语言文字的规范化、标准化及其健康发展，使国家通用语言文字在社会生活中更好地发挥作用，促进各民族、各地区经济文化交流，根据宪法，制定本法。

第二条　本法所称的国家通用语言文字是普通话和规范汉字。

第三条　国家推广普通话，推行规范汉字。

第四条　公民有学习和使用国家通用语言文字的权利。

国家为公民学习和使用国家通用语言文字提供条件。

地方各级人民政府及其有关部门应当采取措施，推广普通话和推行规范汉字。

第五条　国家通用语言文字的使用应当有利于维护国家主权和民族尊严，有利于国家统一和民族团结，有利于社会主义物质文明建设和精神文明建设。

第六条 国家颁布国家通用语言文字的规范和标准,管理国家通用语言文字的社会应用,支持国家通用语言文字的教学和科学研究,促进国家通用语言文字的规范、丰富和发展。

第七条 国家奖励为国家通用语言文字事业做出突出贡献的组织和个人。

第八条 各民族都有使用和发展自己的语言文字的自由。

少数民族语言文字的使用依据宪法、民族区域自治法及其他法律的有关规定。

第二章 国家通用语言文字的使用

第九条 国家机关以普通话和规范汉字为公务用语用字。法律另有规定的除外。

第十条 学校及其他教育机构以普通话和规范汉字为基本的教育教学用语用字。法律另有规定的除外。

学校及其他教育机构通过汉语文课程教授普通话和规范汉字。使用的汉语文教材,应当符合国家通用语言文字的规范和标准。

第十一条 汉语文出版物应当符合国家通用语言文字的规范和标准。

汉语文出版物中需要使用外国语言文字的,应当用国家通用语言文字作必要的注释。

第十二条 广播电台、电视台以普通话为基本的播音用语。

需要使用外国语言为播音用语的,须经国务院广播电视部门批准。

第十三条 公共服务行业以规范汉字为基本的服务用字。因公共服务需要,招牌、广告、告示、标志牌等使用外国文字并同时使用中文的,应当使用规范汉字。

提倡公共服务行业以普通话为服务用语。

第十四条 下列情形,应当以国家通用语言文字为基本的用语用字:

(一) 广播、电影、电视用语用字;

(二) 公共场所的设施用字;

(三) 招牌、广告用字;

(四) 企业事业组织名称;

(五) 在境内销售的商品的包装、说明。

第十五条 信息处理和信息技术产品中使用的国家通用语言文字应当符合国家的规范和标准。

第十六条 本章有关规定中,有下列情形的,可以使用方言:

(一) 国家机关的工作人员执行公务时确需使用的;

(二) 经国务院广播电视部门或省级广播电视部门批准的播音用语;

(三) 戏曲、影视等艺术形式中需要使用的;

(四) 出版、教学、研究中确需使用的。

第十七条 本章有关规定中,有下列情形的,可以保留或使用繁体字、异体字:

(一) 文物古迹;

（二）姓氏中的异体字；
（三）书法、篆刻等艺术作品；
（四）题词和招牌的手书字；
（五）出版、教学、研究中需要使用的；
（六）经国务院有关部门批准的特殊情况。

第十八条 国家通用语言文字以《汉语拼音方案》作为拼写和注音工具。

《汉语拼音方案》是中国人名、地名和中文文献罗马字母拼写法的统一规范，并用于汉字不便或不能使用的领域。

初等教育应当进行汉语拼音教学。

第十九条 凡以普通话作为工作语言的岗位，其工作人员应当具备说普通话的能力。

以普通话作为工作语言的播音员、节目主持人和影视话剧演员、教师、国家机关工作人员的普通话水平，应当分别达到国家规定的等级标准；对尚未达到国家规定的普通话等级标准的，分别情况进行培训。

第二十条 对外汉语教学应当教授普通话和规范汉字。

第三章 管理和监督

第二十一条 国家通用语言文字工作由国务院语言文字工作部门负责规划指导、管理监督。

国务院有关部门管理本系统的国家通用语言文字的使用。

第二十二条 地方语言文字工作部门和其他有关部门，管理和监督本行政区域内的国家通用语言文字的使用。

第二十三条 县级以上各级人民政府工商行政管理部门依法对企业名称、商品名称以及广告的用语用字进行管理和监督。

第二十四条 国务院语言文字工作部门颁布普通话水平测试等级标准。

第二十五条 外国人名、地名等专有名词和科学技术术语译成国家通用语言文字，由国务院语言文字工作部门或者其他有关部门组织审定。

第二十六条 违反本法第二章有关规定，不按照国家通用语言文字的规范和标准使用语言文字的，公民可以提出批评和建议。

本法第十九条第二款规定的人员用语违反本法第二章有关规定的，有关单位应当对直接责任人员进行批评教育；拒不改正的，由有关单位作出处理。

城市公共场所的设施和招牌、广告用字违反本法第二章有关规定的，由有关行政管理部门责令改正；拒不改正的，予以警告，并督促其限期改正。

第二十七条 违反本法规定，干涉他人学习和使用国家通用语言文字的，由有关行政管理部门责令限期改正，并予以警告。

第四章 附 则

第二十八条 本法自 2001 年 1 月 1 日起施行。

【经典网站推荐】

1. 中国语言文字网：http：//www.china-language.gov.cn
2. 语言文字网：http：//www.yywzw.com

【练一练】

1. 说一说当前我国通过哪些方式大力推广普通话。
2. 选一篇短小的诗文用普通话在班上朗读。

第一章

语音常识

本章内容提要

❀ 语音的概念；
❀ 语音的性质；
❀ 发音器官与发音技巧；
❀ 普通话发音技巧训练。

第一节 语音概说

一、语音的概念

有声语言是人类社会特有的，是社会成员之间交流思想、传递信息的有效交际方式，是人类社会赖以生存和发展的必要条件。使用有声语言进行交际也是人类区别于其他动物的最重要的标志。简单地说，语音是人发出的有意义的系统的声音。虽然人可以发出多种多样的声音，但是并不是所有的声音都有表意功能，都可以叫作语音，比如睡觉时的打鼾声就没有任何意义，所以不能叫作语音。动物虽然也能发出一定的声音，表达某种意义，但是这种声音不系统，是零散的几个声音表达形式，所以也不是语音。

语音是说话人和听话人进行交际时的一种极其复杂的过程。可以把这个过程简单地归纳为3个阶段：发音—传递—感知。

发音阶段是指说话人将决定要说的内容变为语言形式，即大脑指令发音器官发音，是一种由心理现象转换成生理现象的过程。传递阶段是指说话人产生的言语声波，通过空气在说话人和听话人之间传播。此时说话人同时也是自己言语的听话人。这种语音的传递过程是物理现象。感知阶段是听话人通过听觉器官使大脑感知，是由生理现象转换为心理现象的过程。

二、语音的性质

(一) 物理属性

声音是由物体振动引起的,语音也是一种声音,同自然界的其他声音一样,具有物理属性,它是由人的发音器官发出来的,携带着言语信息的声波。可以从音高、音强、音长、音色4个方面来分析,音高、音强、音长、音色又叫作语音的四要素。

1. 音高

音高就是声音的高低,决定于发音体振动的快慢,即每秒钟振动的次数的多少。振动越快,声音越高;振动越慢,声音越低。振动的快慢反映出频率的高低,单位时间内振动越快,振动的次数越多,频率越高;单位时间内振动越慢,振动的次数越少,频率越低。频率的单位叫作赫兹(Hz),人耳能够听到的音高范围是 20～20 000 Hz。低于 20 Hz 的称为次声波,高于 20 000 Hz 的称为超声波。次声波、超声波人耳都听不到。语音的音高决定于声带的长短、松紧、厚薄。男性声带长、厚、松,因此比儿童和女性低一个八度左右。同一个人改变音高,需要把声带拉紧或放松。汉语的声调主要表现为音高的变化。

2. 音强

音强就是声音的强弱,决定于发音体振动幅度的大小。发音体振动的幅度又叫作振幅,振幅大,声音就强;振幅小,声音就弱。比如男性比女性低一个八度左右,而声音却往往比女性洪亮,这就反映了音高与音强的不同。语音的强弱跟冲击声带的气流的强弱有关,气流强,声带振动幅度大,音就强;气流弱,声带振动幅度小,音就弱。音强可以用强度值描写,计算声音强度的单位叫作分贝(dB)。人耳能忍受的最大的声音强度是 120 dB。几种主要的声音强度值如表1-1所示。

表1-1 几种主要的声音强度值

声音种类	强度值	声音种类	强度值
耳语声	10～20	说话声	45～70
轻柔乐声	30	车辆声	70～80
住宅区声音	40～50	痛觉域声音	120

3. 音长

音长就是声音的长短,决定于发音体振动时间的长短。振动时间越长,音就越长;振动时间越短,音就越短。计算音长通常以毫秒(ms)为单位。从语言学的角度,音长也有重要的意义。如普通话轻声音节的主要特征之一就是音长比较短。

4. 音色

音色又叫作音质,主要指声音的特色和本质。它决定于物体振动的音波波纹的曲折形式不同。造成不同音色的条件主要有以下3个方面。

(1) 发音体不同。发音体不同，音色也就不同。例如，狗叫声和鸡叫声，声带的结构特性不同，发音体不同，因此，狗叫声和鸡叫声截然不同。

(2) 发音方法不同。发音体相同，发音的方法不同，音色也会不同。例如，b、p，二者都是人的声带发出的，发音体相同，但是发音方法不同，b 不送气，p 送气，因此，二者的音色不同。

(3) 共鸣器形状不同。发音体、发音方法相同，共鸣器形状不同，音色也不同。例如，大提琴、小提琴，二者的发音体都是弦，发音方法都是用弓拉，但是，大提琴的共鸣器很大，小提琴的共鸣器很小，音色不同。大提琴音色浑厚、低沉，小提琴音色明亮、悠扬。

任何声音都包含音高、音强、音长、音色4个方面。语音是自然界各种声音中的一种形式，也包含这4个方面。音色在任何语言中都起着区别意义的重要作用，音高、音强、音长在不同的语言里起的作用是不一样的。在汉语中，音高的作用仅次于音色，因为汉语的声调主要由音高构成，音强和音长则在轻声和语调中发挥重要作用。

(二) 生理属性

语音是人类通过发音器官振动和调节产生的声音。语音是人的发音器官发出的声音，人的发音器官分为呼吸器官、发音器官、共鸣器官3个部分。

1. 呼吸器官

呼吸器官是语音产生的动力，这个动力来自于气管和肺。肺部呼出气流，通过气管达到喉头，冲击声带，从而发出声音。

2. 发音器官

发音器官相当于发音体，它包括喉头和声带。喉头由4块软骨和肌肉构成，声带是两片富有弹性的肌肉薄膜，两片薄膜中间的空隙是声门，声门是气流的通道。声带可以放松或拉紧，可使声门打开或关闭。声门打开时，气流可以自由通过；关闭时，气流可以从声门的窄缝里挤出，使声带颤动发出响亮的声音。

3. 共鸣器官

未经过发音器官调节的称为"原始声波"。这种原始声波像是微弱的蜂鸣，它必须通过声腔的调节和共鸣才能成为人耳能听到的语音。人类的声腔包括口腔、鼻腔、咽腔3个部分。

三、语音的结构单位

一个语句是由许多个词按照一定的语法规则组织构成的。有的词是一个音节的，如"美"，"树"；有的是两个音节的，如"课桌"，"手机"；有的是3个音节的，如"笔记本"，"运动服"；有的是4个音节的，如"计算机系"，"自行车座"，"方便面袋"。那么，音节是什么？它是由什么构成的呢？

(一) 音节和音素

音节是语音的基本结构单位，也是自然感觉到的最小的语音片段。一般来说一个字就是一个音节。比如,"我是汉族人"5个汉字写下来就是5个音节。

音素是构成音节的最小的语音单位。比如,"绿"可以分析出 l 和 ü,"红"可以分析出 h, o, ng 来。当然,这种分析,必须具备一定的语音知识才能做到,不过,如果把声音拖长念,是完全可以体会得到的。

(二)元音和辅音

音素按发音特点分成两大类:元音和辅音。

元音发音时,气流通过口腔不受阻碍,声带振动,声音响亮,发音器官各部分呈均衡、紧张状态。比如 a, o, u。

辅音发音时,气流通过口腔受阻碍,声带不一定颤动(有的颤动声带,如 m, n, l,有的不颤动声带,如 s, sh, x),声音不响亮,发音器官局部紧张,如 b, d, g, c, ch, q, f。辅音一般要跟元音拼合,才能构成音节。如"普通话"中,元音"u, o, a",辅音"p, t, h"结合在一起就构成了音节。

(三)声母、韵母、声调

声母、韵母、声调是汉语普通话音节的三要素。它不是最小的单位,因为韵母还有第二层次的结构单位:韵头、韵腹、韵尾。

声母是一个音节开头的部分。例如,"码 mǎ"、"明 míng"开头的"m"就是声母。而"二 èr"、"矮 ǎi"这样的音节没有辅音声母,叫作"零声母"音节。

韵母是音节中声母后面的部分。它主要是由元音构成,也可由元音带辅音构成。比如,"发达 fādá"的 a,"机器 jīqì"的 i,"电线 diànxiàn"的 ian 就是韵母。韵母是每个音节不能缺少的构成成分。没有韵母,就不能构成音节。韵母里面分韵头、韵腹、韵尾。如"ian",i 是韵头,a 是韵腹,n 是韵尾。

声调是音节的高低升降形式,一般音节都有一定的声调,汉语普通话共有4个声调,统称"四声"。比如,"辉 huī"、"回 huí"、"毁 huǐ"、"惠 huì"4个音节的声母都是 h,韵母都是 ui,但是它们的声调不同,就成了不同的音节,代表不同的意义。

第二节 发音器官与发音技巧

一、发音器官

发音器官即人类用来发音的有关生理器官。主要包括呼吸器官、咽腔、口腔、鼻腔等几大部分。具体器官比如声带、舌、软腭、硬腭、唇、鼻等。正是由于它们活动部位和方法的不同,人类才能发出各种各样的声音。人类的发音器官,一般由以下4个部分组成,如图1-1所示。

（1）呼吸器官：由肺和有关呼吸肌群组成，为发音的动力器官。

（2）振动器官：即喉。通过喉内的声带振动而发出声音，喉在发音运动中占有主导地位。

（3）共鸣器官：主要由喉腔、咽腔、口腔和鼻腔连成一个形似喇叭的声道，产生共鸣。此外，胸腔、鼻腔也参与共鸣。通过共鸣作用能够加强和放大声波，美化嗓音，使其富有色彩。

（4）吐字器官：由口腔、舌头、软腭、嘴唇、下腭等组成，其功能可使言语清晰。

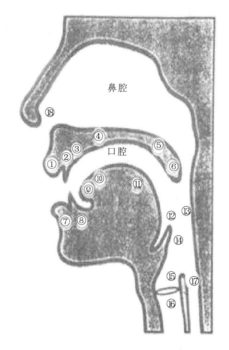

图1-1 人类的发音器官构成

1—上唇；2—上齿；3—齿龈；4—硬腭；5—软腭；6—小舌；7—下唇；8—下齿；9—舌尖；10—舌面；11—舌根；12—咽腔；13—咽壁；14—会厌；15—声带；16—气管；17—食道；18—鼻孔

二、发音技巧

1. 气息控制

气息是声音的原动力，人们在说话的时候不必考虑控制和操纵气息，但朗读气息就要比平日的气息量大得多。所以必须控制好气息才能驾驭好声音。

（1）吸气。吸气时双肩放松，腰要挺直，像闻花香一样吸气。要领是使气下沉，两肋打开，横膈下降，小腹微缩。当胸腔和腹腔的容积扩张，有明显的腰部发胀感觉。当气息吸到八成饱时，利用小腹收缩的力量控制气息，使之不外流。

(2) 呼气。呼气时要保持吸气的状态，要尽力控制，不要很快泄掉。只有稳住气才能拖住声，声音才不会飘。当气息支撑不住时，两肋再缓慢地塌下。呼气要均匀、持续、平稳、柔和。

(3) 换气。换气有大气口和小气口两种方法：大气口是指朗读中允许停顿的地方，先吐出一点气，马上深吸一口气，准备足够的气息读下一段；小气口是指朗读一段较长的句子时，气息用的差不多了，但意思未完而及时补进的气息，这种方法也可称作偷气或抢气，动作要快且不露痕迹。

2. 共鸣控制

共鸣指人体器官因共振而发生的现象，共鸣主要是由以下共鸣腔体通过呼吸、振动、吐字后产生的。

朗读的发声中，多采用中声区，而中声区主要形成于口腔上下，这就决定了用声的共鸣重心在口腔上下，以口腔共鸣为主。一般提到的共鸣腔有头腔、鼻腔、口腔、胸腔，这4个共鸣腔。除了以口腔共鸣为主之外，胸腔共鸣是基础，可以加多一点，如果有高音的时候，增加呼吸量，发挥一点鼻腔、头腔的作用更好。

(1) 口腔共鸣。口腔共鸣指硬腭以下、胸腔以上的共鸣体。它可使声音丰满、圆润动听。发音时双唇集中用力，下巴放松，打开牙关，喉部放松，提颧肌、挺软腭，在共同运动时，嘴角上提。可以通过张口吸气或用"半打哈欠"感觉体会喉部、舌根、下巴放松，这时的口腔共鸣会加大。在打开口腔的时候，同时注意唇的收拢。

(2) 胸腔共鸣。胸腔共鸣是指声门以下的共鸣腔体，属于"下部共鸣"。它可以使声音结实浑厚，音量大。运用胸腔共鸣时，声带振动。

(3) 鼻腔共鸣。鼻腔共鸣是由"鼻窦"实现的。运用鼻腔共鸣时，软腭放松。标准的鼻辅音 m, n 和 ng 就是这样发声的。鼻腔共鸣发出的声音振荡有弹力，但不能过量，否则会形成"囊鼻音"。

(4) 头腔共鸣。头腔共鸣是打开鼻咽腔所产生的共鸣，在发声时，在头部产生一种震动的感觉。

3. 吐字归音

吐字归音是汉语（汉字）的发声法则及"出字"和"收音"的技巧。可把一个字分为字头、字腹、字尾3部分。"吐字"是对字头的发音要求；"归音"是对字腹尤其是对字尾的发音要求。

(1) 吐字。吐字也叫咬字，吐字要注意口型，声音尽量要立起来。同时要注意字头，就是声母和介母（介母是指声母和最后一个韵母之间还有一个韵母，这个韵母就是介韵母（介母）。比如 hua（花）中的 u 就是介母）要咬住弹出，不能咬得太死，过紧则僵，过松则泄；弹出要弹得轻捷有力，不沾不滞。发音要有力量，摆准部位，蓄足气流，干净利落，富有弹性。

(2) 归音。归音是指字尾这个收音过程。收音的唇舌动作要到位，字腹拉开立起，然后收住。收要收得干净利落，不拖泥带水，但也不能草草收住。

【练习建议】

（1）解决音准的技巧：要先从单字入手，然后是词、句、篇章等。要精听，精读。同时学习语言需要环境，自己要主动创造学习普通话的环境。比如，CCTV，中央人民广播电台……可以一边听，一边模仿主持人的语音；其次坚持每天听，精听模仿和泛听结合起来。在生活中注意把平时学的正确的词句大胆运用。千万不能怕说错而避开不准确的字词，只有经常运用，才能熟练掌握。

（2）声音听起来美的技巧：汉字的发音要想听起来"珠圆玉润"，应该尽量将每个汉字的发音过程处理成为"枣核形"。"枣核形"是以声母或者韵头为一端，以韵尾为另一端，韵腹为核心。发音时字头字尾占的时间短一些，恰似枣核的两端，字腹占的时间较长，用力强一些，好似枣核中部的鼓肚。

（3）打开口腔的技巧：① 体会胸腔共鸣：微微张开嘴巴，放松喉头，闭合声门（声带），像金鱼吐泡一样轻轻地发声。或者低低地哼唱，体会胸腔的震动。② 降低喉头的位置：（同上）；喉部放松、放松、再放松。③ 打牙关：所谓打牙关，就是打开上下大牙齿（槽牙），给口腔共鸣留出空间，用手去摸摸耳根前大牙的位置，看看是否打开了。然后发出一些元音，如"a"，体会自己声音的变化。④ 提颧肌：微笑着说话，嘴角微微向上翘，同时感觉鼻翼张开了。试试看，声音是否发生变化了。⑤ 挺软腭：打一个哈欠，顺便长啸一声。以后在大声说话的时候，注意保持以上几种状态就会改善自己的声音。但是，切记，一定要"放松自己"，不要矫枉过正。

第三节　普通话发音训练

一、气息控制训练

（1）抬重物。意念上准备抬起一件重物，先要深吸一口气，然后憋足一股劲儿。体会气息下沉。

（2）换气练习。

①《数枣儿》：出东门，过大桥，大桥底下一树枣；拿着杆子去打枣，青的多，红的少。一个枣、两个枣、三个枣……十个枣；十个枣、九个枣、八个枣……一个枣。

② 广场上，红旗飘，看你能数多少旗，一面旗，两面旗，三面旗，四面旗，五面旗……

（3）夸大声调，延长发音，控制气息。花红柳绿 h—ua　h—ong　l—iu　l—ü（发音时，声母和韵母之间气息拉长，要均匀、不断气）。

（4）《智取威虎山》里杨子荣喝酒唱歌那一段，最后结尾有个"啊——哈，哈，哈，哈哈哈……"请试着模仿，体会膈肌和腹肌的作用，发声的时候气息是应该下沉的。

（5）通过夸大连续，控制气息，扩展音域。

《静夜思》

——李白

床前明月光，

疑是地上霜。

举头望明月，

低头思故乡。

《春晓》

——孟浩然

春眠不觉晓，

处处闻啼鸟。

夜来风雨声，

花落知多少？

二、共鸣训练

(1) 字词练习。

单音节：播　布　北　宾　班　标　贝　别　崩　笨

双音节：乌鸦　澎湃　捐助　抨击　平静　冰雹　批评

菊花　吹捧　拍照　厉害　无助　你好　桂花

四音节：跋山涉水　埋头苦干　满城风雨　包罗万象　海誓山盟

翻来覆去　反复无常　闭关自守　多快好省　不约而同

(2) 哼鸣练习。

双唇闭拢，口腔内像含着半口水，发"mu"音，声音反着气流下行，用手扶胸部有明显的振动感，双唇发麻，找到胸腔共鸣；仍发"mu"音，声音沿着硬腭上行，头部有振动感，双唇发麻，找到鼻腔共鸣。

(3) 读下面的诗词，要求放慢速度，有意识地夸张，尽量找出最佳共鸣效果。声音适当偏后些，使之浑厚有力。注意防止囊鼻音。

《七律·长征》

——毛泽东

红军不怕远征难，

万水千山只等闲。

五岭逶迤腾细浪，

乌蒙磅礴走泥丸。
金沙水拍云崖暖，
大渡桥横铁索寒。
更喜岷山千里雪，
三军过后尽开颜。

三、吐字归音训练

读下面绕口令，先慢读，注意分辨声母，仔细发好字头音，读准声调，读几遍后再加速。

白 石 塔

白石塔，白石搭，白石搭白塔，
白塔白石搭，搭好白石塔，白塔白又大

石狮子，涩柿子

山前有四十四棵死涩柿子树，
山后有四十四只石狮子，
山前的四十四棵死涩柿子树，
涩死了山后的四十四只石狮子，
山后的四十四只石狮子，
咬死了山前的四十四棵死涩柿子树，
不知是山前的四十四棵死涩柿子树涩死了山后的四十四只石狮子，
还是山后的四十四只石狮子咬死了山前的四十四棵死涩柿子树

漆匠和锡匠

七巷一个漆匠，西巷一个锡匠，
七巷漆匠偷了西巷锡匠的锡，
西巷锡匠拿了七巷漆匠的漆，
七巷漆匠气西巷锡匠偷了漆，
西巷锡匠讥七巷漆匠拿了锡。
请问锡匠和漆匠，
谁拿谁的锡？
谁偷谁的漆？

【口部训练操】

1. 口的开合练习

张嘴像打哈欠，闭嘴如啃苹果。开口的动作要柔和，两嘴角向斜上方抬起，上下唇稍放松，舌头自然放平。做这个练习，克服口腔开度的问题。

2. 咀嚼练习

张口咀嚼与闭口咀嚼结合进行，舌头自然放平。

3. 双唇练习

双唇闭拢向前、后、左、右、上、下，以及左右转圈双唇打响。

4. 舌头练习

舌尖顶下齿，舌面逐渐上翘。

舌尖在口内左右顶口腔壁，在门牙上下转圈。

舌尖伸出口外向前伸，向左右、上下伸。

舌在口腔内左右立起。

舌尖的弹练，弹硬腭、弹口唇。

舌尖与上齿龈接触打响。

舌根与软腭接触打响。

第二章

普通话声母

本章内容提要

❖ 声母的构成；
❖ 声母的分类；
❖ 声母发音分析；
❖ 声母的辨正；
❖ 声母发音训练。

第一节　普通话声母概述

普通话语音系统共有21个辅音声母，1个零声母。

一、声母的构成

声母是汉语音节开头的辅音。普通话有21个（零声母除外）辅音声母，即 b，p，m，f，z，c，s，d，t，n，l，zh，ch，sh，r，j，q，x，g，k，h。

普通话声母必须具备两个条件：

第一，必须处在音节的开头；

第二，必须是辅音。例如，"帮"（bang）、"交"（jiao），b、j处在音节的开头，又是辅音，就是声母。"要"（yao）、"月"（yue）、"王"（wang），y、w处在音节的开头，不是辅音，因此，不是声母。没有辅音开头的音节，习惯上把它的声母叫作零声母，需要特别指出的是，零声母不是声母。

另外，声母和辅音并不相同，声母都由辅音充当，但是，不是所有的辅音都可以充当声母。ng只作韵尾，不作声母，例如，"众"（zhong）；n既做声母，又作韵尾，例如"年"（nian）。

二、声母的分类

不同的声母是由不同的发音部位和发音方法决定的。每一个声母都有自己的发音部位和发音方法,要读好声母就必须掌握好每一个声母的发音部位和发音方法。

(一)按照发音部位分类

声母的发音部位是指声母发音时气流受到阻碍的部位。

按照发音部位可以把声母划分为 7 类:双唇音、唇齿音、舌尖前音、舌尖中音、舌尖后音、舌根音、舌面音。具体说明如下。

(1)双唇音。上唇和下唇形成阻碍发出的音,普通话中有 3 个:b,p,m。

(2)唇齿音。上齿和下唇形成阻碍发出的音,普通话中只有 f。

(3)舌尖前音(也叫平舌音)。舌尖向上齿背接触形成阻碍发出的音,普通话中有 3 个:z,c,s。

(4)舌尖中音。舌尖向上齿龈接触形成阻碍发出的音,普通话中有 4 个:d,t,n,l。

(5)舌尖后音(也叫翘舌音)。舌尖向硬腭的最前端接触或接近形成阻碍发出的音,普通话中有 4 个:zh,ch,shi,r。

(6)舌根音。舌面后部隆起抵住硬腭与软腭交界处形成阻碍发出的音,普通话中有 3 个:g,k,h。

(7)舌面音。舌面前部向硬腭的前端接触或接近形成阻碍发出的音,普通话中有 3 个:j,q,x。

(二)按照发音方法分类

声母的发音方法是指调节发音气流的方法,普通话可以从形成阻碍和克服阻碍的方式、气流的强弱、声带的振动与否等方面对声母进行分析。

1. 按阻碍的方式划分

辅音声母发音的全过程可以划分为 3 个阶段:构成阻碍阶段(成阻)、阻碍持续阶段(持阻)、解除阻碍阶段(除阻)。

根据这 3 个阻碍阶段的情况不同,普通话声母可以分为塞音、擦音、塞擦音、鼻音、边音等 5 种发音方法。具体说明如下。

(1)塞音。塞音又称爆破音。发塞音时两个发音部位闭紧,形成阻碍,持阻阶段保持这种状态,消除阻碍时,气流一下将阻碍冲开,爆发成声。塞音有 b, p; d, t; g, k 共 3 组 6 个。

(2)擦音。发擦音时两个发音部位靠近,形成一条窄缝,气流从窄缝中挤出,摩擦成声。擦音有 f, h, x, s, sh, r 共 6 个。

(3)塞擦音。发塞擦音时两个发音部位闭紧,形成阻碍,气流首先将两个发音部位冲开,形成一条窄缝,然后再从窄缝中挤出,摩擦成声。塞擦音的前半段具有塞音的性质,后半段具有擦音的性质,两者结合紧密,不是塞音、擦音的简单相加。塞擦音有 z, c; zh, ch; j, q 共 3 组 6 个。

(4) 鼻音。发鼻音时两个发音部位闭紧,软腭下降,关闭口腔,打开鼻腔通道,气流振动声带,并从鼻腔冲出成声。鼻音有 m, n 共 2 个。

(5) 边音。发边音时舌尖同上齿龈接触,舌头两侧留出空隙,软腭上升,关闭鼻腔通道,气流振动声带,并经舌头两边从口腔冲出成声,故称边音。边音只有 1 个 l。

2. 按气流的强弱划分

普通话声母中的塞音声母、塞擦音声母气流强弱明显。根据气流的强弱,塞音和塞擦音可以分为送气音和不送气音两类。气流强者为送气音,气流弱者为不送气音。

(1) 送气音。塞音、塞擦音发音时除阻后声门大开,气流送出速度比较快和持久,在声门以及声门以上某个狭窄部位造成摩擦,这样发出的音就叫送气音。普通话中送气音有 p, t, c, ch, q, k 共 6 个。

(2) 不送气音。指塞音、塞擦音发音时没有送气特征,又同送气音形成对立的音。普通话中不送气音有 b, d, z, zh, j, g 共 6 个。

3. 按声带振动与否划分

从总体上说,辅音是噪音,发音时声带一般不颤动,不能形成有周期性变化的音波,但也有一部分辅音发音时声带颤动,具有半音乐性质。根据声带颤动与否,普通话声母可以分为清辅音声母、浊辅音声母。声带振动者为浊音,声带不振动者为清音。

(1) 清辅音。

发音时声带不颤动而发出的音,又叫不带音。

普通话中清辅音声母有 b, p, f, z, c, s, d, t, zh, ch, sh, j, q, x, g, k, h 共 17 个。

(2) 浊辅音。

发音时声带颤动而发出的音,又叫带音。

普通话中浊辅音有 m, n, l, r, ng 共 5 个,前 4 个是声母;ng 一般情况下不作声母,只作后鼻韵母的韵尾,而在某些汉语方言中有这个声母。

普通话声母总表如表 2-1 所示。

表 2-1 普通话声母总表

发音部位	塞音		塞擦音		擦音		鼻音	边音
	清音		清音		清音	浊音	浊音	浊音
	不送气	送气	不送气	送气				
双唇音	b	p					m	
唇齿音					f			

续表

发音部位	塞音 清音		塞擦音 清音		擦 音		鼻音	边音
	不送气	送气	不送气	送气	清音	浊音	浊音	浊音
舌尖前音			z	c	s			
舌尖中音	d	t					n	l
舌尖后音			zh	ch	sh	r		
舌面音			j	q	x			
舌根音	g	k			h			

三、声母发音分析

（一）唇音发音分析

1. 双唇音的发音

（1）b　双唇、不送气、清、塞音（是双唇音、不送气音、清音、塞音的简称，以下类推）。发音时，双唇闭合，软腭上升，堵塞鼻腔通路，声带不颤动，较弱的气流冲破双唇的阻碍，迸裂而出，爆发成音。例如，"奔波"、"标兵"的声母。

（2）p　双唇、送气、清、塞音。发音的状况与 b 相近，只是发 p 时有一股较强的气流冲开双唇。例如，"匹配"、"批判"的声母。

（3）m　双唇、浊、鼻音。发音时，双唇闭合，软腭下降，气流振动声带从鼻腔通过，从而形成鼻音。例如，"美妙"、"明媚"的声母。

2. 唇齿音的发音

f　唇齿、清、擦音。发音时，下唇接近上齿，形成窄缝，气流从唇齿间摩擦出来，声带不颤动。气流从唇齿形成的间隙里摩擦通过而成声。例如，"丰富"、"芬芳"的声母。

（二）舌尖音发音分析

1. 舌尖前音的发音

（1）z　舌尖前、不送气、清、塞擦音。发音时，舌尖平伸，抵住上齿背，软腭上升，堵塞鼻腔通路，声带不颤动，较弱的气流把阻碍冲开一条窄缝，从窄缝中挤出，摩擦成声。例如，"总则"、"自在"的声母。

（2）c　舌尖前、送气、清、塞擦音。c 和 z 的发音区别不大，不同的地方在于 c 气流较强。例如，"粗糙"、"参差"的声母。

（3）s　舌尖前、清、擦音。发音时，舌尖接近上齿背。气流从窄缝中挤出，摩擦成声，声带不颤动。例如，"思索"、"松散"的声母。

2. 舌尖中音的发音

（1）d 舌尖中、不送气、清、塞音。发音时，舌尖抵住上齿龈，软腭上升，堵塞鼻腔通路，声带不颤动，较弱的气流冲破舌尖的阻碍，迸裂而出，爆发成声。例如，"等待"、"定夺"的声母。

（2）t 舌尖中、送气、清、塞音。发音的状况与d相近，只是发t时气流较强。例如，"淘汰"、"团体"的声母。

（3）n 舌尖中、浊、鼻音。发音时，舌尖抵住上齿龈，软腭下降，打开鼻腔通路，气流振动声带，从鼻腔通过。例如，"能耐"、"泥泞"的声母。

（4）l 舌尖中、浊、边音。发音时，舌尖抵住上齿龈，软腭上升，堵塞鼻腔通路，气流振动声带，从舌头两边通过。例如，"玲珑"、"嘹亮"的声母。

3. 舌尖后音的发音

（1）zh 舌尖后、不送气、清、塞擦音。发音时，舌尖上翘，抵住硬腭前部，软腭上升，堵塞鼻腔通路，声带不颤动。较弱的气流把阻碍冲开一条窄缝，从窄缝中挤出，摩擦成声。例如，"庄重"、"主张"的声母。

（2）ch 舌尖后、送气、清、塞擦音。发音的状况与zh相近，只是气流较强。例如，"车床"、"长城"的声母。

（3）sh 舌尖后、清、擦音。发音时，舌尖上翘接近硬腭前部，留出窄缝，气流从缝间挤出，摩擦成声，声带不颤动。例如，"闪烁"、"山水"的声母。

（4）r 舌尖后、浊、擦音。发音状况与sh相近，只是声带不颤动。例如，"容忍"、"柔软"的声母。

4. 舌根音的发音

（1）g 舌面后、不送气、清、塞音。发音时，舌根抵住软腭，软腭后部上升，堵塞鼻腔通路，声带不颤动，较弱的气流冲破舌根的阻碍，爆发成声。例如，"巩固"、"改革"、"光顾"的声母。

（2）k 舌面后、送气、清、塞音。发音的状况与g相近，只是气流较强。例如，"宽阔"、"刻苦"的声母。

（3）h 舌面后、清、擦音。发音时，舌根接近软腭，留出窄缝，软腭上升，堵塞鼻腔通路，声带不颤动，气流从窄缝中摩擦出来。例如，"欢呼"、"辉煌"的声母。

"风口"与"疯狗"

两位朋友在一起吃饭，广西人有点感冒，发现自己坐在空调风口下，便说："我感冒了,不能坐在疯狗(风口)边。"说完就换座了。另一位朋友不乐意了:"啥意思?"

原文出自:http: //www. x5dj. com/Blog/ThreadDetail. aspx?UserID = 410549&ThreadID = 275426&Page = 100

5. 舌面音的发音

(1) j 舌面前、不送气、清、塞擦音。发音时,舌面前部抵住硬腭前部,软腭上升,堵塞鼻腔通路,声带不颤动,较弱的气流把阻碍冲开,形成一条窄缝,气流从窄缝中挤出,摩擦成声。例如,"境界"、"将就"的声母。

(2) q 舌面前、送气、清、塞擦音。发音的状况与j相近,只是气流较强。例如"秋千"、"亲切"的声母。

(3) x 舌面前、清、擦音。发音时,舌面前部接近硬腭前部,留出窄缝,软腭上升,堵塞鼻腔通路,声带不颤动,气流从窄缝中挤出,摩擦成声。例如,"形象"、"虚心"的声母。

第二节　普通话声母辨正

公 母 田 螺

一次,朋友们在一块儿吃饭,先上一盘田螺,主人夹起一颗一看说:"公的(空的)!"便弃之,再夹起一个田螺说:"又是公的(空的)!"

朋友非常惊讶,心想:"真厉害,连田螺的公母都看得出来!"

从声母系统来看,各地方言与普通话有出入的地方主要表现在:舌尖前音z、c、s 与舌尖后音zh、ch、sh 不分(即通常所说的平翘舌不分);鼻音韵母n 和边音声母l 不分;舌尖前音r 和边音l 不分;唇齿音f 与舌根音h 不分;给零声元音添加声母等方面。

一、区分舌尖前音 z, c, s 和舌尖后音 zh, ch, sh

由于发声母zh、ch、sh、r 的时候,舌尖上翘,所以又叫翘舌音,发声母z、c、s 的时候,舌尖平伸,所以又叫平舌音。全国很多方言区没有舌尖前音zh、ch、sh、r 的情况比较普遍,普通话中的zh、ch、sh、r 声母在很多方言中被读成舌尖前音z、c、s、[z] 声母,也就出现了平翘舌不分的现象,如"开始"读成"开死";"小站"说成"小赞";"村寨"

说成"村在";"知道"说成"资道"。

在学习平翘舌声母时，同样要知道哪些字发平舌音，哪些字发翘舌音，请参看 zh – z，ch – c，sh – s 辨音字表。

（一）辨正需要注意的问题

z，c，s，[z] 和 zh，ch，sh，r 又称平舌音和翘舌音。现代汉语许多方言都存在平舌音、翘舌音不分的情况，没有发翘舌音的习惯，把翘舌音发成了平舌音。如成都话、苏州话、武汉话、南昌话等。有的方言没有平舌音和翘舌音，如广州话、客家话等。在普通话中，翘舌音使用频率很高，人们说的每一句话基本上都有翘舌音。据统计，在 3 500 个常用字中，翘舌音字就有 602 个，占常用字的 17%。

z，c，s，[z] 和 zh，ch，sh，r 的区别在于发音部位的不同。z，c，s，[z] 是舌尖前音，舌尖与上齿背构成阻碍，舌头平伸，故称平舌音。zh，ch，sh，r 是舌尖后音，舌尖与硬腭前部构成阻碍，舌尖略翘，故称翘舌音。发好平舌音比较容易，许多方言区的人都能发好它，就是没有平舌音的方言区的人，只要抓住舌头平伸，上下齿咬紧的特点，也能发好平舌音。翘舌音由于受到方言的干扰，学习比较困难，不容易发好。在发翘舌音时容易出现以下 3 个问题。

第一，舌头翘不起来，或者开始能翘舌，但是发音刚开始，又变成了平舌，发成平舌音。

第二，舌尖不到位，要么舌尖放在上齿龈，发成舌尖中的塞擦音或擦音，要么舌尖上翘至硬腭中部，甚至后部，发成卷舌的塞擦音或擦音等。

第三，舌头有摆动或者舌面有裹卷动作，但加入了其他音。要解决这些问题，关键要找准发音部位，可以先将舌尖抵住硬腭前部，反复发发舌尖后的塞音，培养硬腭前部的位置感，在有良好的位置感后，发翘舌音就比较准确了。

普通话声母有平舌、翘舌之分，哪些字读平舌音，哪些字读翘舌音，规律性不强，需要识记。掌握了正确的发音方法，不懂得识别平舌音、翘舌音字，还是不能说好普通话。哪些字读平舌音，哪些字读翘舌音，有些有一定的规律性，应该充分利用这种规律来帮助识记。比如可以借助汉字结构关系帮助记忆，例如，"宗"构成的"宗、综、棕、踪、粽、淙、崇"等系列字，除"崇"是翘舌字外，其余都是平舌字。"从"构成的"从、丛、纵、疯、众"等系列字，除"众"是翘舌字外，其余都是平舌字。"此"构成的"此、疵、雌、紫、柴"等系列字，除"柴"是翘舌字外，其余都是平舌字。还可以借助声、韵配合规律帮助记忆，例如，同 ua，uai，uang 相拼的"抓、刷、踹、帅、庄、窗、双"等系列字都是翘舌字，没有平舌字。同 en 相拼的 z，c，s 字极少，主要有"怎、参（参差）、岑、森"等几个字，同 en 相拼的 zh，ch，sh 字很多，比较常用的字就多达 50 几个，如"珍、诊、镇、琛、陈、趁、深、神、沈、肾"等。

(二)辨正训练

1. 声母和词语练习

zh—z	振作 zhènzuò	正宗 zhèngzōng	制作 zhìzuò
	赈灾 zhènzāi	职责 zhízé	沼泽 zhǎozé
z—zh	杂志 zázhì	栽种 zāizhòng	增长 zēngzhǎng
	资助 zīzhù	自制 zìzhì	自重 zìzhòng
ch—c	差错 chācuò	陈醋 chéncù	成材 chéngcái
	出操 chūcāo	除草 chúcǎo	储藏 chǔcáng
c—ch	财产 cáichǎn	采茶 cǎichá	残喘 cánchuǎn
	操场 cāochǎng	磁场 cíchǎng	促成 cùchéng
sh—s	上司 shàngsī	哨所 shàosuǒ	深思 shēnsī
	生死 shēngsǐ	绳索 shéngsuǒ	石笋 shísǔn
s—sh	散失 sànshī	扫射 sǎoshè	四声 sìshēng
	宿舍 sùshè	随时 suíshí	所属 suǒshǔ

2. 对比辨音练习

自 zì 愿—志 zhì 愿　　　仿造 zào—仿照 zhào
姿 zī 势—知 zhī 识　　　自 zì 动—制 zhì 动
物资 zī—物质 zhì　　　糟 zāo 了—招 zhāo 了
资 zī 助—支 zhī 柱　　　增 zēng 订—征 zhēng 订
鱼刺 cì—鱼翅 chì　　　私 sī 人—诗 shī 人
粗 cū 布—初 chū 步　　　新春 chūn—新村 cūn
宗 zōng 旨—中 zhōng 止　　　近似 sì—近视 shì
搜 sōu 集—收 shōu 集　　　从 cóng 来—重 chóng 来
支 zhī 援—资 zī 源　　　主 zhǔ 力—阻 zǔ 力
木柴 chái—木材 cái　　　商 shāng 业—桑 sāng 叶
申诉 sù—申述 shù　　　摘 zhāi 花—栽 zāi 花
午睡 shuì—五岁 suì　　　八成 chéng—八层 céng
树 shù 立—肃 sù 立　　　找 zhǎo 到—早 zǎo 到
乱吵 chǎo—乱草 cǎo　　　山 shān 顶—三 sān 顶

3. 绕口令练习

四是四，十是十，十四是十四，四十是四十，不要把十四说成四十，不要
　s sh　s　　shshsh　　sh s shsh s　　s sh sh s sh　　　sh s　　　s sh
把四十说成十四。
　s sh　　sh s

二、分清鼻音韵母 n 和边音声母 l

📖 精彩案例

凤凰卫视中文台一位嘉宾主持，在一次节目中说："我是荷兰（河南）人。"并解释说："我是三点水的辣（那）个荷兰（河南）人。"让人忍俊不禁。

（一）辨正方法

n 发音时，舌尖抵住上齿龈，软腭下降，打开鼻腔通路，气流振动声带，从鼻腔通过。例如，"能耐"、"泥泞"的声母。

l 发音时，舌尖抵住上齿龈，软腭上升，堵塞鼻腔通路，气流振动声带，从舌头两边通过。例如，"玲珑"、"嘹亮"的声母。

由于 n 发音时，气流从鼻腔通过，所以发出的声音带有"鼻音"，而 l 在发音时注意舌头的动作，即在发音前，舌头向上卷，发音时，舌头伸平，不带有鼻音，即使用手捏住鼻子也能发音。

普通话中的 n 和 l 是对立的音位，分得很清楚。

n 和 l 在普通话里有严格的区分，但是，在很多方言区中 n 和 l 是不分的，存在不同程度的混淆。有的 n 和 l 完全混淆，随便使用；尤其是四川等地的南方人最为明显。他们常常把"女人"说成"吕人"，把"您"说成"林"。

对于那些 n，l 不分的方言区来说，学习起来比较困难。首先要读准 n 和 l，然后要知道哪些字的声母是 n，哪些字的声母是 l。有的有 n，无 l；有的有 l，无 n；这需要有个记忆过程，如成都话、武汉话、长沙话、南昌话、厦门话、南京话等。n 和 l 的使用频率没有 z，c，s 和 zh，ch，sh，r 那么高，但是，n 和 l 在普通话里有区分意义的作用，需要从语音上加以区别。例如，"旅客"（lǚkè）与"女客"（nǚkè），"隆重"（lóngzhòng）与"浓重"（nóngzhòng）。n 和 l 不同，词义也就不同。n 和 l 的不同在于发音方法的差异。n 是鼻音，l 是边音，是口音。n 的发音气流经鼻腔冲出，l 的发音气流经舌头两边，从口腔冲出。捏鼻孔可以帮助判断 n 和 l 的发音情况。如果捏住鼻孔，发音气流出不来，感到憋气，鼻腔共鸣明显，是 n；如果捏住鼻孔，发音气流能轻松出来，不感到憋气，鼻腔共鸣不明显，是 l。

发好 n 和 l，除了要掌握好发音方法外，还要控制好发音部位。根据研究，l 的发音部位并不在上齿龈，而是在上齿龈后面一点，可以看成是一个舌尖中后、浊、边音。所以发 l 时，舌尖可以适当地放到上齿龈后面一点，以使舌头前部留有足够的空隙，使发音气流经舌头两边，从口腔冲出成声。

在掌握好正确的发音方法后，还需要分别记住 n 音字和 l 音字。方法同平舌音字、翘舌音字一样，可以借助汉字结构关系帮助记忆。例如，"尼"构成的"妮、尼、泥、呢、怩、铌、旎、伲、昵"等系列字都是n声母字。"良"构成的良、粮、跟、狼、廊、浪、娘、酿"等系列字,除"娘、酿"是n声母字外,其余都是l声母字。还可以借助声、韵配合规律帮助记忆。例如,ou、ia、uen只同l相拼,不同n相拼;e、u、ei、ang、eng、in、iang、uan同n、l相拼,但是同n相拼的字很少。除"呢、女、馁、内、囊、能、你、娘、酿、暖"等读n声母外,其余字都是l声母。

通缉张果老

一位朋友边音和鼻音不分,我多次提醒,此公不以为然。

前日,此公到外地出差,在大街上被一辆摩托车撞倒,肇事车逃逸。

此公全身多处受伤,其状甚惨。警察赶到后,询问肇事者情况,朋友边哼哼边汇报情况:一男一驴(女)。警察连问数遍,均回答一男一驴(女)。

半天,警察恍然大悟,转身对另一警察说:"马上发协查通报,通缉张果老。"

(二)辨正训练

1. 声母和词语练习

n—l	哪里 nǎlǐ	纳凉 nàliáng	奶酪 nǎilào
	脑力 nǎolì	内涝 nèilào	能力 nénglì
l—n	来年 láinián	老农 lǎonóng	冷暖 lěngnuǎn
	流脑 liúnǎo	留念 liúniàn	岭南 lǐngnán
n—n	牛奶 niúnǎi	恼怒 nǎonù	扭捏 niǔniē
	能耐 néngnài	呢喃 nínán	男女 nánnǚ
l—l	履历 lǚlì	理论 lǐlùn	联络 liánluò
	流露 liúlù	老练 lǎoliàn	拉力 lālì

2. 对比辨音练习

无赖 lài—无奈 nài   水牛 niú—水流 liú
男 nán 裤—蓝 lán 裤   旅 lǚ 客—女 nǚ 客
脑 nǎo 子—老 lǎo 子   连 lián 夜—年 nián 夜
拿 ná 开—拉 lā 开   逆 nì 境—离 lí 境
男 nán 女—褴 lán 褛   留念 niàn—留恋 liàn
浓 nóng 重—隆 lóng 重   南 nán 部—蓝 lán 布

烂泥 ní—烂梨 lí　　　　　　牛 niú 黄—硫 liú 磺

大娘 niáng—大梁 liáng

三、分清舌尖前音 r 和边音 l 的读音

（一）辨正方法

吴方言、江淮方言、闽方言和山东方言的部分地区，没有"r"声母，凡普通话"r"的声母的字，通常改读成[l]，[z]，[y]声母或"i"，"ü"开头的零声母字。如福州话把"绒的"读成"聋的"，沈阳话将"人"读成了"yín"。

从发音部位看，"r"是舌尖后音，同"zh, ch, sh"发音部位一样，是由舌尖和硬腭前部构成阻碍而发的音。从发音方法看，"r"是浊擦音，发音时，舌尖上翘，抵硬腭前部留一小缝，让气流从小缝中摩擦而出，同时声带震动。为找到正确的感觉，可以先发"sh"音，然后振动声带，即是"r"音。

"r"和"l"的区别是发音部位不同，舌尖抵搭的位置有前后之别。"r"的发音部位在硬腭，"l"的发音部位在齿龈。发音方法也不同，"r"发音除阻时，气流的通道很窄，限于舌尖和硬腭之间的一点点缝隙，摩擦很重；而"l"发音除阻时，气流的通道在舌侧两边，很宽松，摩擦不十分明显。

（二）辨正训练

1. 声母和词语练习

　　　　　　　　r—l

锐利 ruìlì　　　　　　日历 rìlì

扰乱 rǎoluàn　　　　　热烈 rèliè

认领 rènlǐng　　　　　容量 róngliàng

人力 rénlì　　　　　　日落 rìluò

让路 rànglù　　　　　热浪 rèlàng

老人 lǎorén　　　　　烈日 lièrì

例如 lìrú　　　　　　利刃 lìrèn

来人 láirén　　　　　利润 lìrùn

留任 liúrèn　　　　　炼乳 liànrǔ

列入 lièrù　　　　　　礼让 lǐràng

2. 对比辨音练习

　　　　　　　　l—r

碧蓝 lán—必然 rán　　　　娱乐 lè—余热 rè

阻拦 lán—阻燃 rán　　　囚牢 láo—求饶 ráo
卤 lǔ 质—乳 rǔ 汁　　　露 lòu 馅—肉 ròu 馅
近路 lù—进入 rù　　　　流露 lù—流入 rù
衰落 luò—衰弱 ruò　　　脸 liǎn 色—染 rǎn 色
收录 lù—收入 rù　　　　绒 róng 子—聋 lóng 子

四、分清唇齿音声母 f 与舌根音声母 h

（一）辨正方法

湘、赣、客家、闽、粤等方言都不能分清声母 f 和 h，北方方言、江淮方言及西南方言也存在 f 和 h 混读的现象。在学习时首先注意 f 和 h 的发音，然后要清楚声母 f 和 h 相对应的字词。

f 和 h 在许多方言里都有混淆。厦门话把 f 和 h 都读成了 h，苏州话则把部分 f 声母字读成 h 声母字。成都话、长沙话、南昌话、梅州话、广州话等把部分 h 声母字读成 f 声母字。例如，"黄昏"（huánghūn）读成 fángfūn。

发好 f 和 h 并不困难。f 和 h 都是清、擦音，它们的不同在于发音部位的差异，f 是唇齿音，发音时下唇略内收，上齿轻轻接触下唇，气流从唇齿间挤出，摩擦成声。f 容易发成双唇音，要注意避免。h 是舌面后音，发音时舌头略后缩，下颌部肌肉比较紧张，舌面后部与软腭形成窄缝，气流从窄缝中挤出，摩擦成声。

在掌握好正确的发音方法后，还是需要分别记住 f 音字和 h 音字。方法同前所述，可以借助汉字结构关系帮助记忆。例如，"方"构成的"方、防、房、坊、肪、妨、纺、仿、放"等系列字都是 f 声母字，"胡"构成的"胡、糊、湖、猢"等系列字都是 h 声母字。还可以借助声、韵拼合规律帮助记忆，例如，ou 只同 f 相拼，uai 只同 h 相拼。

（二）辨正训练

1. 声母和词语练习

f—h　　发话 fāhuà　　　　　　发慌 fāhuāng
　　　　反悔 fǎnhuǐ　　　　　　繁华 fánhuá
　　　　丰厚 fēnghòu　　　　　复合 fùhé
h—f　　混纺 hùnfǎng　　　　　后方 hòufāng
　　　　化肥 huàféi　　　　　　洪峰 hóngfēng
　　　　画符 huàfú　　　　　　 花粉 huāfěn

2. 对比辨音练习

f—h　　舅父 fù—救护 hù　　　公费 fèi—工会 huì
　　　　附 fù 注—互 hù 助　　　仿佛 fǎngfú—恍惚 huǎnghū

	防 fáng 虫—蝗 huáng 虫	斧 fǔ 头—虎 hǔ 头
	飞 fēi 机—灰 huī 鸡	非凡 fēifán—辉煌 huīhuáng
	奋 fèn 战—混 hùn 战	复 fù 员—互 hù 援
	方 fāng 地—荒 huāng 地	防 fáng 止—黄 huáng 纸
h—f	黄 huáng 蜂—防 fáng 风	毁 huǐ 谤—诽 fěi 谤

3. 绕口令练习

丰丰和芳芳，上街买混纺。红混纺，粉混纺，黄混纺，灰混纺，红花混纺做裙子，粉花
 f f   f f   h f   h h f   f h f   h h f   h h h f
混纺做衣裳。红、粉、灰、黄花样多，五颜六色好混纺。
 h f   h f h h h   h f

五、防止给零声元音添加声母

（一）零声母的辨正

普通话一部分读零声母的字，如"鹅、爱、欧、袄、安"等在有些方言中读成了声母的字，大致情况如下。

在读以 a、o、e 开头的零声母字时，常在前面加舌根鼻音 ng，如青岛人将"安"读成"ngan"，"欧"读成"ngou"，"恩"读成"ngen"；"爱"，天津话加上了 n 声母；"额"，成都话、广州话加上了 ng。合口呼韵母，如"文"，广州话加上了 m。纠正时，只要去掉舌根鼻音 ng，直接发元音就行了。

普通话部分有声母的字，在有的方言里又变成了零声母字。r 声母字，在粤方言里大多变成了齐齿呼字。

例如，"燃料"（ránliào）读成 yánliào，"日本"（rìběn）读成 yìběn。要熟悉常见的零声母字和非零声母字。

普通话中合口呼的零声母字，有的方言读成了 [v]（唇齿浊擦音）声母，如"万、闻、物、尾、问"等字，在吴方言中读成 [v] 声母。这只要在发音时注意把双唇拢圆，不要让下唇和上齿接触，就可以改正了。

（二）辨正训练

1. 声母和词语练习

阿姨 āyí　　　　　　　　　挨饿 ái'è

昂扬 ángyáng　　　　　　　熬药 áoyào

偶尔 ǒu'ěr　　　　　　　　扼要 èyào

压抑 yāyì　　　　　　　　　沿用 yányòng

演义 yǎnyì　　　　　　　　扬言 yángyán

洋溢 yángyì　　　　　谣言 yáoyán
幽雅 yōuyǎ　　　　　友谊 yǒuyì
外围 wàiwéi　　　　　忘我 wàngwǒ
委婉 wěiwǎn　　　　　万般 wànbān
唯物 wéiwù　　　　　无谓 wúwèi

2. 对比辨音练习

爱 ài 心—耐 nài 心　　　海岸 àn—海难 nàn
大义 yì—大逆 nì　　　　傲 ào 气—闹 nào 气
疑 yí 心—泥 ní 心　　　　语 yǔ 序—女 nǔ 婿
文 wén 风—门 mén 风　　余味 wèi—愚昧 mèi
每晚 wǎn—美满 mǎn　　　纹 wén 路—门 mén 路
万 wàn 丈—幔 màn 帐　　五味 wèi—妩媚 mèi

 读一读

普通话说不好，时有笑话闹

　　中国不但地大物博，人口众多，而且语言繁杂，各地方言独成一家、独占一方的现象很普遍。虽然新中国成立后不久就在全国开始推广普通话，但效果却并不见得很乐观。全国十多亿民众，除了大中城市的居民外，相信能较好地运用全国统一的法定语言——普通话进行交流的人，占人口总数的比例不会很多。

　　作为一个中国人，连自己国家通用的法定语言也讲不好，自然不是好现象，但却是客观存在的现实。当然，其中原因很多，也很复杂，并非三言两语就能简单地说得清楚的。这里只想就国人在日常生活、工作和交流中因为国语（普通话）讲得不好，常常闹出意想不到的笑话这一现象来举一些例子，以博一粲，也希望人们笑过之后，能有所反思，有所启示，从而对提高自己的普通话表达能力，对推广普通话有一定的帮助。

　　说到讲不好普通话的事例，人们首先想到的当然是地处南方的广东人了。大部分广东人和香港、澳门两个特别行政区的市民祖祖辈辈讲的都是粤语方言。普通话是以北方方言为基础的语言，而广东和港澳地处祖国南端，由于地域、历史上的原因，也由于文化上的差异，讲粤语的广东人与港澳市民对讲普通话，似乎有着一种天生的抵触情绪，又似乎总会有一种心有余而力不足的感觉。因此，粤语方言区的人们普通话讲不好，乃至讲得很糟糕，也就不足为奇了。

　　俗话说，天不怕地不怕，最怕听广东人说普通话。内地人刚到广东，不但听广东人讲粤语就感觉像听天书一样，就连听他们讲普通话也听得一头雾水，不知所云。曾听说过这样一则传言：好几年前，北方某位官员被调到广东省府担任主要职务。下车伊始，他与当地的主要官员开了个见面座谈会，听他们介绍情况。此官员当然早已有了听广东话如同听天书一样难懂的心理准备。会后，他在饭桌上与左右随从说起自己此方面的体会，颇有点自豪地说："我没听过广东话，原以为广东话很难听得懂。我看还可以，刚才听你们说话，也能听懂三分之一意思啊。"谁知有随从不好意思地低声对他说，他们没有用广东话发言，说的都是普通话。

不光内地人说广东人普通话讲不好，其实就是大部分的广东人也知道自己的普通话说得"麻麻地"（粤语：指说得不好），舌头就是老翘不起来。所以很多广东人也常戏说自己讲普通话是在"煲冬瓜"。这并非排斥普通话，我认为更多的是一种豁达的自嘲。

以下就是在广东省内流传较广的、因普通话说得不好而闹的两则笑话。

其一，某主要领导从小讲粤语，普通话讲得不好，但在公共场合又不能不说，尤其改革开放后，他也常常放下架子，带头自觉讲普通话，只是心有余而力不足，不时会闹出些有趣而善意的笑话来。据说，有一天他带着一批党政官员乘船在珠江口视察，看到几年来广州郊区的变化很大，情不自禁地对随从人员及其他官员说："站在床头看娇妻，越看越美丽。"

人们听见后都面面相觑，忍俊不禁，有的甚至笑得前翻后仰，以为他多喝了两杯开始说胡话呢。后来经他再三复述并解释，才知道，广东人在说普通话时往往念不准"船（chuán）"和"床（chuáng）"两个字音。此领导把"船头"说成"床头"，把"郊区"说成了"娇妻"而浑然不知，在那样的场合下听者不捧腹喷饭才怪呢。

其二，大热天，内地一批官员和一部分私营老板，在广东地方官员陪同下到广东某地参观一个著名的对虾养殖场。该虾场老板在其办公生活区接待了远方来的客人，并以西瓜款待他们。等到接待人员把一个个大红西瓜切开后，虾场老板边指着切成大小不等的一片片西瓜，边热情地大声对客人们说："吃吧，吃吧，不要客气！你们吃大便（片），我吃小便（片），吃完后再看看我们的下场（虾场）！"

此话一出，有人目瞪口呆，有人捂嘴偷笑，有人放声大笑，有人面红耳赤，有人不知所措，有人几乎当场晕倒。"n"和"l"读不清，"b"和"p"咬不准，是土生土长之广东人说普通话的通病，就是一般的读书人或知识分子也在所难免，何况那些文化水平不很高的私营企业老板呢。

广东话（粤语）确实跟普通话有很大的差别，但如果因此就以为只有广东人说普通话才会闹笑话，那就大错特错了。全国各地的人都受各自方言的影响，讲起普通话来也常常带着浓重的地方口音，都免不了有闹笑话的时候。下面是一则来自部队，跟讲普通话相关的、流传颇广的笑话。

其一，部队开始对新兵进行训练。一天，来自四川农村的连队指导员对刚集好队的两个新兵班大声而严肃地布置了训练任务：一班杀鸡，二班偷蛋，三班自杀，现在我来给大家做稀饭！

话音刚落，战士们面面相觑，大眼瞪小眼，不知所措，只好在原地站着不敢动。无奈，指导员又大声说了两三次，大家才弄明白他的意思：一班（练）射击，二班（练）投弹

（手榴弹），三班（练）刺杀，现在由他先来给大家做一下示范。

　　这个指导员说话大家听不懂的原因，是他近音字把握不好（"射"shè与"杀"shā），声调读不准（"偷"tōu与"投"tóu），声母里的舌尖前音和舌尖后音吐不清（"刺"cì与"自"zì，"稀"xī与"示"shì）。

　　其二，宁波是经济较为发达的沿海地区，但很多宁波人讲的普通话确实不敢恭维。曾听说（或者看过）有这样一句俗话：宁可与苏州人吵架，不愿跟宁波人讲话。可见好些宁波人讲起普通话来方音相当严重，一般外地人难以听得明白，也因此常常闹出笑话来。

　　据说，有两位新华社记者从北京到宁波去采访，向当地领导问起经济发展的经验。当地领导爽快地大声说："一是靠妓女，二是靠警察。"记者当即愕然，经过再三追问，对方仍然说："具体说来就是，一是放松警察，二是抓住妓女。"

　　后来只好采用书面交谈，才知道宁波发展经济的经验是：一是放松政策，二是抓住机遇。

　　这是从几年前的《经济日报》上剪录下来的一篇小文，相信并非作者凭空虚构杜撰出来的，因为它并非单纯的笑话。我没到过宁波，也没听过宁波人说普通话，但看过上面一则趣闻后，知道宁波人讲的普通话里，"机遇"和"妓女"两词读音是相近的，"政策"和"警察"两词讲起来也很难咬得准，分得清。可见宁波人讲起普通话来并不比广东人好多少。

　　以下是从网上摘录的小故事，应该算是一则因国语说不好而闹笑话的经典笑话了：改革开放初期，有一个广东人坐火车到北京去，他觉得车厢里又闷又热，想打开车窗吹吹风，透透气（那时的列车，窗门大都是可以打开的），于是用手指了指坐在对面的一位北方乘客说："你动不动？你不动我就开枪啦！"

　　谁知道那位乘客听了之后，立刻被吓呆了，马上站起来一个劲地摇头晃脑，手舞足蹈地动来动去。这是怎么一回事呢？这不光是读音的问题了。原来广东人的日常用语里，很少用"冷"一词。粤语里"冷"与"冻"的含义是没有明显区别的，说"冷"就是"冻"，说"冻"也是"冷"。上面那则笑话里，那广东人首先是问人家"冷不冷"，但用的是粤语表达方式，用"冻"来表示"冷"的意思。所以对方听到的是"你动不动"，以为叫他动起来。

　　当然，不是说别人叫你"动"你就非得"动"起来不可的，问题是对方说要开枪，你难道不要命啦？

　　妙就妙在广东话里"窗"和"枪"同音，加上普通话里"窗"（chuāng）字念的是卷舌音，"枪"（qiāng）字念的是舌面音，而广东话里是没有卷舌音（舌尖后音）的，普通话不过关的广东人哪怕他费尽九牛二虎之力，也很难不把"窗"念成"枪"。此君就把"开窗"念成了"开枪"，难怪人家以为他说"你不动我就开枪啦"，正在受到武力威吓呢。如果是你听了，能不害怕吗，能不"动"起来吗？

　　原文出自：http://bbs.chnqiang.com/viewthread.php?tid=55831

第三节 普通话声母综合训练

一、声母发音练习

（一）双唇音与唇齿音

1. 听读，辨别下列各字的声母
啤　毛　扶　秒　抱　伐　边　否　扒　幕
倍　飞　炮　膜　被　品　眯　肺　比　瀑
2. 练读下列词语，注意读准声母 b，p，m，f
漂浮　跑步　蜜蜂　北面　风靡　表妹　赔本　普遍
模范　法宝　繁茂　抛锚　喷饭　斑马　肥胖　佩服

（二）舌尖前音

1. 听读，辨别下列各字的声母
杂　慈　字　司　操　丝　刺　资　擦　桑
蚕　再　私　灾　栽　苏　增　惨　左　酸
2. 练读下列词语，注意读准声母 z，c，s
栽赃　赞颂　残存　姿色　词组　葬送　紫菜　才子
遭罪　粗俗　从速　思忖　酥脆　虽则　仓促　阻塞

（三）舌尖中音

1. 听辨下列几组音
n—n　l—l　n—l　l—n　n—l—l—n　l—n—n—l
2. 听读，辨别下列各字的声母
你　里　腾　带　难　蓝　逮　苔　挪　罗
淋　捻　担　娘　挺　梁　沓　拧　砣　铝
3. 练读下列词语，注意读准声母 d，t，n，l
答礼　脑力　泰斗　嫩绿　露脸　丹田　冷暖　倒塌
年轮　雷同　打通　耐劳　泥泞　纳凉　胎毒　拟订

（四）舌尖后音

1. 听读，辨别下列各字的声母
轴　称　惹　囟　锄　绉　婶　润　床　绕
痣　拆　肾　闯　溶　舜　铡　熟　热　枕

2. 同声母词语练习

(1) zh。

庄重　战争　制止　纸张　支柱　执政　忠贞　壮志

(2) ch。

查抄　铲除　成虫　春潮　船厂　愁肠　唇齿　初创

(3) sh。

硕士　顺手　书生　首饰　设施　赏识　烧伤　少数

(4) r。

冉冉　闰日　忍辱　柔弱　濡染　热热　人人　软弱

3. 练读下列词语，注意读准声母 zh、ch、sh、r

昌盛　伸张　禅师　任职　时差　骤然　善终　饶舌
折射　沉渣　食指　乳汁　车辙　燃烧　炒肉　展翅

(五) 舌面前音（舌面音）

1. 听读，辨别下列各字的声母

挤　稀　嫁　掐　砌　瞎　僵　钱　小　敲
搅　鞋　皆　锌　井　腥　咸　间　咀　券

2. 练读下列词语，注意读准声母 j，q，x

汲取　迁就　席卷　钱行　强项　屈膝　下脚　浆洗
侨居　校庆　京腔　侵袭　相劝　锦旗　囚禁　先觉

(六) 舌面后音（舌根音）

1. 听读，辨别下列各字的声母

龟　槛　核　挎　晃　搁　划　磕　狠　钙
乖　啃　光　黑　扛　锅　烤　烘　概　棵

2. 练读下列词语，注意读准声母 g，k，h

干枯　看护　壕沟　恐吓　后跟　怀古　关口　函购
蛊惑　惶恐　昏聩　快感　怪话　矿工　抗旱　恭候

二、声母发音综合练习

(一) 词语对比练习

1. b—m、b—p，m 与读零声母（u 韵）字的辨别

被服—佩服　　饱了—跑了　　步子—铺子　　鼻子—皮子
秘书—必须　　被套—配套　　蝙蝠—篇幅　　作文—做门

纹路—门路　　大网—大蟒　　公务—公墓　　无恙—模样

2. f—k—h 声母字辨别练习

虎头—斧头—苦头　　裤子—父子—护士　　欢欣—翻新
花生—发生　　荒唐—方糖　　舅父—救护　　开口—海口

3. d—t、n—l 声母字辨别练习

肚子—兔子　　平淡—平坦　　特意—得意　　大堤—大题
南宁—兰陵　　老路—恼怒　　褴褛—男女　　无奈—无赖

4. g—k 声母字的辨别

圆规—圆盔　　骨干—苦干　　梗概—慷慨　　改革—开课
挂上—跨上　　关心—宽心　　天公—天空　　干完—看完

5. j—q—c 声母字与 g—k 声母字的辨别

一群——捆　　君子—棍子　　大曲—大哭　　真菌—真困
老九—老狗　　江门—肛门　　窍门—靠门　　求救—求告

6. z—c—s 声母字与 j—q—x 声母字的辨别

资金—基金　　字母—继母　　自理—祭礼　　唱腔—上苍
诗词—稀奇　　名次—名气　　磁石—其实　　辞藻—起早
俗人—昔人　　口算—口训　　寺院—戏院　　稽手—洗手

7. z—c—s 声母字与 zh—ch—sh 声母字的辨别

造就—照旧　　增高—蒸糕　　赠品—正品　　栽花—摘花
葱郁—充裕　　粗步—初步　　从来—重来　　新村—新春
散光—闪光　　五岁—午睡　　肆意—示意　　司长—师长

8. zh—ch—sh 声母字与 j—q—x 声母字的辨别

作者—大姐　　招待—交代　　专款—捐款　　船长—船桨
尺码—骑马　　姓陈—姓秦　　朝上—桥上　　窗口—枪口
失望—希望　　发射—发泄　　烧化—消化　　树木—序幕

9. r 声母字与零声母字的辨别。

日本—译本　　染病—眼病　　燃料—颜料　　干扰—干咬
柔姿—邮资　　弱兵—叶兵　　仍旧—营救　　如下—一下

（二）标注声母练习

1. 练习一

美德好比宝石，它在朴素背景的衬托下反而更加华丽。同样，一个打扮并不华贵却端庄、严肃而有美德的人是令人肃然起敬的。

2. 练习二

美犹如盛夏的水果，是容易腐烂而难以保持的。世上有许多美人，她们有过放荡的青春却迎受着愧悔的晚年。因此，把美的形貌与美的品德结合起来吧，只有这样，美才会放射出真正的光辉。

（三）绕口令练习

1. 炮兵（p, b）

八百标兵奔北坡，炮兵并排北边跑。
炮兵怕把标兵碰，标兵怕碰炮兵炮。

2. 混纺（h, f）

丰丰和芳芳，上街买混纺。
红混纺，粉混纺，黄混纺，灰混纺。
红花混纺做裙子，粉花混纺做衣裳。
红、粉、灰、黄花样多，五颜六色好混纺。

3. 四老师（s, sh）

石、斯、施、史四老师，天天和我在一起。
石老师教我大公无私，斯老师给我精神粮食；
施老师叫我遇事三思，史老师送我知识钥匙。
我感谢石、斯、施、史四老师。

4. 包子看报纸（z, zh）

报纸是报纸，包子是包子，报纸包子两回事。
看报纸不是包子，只能包包子看报纸。

5. 子词丝（z, c, s）

四十四个字和词，组成一首子词丝的绕口词。
桃子李子柿子和榛子，栽满院子村子和寨子。
刀子斧子锤子和尺子，做出桌子椅子和箱子。
蚕丝生丝熟丝和缫丝，制成粗丝细丝人造丝。
名词动词数词和量词，组成诗词唱词绕口词。

6. 日头热（r）

日头热，晒人肉，晒得心里好难受。
晒人肉，好难受，晒得头皮直发皱。

（四）歌词朗读练习

1. 我爱你，中国（读准下划横线的舌尖后音字）

百灵鸟从蓝天飞过，我爱你，<u>中</u>国。我爱你春天蓬勃的秧苗，我爱你秋日金黄的硕果。我爱你青松气质，我爱你红梅品格。我爱你家乡的甜蔗，好像乳汁滋润着我的心窝。我爱你，<u>中</u>国，我要把最美的歌儿献给你，我的母亲，我的祖国。

2. 南泥湾（读准 n 和 l）

花篮的花儿香，听我来唱一唱。来到了南泥湾，南泥湾好地方。好地方那个好风光，再不是旧模样，是陕北的好江南。

（五）对话练习

1. 对话一

小张（Zhāng）：还有5分钟就上课了，再不走就迟（chí）到了！

小江（Jiāng）：我的鞋（xié）找不到了！化（huà）学书也没了！

小张：你这个马大哈！每天不是这个不见了，就是那个不见了！真没办法！

小江：嚷（rǎng）什么呀？快帮我看看床下有没有？再看看抽屉！

小张：在这儿呢！快走（zǒu）！快走！

2. 对话二

小陈（Chén）：今晚有一个文学欣（xīn）赏讲座，你去吗？

小秦（Qín）：在哪儿？谁主讲？

小陈：在电教室，是程（Chéng）教授。

小秦：电教室的音（yīn）响效果特别棒！一定去！

小陈：原来你是想去欣赏音响而不是欣赏文学！

小秦：哪里哪里，一举两得嘛。

3. 对话三

小黄（Huáng）：我喜欢在咖啡里加些方（fāng）糖。

小王（Wáng）：我喜欢喝黑咖啡，原汁（zhī）原味。

小黄：那太苦了，很难下咽（yàn）。方糖在哪里？

小王：大概（gài）在商店里。

小黄：嗨，你存心不让我喝。算了算了，我也来一次"原汁原味"吧。

4. 对话四

卢（Lú）勇（Yǒng）：除（chú）了小徐（Xú），其他人都随（suí）我去厨房帮忙。

劳（Láo）蓉（Róng）：小徐怎么这么特殊？

卢勇：小徐去买酒（jiǔ）。这么热（rè）的天，你也想去吗？

劳蓉：那我可不想去。不过我也不会包饺（jiǎo）子。

卢勇：你可真是"衣来伸手，饭来张口"的大小姐！

劳蓉：你别这样说，不会包饺子，可我会炒菜呀！

卢勇：真的？拿手好菜是什么？

劳蓉：香酥鸡、烤乳（rǔ）鸽、西瓜拼盘、清蒸（zhēng）蟹（xiè）……太多了！

5. 对话五

饶（Ráo）秀（Xiù）：开发区建了一个花溪（xī）公园，很漂亮！

姚（Yáo）珊（Shān）：我上星期也去过，是很漂亮，也很热（rè）闹。
饶秀：可惜（xī）的是有些游人到处扔（rēng）垃圾（lājī）。
姚珊：对，上次我还跟一个人因为这事儿吵起来了。
饶秀：是吗？怎么回事？

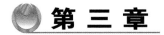

普通话韵母

 本章内容提要

❋ 韵母与元音；
❋ 韵母的构成；
❋ 韵母的分类；
❋ 韵母的辨正；
❋ 韵母的发音训练。

 精彩案例

某领导的普通话

原文：
大会开鼠，项在请领导花阳。
各位女婿乡绅们：
　　瓦们汕头，轰景买丽，高通荒便，山鸡很多，欢迎你来逃猪！瓦花展，你撞墙。完了，吓吓大家。
　　真的吓吓大家呀。
原文出自：http://q.sohu.com/forum/7/topic/3452179

译文：
大会开始，现在请领导发言。
各位女士先生们：
　　我们汕头，风景美丽，交通方便，商机很多，欢迎你们来投资！我发展，你赚钱。完了，谢谢大家。
　　真的谢谢大家啊。

第一节　普通话韵母概述

一、韵母与元音

韵母是音节中声母后面的部分。例如"慢"（màn），m 是声母，an 是韵母。零声母音节，没有声母，全部由韵母构成。例如"娅"（yà），没有声母，ia 是韵母。普通话韵母共有 39 个，即：a, o, e, ê, i, u, ü, er, -i（"思"的韵母），-i（"诗"的韵母），ao, ai, ou, ei, iao, iou, uai, uei, ia, ie, ua, uo, üe, an, en, ian, in, uan, uen, üan, ün, ang, ong, eng, iang, iong, ing, uang, ueng。

韵母和元音不相等。普通话韵母主要由元音构成，完全由元音构成的韵母有 23 个，即：a, o, e, ê, i, u, ü, er, -i（"思"的韵母），-i（"诗"的韵母），ao, ai, ou, ei, iao, iou, uai, uei, ia, ie, ua, uo, üe，约占 39 个韵母的 59%，由元音加上辅音构成的韵母（鼻韵母）有 16 个，即：an, en, ian, in, uan, uen, üan, ün, ang, ong, eng, iang, iong, ing, uang, ueng，约占 39 个韵母的 41%。可见，在普通话韵母中，元音占有绝对的优势。

普通话韵母主要由元音构成，元音发音比较响亮，与辅音声母相比，韵母没有呼读音。

二、韵母的构成

（一）韵母的构成形式

韵母是一个音节声母后面的部分，主要由元音构成。普通话韵母基本上有以下 3 种构成形式：

（1）由一个元音构成，如"乌、啼"的韵母"u, i"；

（2）由 2 个或 3 个元音构成，如"月、落、黝、黑"的韵母"üe, uo, iou, ei"；

（3）由元音加鼻辅音构成的，如"霜、满、天"的韵母"uang, an, ian"。

（二）韵母的构成特点

（1）元音是韵母构成的主要成分。在普通话韵母系统中，任何韵母都不能缺少元音。

（2）韵母一般由韵头、韵腹和韵尾构成。韵腹是韵母的主干，又叫作主要元音，一般由 a, o, e, ê, i, u, ü, er, -i（"思"的韵母），-i（"诗"的韵母）等元音充当。韵头是韵腹前面的元音，介于声母和韵腹之间，又叫作介音或介母，韵头一般由 i, u, ü 等元音充当。韵尾是韵腹后面的部分，一般由 i, u (o), n, ng 等元音或辅音充当。

（3）韵母可以没有韵头和韵尾，但不能没有韵腹。例如：温（wēn）有韵头、韵腹和韵尾，"凹"（āo）就只有韵腹和韵尾，而"鸭"（yā）只有韵头和韵腹。

三、韵母的分类

根据不同的标准,普通话韵母可以划分出不同的种类。一是根据韵母开头的元音发音口形特点分为开口呼、齐齿呼、合口呼和撮口呼,简称"四呼";二是按韵母内部结构特点可以分为单韵母、复韵母、鼻韵母。

(一)按照发音口形特点分类

1. 开口呼

开口呼指不是 i, u, ü 或以 i, u, ü 开头的韵母。开口呼韵母有 a, o, e, ê, er, -i("思"的韵母), -i("诗"的韵母), ao, ai, ou, ei, an, en, ang, eng 共 15 个,约占全部韵母的 38%。

2. 齐齿呼

齐齿呼是指 i 或以 i 开头的韵母。齐齿呼韵母有 i, iao, iou, ia, ie, ian, in, iang, ing 共 9 个,约占全部韵母的 23%。

3. 合口呼

合口呼是指 u 或以 u 开头的韵母,合口呼韵母有 u, uai, uei, ua, uo, uan, uen, ong, uang, ueng 共 10 个,约占全部韵母的 26%。

4. 撮口呼

撮口呼是指 ü 或以 ü 开头的韵母,撮口呼韵母有 ü, üe, üan, ün, iong 共 5 个,约占全部韵母的 13%。

(二)按照韵母内部结构特点分类

1. 单韵母

由一个元音构成的韵母叫单韵母,又叫单元音韵母。普通话中单元音韵母共有 10 个:a, o, e, ê, i, u, ü, -i("思"的韵母), -i("诗"的韵母), er。

单韵母的不同音色是由以下 3 方面造成的。

(1)舌位的前后舌头前伸,舌头前部隆起,发出的音是前元音,如 i;舌位后部隆起,发出的音是后元音,如 u。

(2)舌位的高低(即开口度的大小)与口腔的开闭密切相关。口腔闭,舌位居高,发出的音就是高元音,如 i、u、ü;口腔开,舌位低,发出的音就是低元音,如 a。

(3)唇形的圆扁嘴唇向两边展开或呈自然状态,发出的音是不圆纯音,如 i, a;嘴唇拢圆,发出的音是圆纯音,如 o, u。

根据以上情况,单韵母又可以分为舌面单韵母、舌尖单韵母、卷舌单韵母。

(1)舌面单韵母。

a 发音时,口腔大开,舌头前伸,舌位低,舌头居中,嘴唇呈自然状态。如"沙发"、

"开花"、"打靶"的韵母。

o 发音时，口腔半合，舌位半高，舌头后缩，嘴唇拢圆。如"波"、"泼""摸"的韵母。

e 发音状况大体像 o，只是双唇自然展开成扁形。如"歌"、"苛"、"喝"的韵母。

ê 发音时，口腔半开，舌位半低，舌头前伸，舌尖抵住下齿背，嘴角向两边自然展开，唇形不圆。如"耶"的读音。在普通话里，ê 很少单独使用，经常出现在 i，ü 的后面，在 i，ü 后面时，书写要省去符号"∧"。

i 发音时，口腔开度很小，舌头前伸，前舌面上升接近硬腭，气流通路狭窄，但不发生摩擦，嘴角向两边展开，呈扁平状。如"低"、"体"、"米"的韵母。

u 发音时，口腔开度很小，舌头后缩，后舌面上升接近硬腭，气流通路狭窄，但不发生摩擦，嘴唇拢圆成小孔。如"图书"、"互助"的韵母。

ü 发音时，口腔开度很小，舌头前伸，前舌面上升接近硬腭，但气流通过时不发生摩擦，嘴唇拢圆成一小孔。发音情况和 i 基本相同，区别是 ü 嘴唇是圆的，i 嘴唇是扁的。如"语句"、"盱眙"的韵母。

（2）舌尖单韵母。

-i（前）发音时，舌尖前伸，对着上齿背形成狭窄的通道，气流通过不发生摩擦，嘴唇向两过展开。用普通话念"私"并延长，字音后面的部分便是 -i（前）。这个韵母只跟 z，c，s 配合，不和任何其他声母相拼，也不能自成音节。如"资"、"此"、"思"的韵母。

-i（后）发音时，舌尖上翘，对着硬腭形成狭窄的通道，气流通过不发生摩擦，嘴角向两边展开。用普通话念"师"并延长，字音后面的部分便是 -i（后）。这个韵母只跟 zh，ch，sh，r 配合，不与其他声母相拼，也不能自成音节。如"知"、"吃"、"诗"的韵母。

（3）卷舌单韵母。

er 发音时，口腔半开，开口度比 ê 略小，舌位居中，稍后缩，唇形不圆。在发 e 的同时，舌尖向硬腭轻轻卷起，不是先发 e，然后卷舌，而是发 e 的同时舌尖卷起。"er"中的 r 不代表音素，只是表示卷舌动作的符号。er 只能自成音节，不和任何声母相拼。如"儿"、"耳"、"二"字的韵母。

2. 复韵母

由 2 个或 3 个元音结合而成的韵母叫复韵母。普通话共有 13 个复韵母：ai, ei, ao, ou, ia, ie, ua, uo, üe, iao, iou, uai, uei。根据主要元音所处的位置，复韵母可分为前响复韵母，中响复韵母和后响复韵母。

（1）前响复韵母。

前响复韵母共有 4 个：ai, ei, ao, ou。它们的共同特点是前一个元音清晰响亮，后一个元音轻短模糊，音值不太固定，只表示舌位滑动的方向。

ai 发音时，先发 a，这里的 a 舌位前，念得长而响亮，然后舌位向 i 移动，不到 i 的高度。i 只表示舌位移动的方向，音短而模糊。例如"白菜"、"海带"、"买卖"的韵母。

ai——爱戴　　拆开　　拍卖　　采摘

ei 发音时，先发 e，比单念 e 时舌位前一点，这里的 e 是个中央元音，然后向 i 的方向滑动。例如"配备"、"北美"、"黑霉"的韵母。

ei——蓓蕾　　配备　　肥美　　飞贼　　配备

ao 发音时，先发 a，这里的 a 舌位靠后，是个后元音，发得响亮，接着向 u 的方向滑动。例如"高潮"、"报道"、"吵闹"的韵母。

ao——号召　　草包　　草稿　　逃跑

ou 发音时，先发 o，接着向 u 滑动，舌位不到 u 即停止发音。例如"后楼"、"收购"、"漏斗"的韵母。

ou——欧洲　　口头　　丑陋　　猴头　　筹谋

（2）后响复韵母。

后响复韵母共有 5 个：ia, ie, ua, uo, üe。它们的共同特点是前面的元音发得轻短，只表示舌位从那里开始移动，后面的元音发得清晰响亮。

ia 发音时，i 表示舌位起始的地方，发得轻短，很快滑向前元音 a，a 发得长而响亮。例如"加价"、"假牙"、"压下"的韵母。

ia——恰恰　　压价

ie 发音时，先发 i，很快发 ê，前音轻短，后音响亮。例如："结业"、"贴切"、"趔趄"的韵母。

ie——乜斜　　铁鞋

ua 发音时，u 念得轻短，很快滑向 a，a 念得清晰响亮。例如"花褂"、"桂花"的韵母。

ua——耍滑　　挂画　　花袜　　娃娃

uo 发音时，u 念得轻短，舌位很快降到 o，o 清晰响亮。例如"过错"、"活捉"、"阔绰"的韵母。

uo——蹉跎　　过错　　骆驼　　没落

üe 发音时，先发高元音 ü，ü 念得轻短，舌位很快降到 ê，ê 清晰响亮。例如"雀跃"、"决绝"的韵母。

üe——雪月　　约略

后响复韵母在自成音节时，韵头 i, u, ü 改写成 y, w, yu。

（3）中响复韵母。

中响复韵母共有 4 个：iao, iou, uai, uei。它们共同的发音特点是前一个元音轻短，后面的元音含混，音值不太固定，只表示舌位滑动的方向，中间的元音清晰响亮。

iao 发音时，先发 i，紧接着发 ao，使三个元音结合成一个整体。例如"巧妙"、"小鸟"、"教条"的韵母。

iao——妙药　　教条　　吊桥　　逍遥

iou 发音时，先发 i 紧接着发 ou，紧密结合成一个复韵母。例如"优秀"、"求救"、"牛油"的韵母。

iou——悠久　绣球　久留

uai 发音时，先发 u，紧接着发 ai，使 3 个元音结合成一个整体。例如"摔坏"、"外快"的韵母。

uai——怀揣　乖乖

uei 发音时，先发 u，紧接着发 ei，紧密结合成一个整体。例如"退回"、"归队"的韵母。

uei——灰堆　鬼祟　摧毁　回味

中响复韵母在自成音节时，韵头 i，u 改写成 y，w。复韵母 iou，uei 前面加声母的时候，要省写成 iu，ui，如 liu（留）、gui（归）等；不跟声母相拼时，不能省写用 y，w 开头，如 you（油）、wei（威）等。

3. 鼻韵母

由一个或两个元音后面带上鼻辅音构成的韵母叫鼻韵母。鼻韵母共有 16 个：an，ian，uan，üan，en，in，uen，ün，ang，iang，uang，eng，ing，ueng，ong，iong。

根据鼻辅音韵尾的不同，鼻韵母可分为两种：前鼻韵母，由元音和前鼻辅音（舌尖鼻辅音）韵尾 n 构成；后鼻韵母，由元音和后鼻辅音（舌根鼻辅音）韵尾 ng 构成。

哨　兵

一位哨兵站岗时发现远处来了一个人，马上向领导报告："前面来了一个营（人）。"

（1）前鼻韵母训练。

前鼻韵尾 n 与声母 n 发音部位相同，即舌尖抵满上齿龈；区别在于声母 n 要除阻，韵尾 n 不除阻。

an 发音时，先发 a，然后舌尖向上齿龈移动，最后抵住上齿龈，发前鼻音 n。例如"感叹"、"灿烂"的韵母。

an——漫谈　繁难　淡蓝　坦然　橄榄

en 发音时，先发 e，然后舌尖向上齿龈移动，抵住上齿龈发音 n。例如"认真"、"根本"的韵母。

en——人参　本分　深圳　愤恨　沉闷

in 发音时，先发 i，然后舌尖向上齿龈移动，抵住上齿龈，发鼻音 n。例如"拼音"、

"尽心"的韵母。

　　in——亲近　　殷勤　　金银　　琴音

　　ün 发音时，先发 ü，舌尖向上齿龈移动，抵住上齿龈，气流从鼻腔通过。例如"均匀"、"军训"的韵母。

　　ün——逡巡　　纭纭　　允许

　　in、ün 自成音节时，写成 yin（音）、yun（晕）。

　　ian 发音时，先发 i，i 轻短，接着发 an，i 与 an 结合得很紧密。例如"偏见"、"先天"的韵母。

　　ian——变迁　　电线　　连绵　　沿线

　　uan 发音时，先发 u，紧接着发 an，u 与 an 结合成一个整体。例如"贯穿"、"转弯"的韵母。

　　uan——宽缓　　专断　　婉转

　　üan 发音时，先发 ü，紧接着发 an，ü 与 an 结合成一个整体。例如"轩辕"、"全权"的韵母。

　　üan——渊源　　全权　　源泉　　圆圈　　轩辕

　　uen 发音时，先发 u，紧接着发 en，u 与 en 结合成一个整体。例如"春笋"、"温存"的韵母。

　　uen——温顺　　昆仑　　论文　　分寸

　（2）后鼻韵母训练。

　　后鼻韵尾 ng 与声母 g、k、h 发音部位相同，即舌根抵住软腭；区别在于 ng 是浊鼻音，发音时软腭下垂，气流振动声带从鼻腔通过，没有除阻过程。

　　ang 发音时，先发 a，舌头逐渐后缩，舌根抵住软腭，气流从鼻腔通过。例如"厂房"、"沧桑"的韵母。

　　ang——纲常　　螳螂　　上当　　盲肠

　　eng 发音时，先发 e，舌根向软腭移动，抵住软腭，气流从鼻腔通过。例如"更正"、"生冷"的韵母。

　　eng——风声　　萌生　　鹏程

　　ing 发音时，先发 i，舌头后缩，舌根抵住软腭，发后鼻音 ng。例如"定型"、"命令"的韵母。ing 自成音节时，作 ying（英）。

　　ing——情景　　倾听　　宁静

　　ong 发音时，舌根抬高抵住软腭，发后鼻音 ng。例如"工农"、"红松"的韵母。

　　ong——公众　　轰动　　总统　　从容

　　iang 发音时，先发 i，接着发 ang，使二者结合成一个整体。例如"亮相"、"想像"的韵母。

　　iang——将相　　湘江　　向阳

iong 发音时，先发 i，接着发 ong，二者结合成一个整体。例如"汹涌"、"穷凶"的韵母。

iong——熊熊　炯炯

uang 发音时，先发 u，接着发 ang，由 u 和 ang 紧密结合而成。例如"状况"、"双簧"的韵母。

uang——狂妄　装潢

ueng 发音时，先发 u，接着发 eng，由 u 和 eng 紧密结合而成。ueng 自成音节，不拼声母。例如"翁"、"瓮"。

ueng——老翁　渔翁　水瓮　蓊郁

iang、iong、uang、ueng 自成音节时，韵头 i、u 改写成 y、w。

另外，uen 跟声母相拼时，省写作 un。例如 lun（伦）、chun（春）。uen 自成音节时，仍按照拼写规则，写作 wen（温）。

普通话韵母总表如表 3-1 所示。

表 3-1　普通话韵母总表

	开口呼	齐口呼	合口呼	撮口呼
单韵母	-i	i	u	ü
	a	ia	ua	
	o		uo	
	e			
	ê	ie		üe
	er			
复韵母	ai		uai	
	ei		uei	
	ao	iao		
	ou	iou		
鼻韵母	an	ian	uan	üan
	en	in	uen	ün
	ang	iang	uang	
	eng	ing	ueng	
	ong	iong		

第二节　普通话韵母辨正

精彩案例

买　方　言

单位领导近日外地考察回来，忽下死命令：从一把手到勤杂工，必须得说普通话，发现一句方言扣一块钱。

办公室主任是一五十多岁老同志，从未说过普通话，闻言肝胆俱裂。一日，主任给领导汇报工作，用半生不熟的普通话一字一顿地汇报了半小时还没有触及正题，最后，老主任火了，从兜里掏出一百块钱拍到领导桌子上，直着脖子说：我买一百块钱的方言。

一、分清 i 和 ü 的读音

这两个音唯一的区别就在于：i 是不圆唇音，ü 是圆唇元音。抓住这一点，便能够基本上分清楚这两个音了。

1. 韵母和词语练习

必须 bìxū	理解 lǐjiě	例会 lìhuì
批准 pīzhǔn	迷路 mílù	地主 dìzhǔ
剃头 tìtóu	泥巴 níba	鸡蛋 jīdàn
音乐 yīnyuè	英雄 yīngxióng	家园 jiāyuán
距离 jùlí	毛驴 máolú	女孩 nǚhái
趣味 qùwèi	绿草 lǜcǎo	抚恤 fǔxù
语气 yǔqì	取缔 qǔdì	曲艺 qǔyì
怨言 yuànyán	孕育 yùnyù	选举 xuǎnjǔ

2. 对比辨音练习

名义 míngyì——名誉 míngyù

结集 jiéjí——结局 jiéjú

小姨 xiǎoyí——小鱼 xiǎoyú

意义 yìyì——寓意 yùyì

前面 qiánmian——全面 quánmiàn

盐分 yánfèn——缘分 yuánfèn

绝迹 juéjì——绝句 juéjù

沿用 yányòng——援用 yuányòng
白银 báiyín——白云 báiyún
通信 tōngxìn——通讯 tōngxùn
意见 yìjiàn——预见 yùjiàn
潜水 qiánshuǐ——泉水 quánshuǐ
容易 róngyì——荣誉 róngyù
雨具 yǔjù——雨季 yǔjì
原料 yuánliào——颜料 yánliào
权力 quánlì——潜力 qiánlì
院子 yuànzi——燕子 yànzi
月历 yuèlì——愿意 yuànyì
戏曲 xìqǔ——序曲 xùqǔ
气味 qìwèi——趣味 qùwèi

二、分清 o 和 e 的读音

这两个音发音时，舌位的高低前后相同，都是舌面后、半高元音。它们的区别在于：o 是圆唇元音，而 e 是不圆唇元音，我们可以根据这一点加以区别记忆。

【练一练】

1. 韵母和词语练习

破格 pògé	职责 zhízé	策略 cèlüè	侧重 cèzhòng
博士 bóshì	摸底 mōdǐ	国歌 guógē	合法 héfǎ
摩擦 mócā	蛋壳 dànké	舌头 shétou	偏颇 piānpō
佛教 fójiào	没收 mòshōu	奢侈 shēchǐ	鸟窝 niǎowō

2. 绕口令练读

罗小哥骑着破车上街买墨盒，没料破车座把裤子划破，罗小哥伸手一摸气得直哆嗦，只得推着破车回家，不去买墨盒。

三、分清 ai 和 ei 的读音

在普通话中，这两个韵母分得很清楚，然而在有些方言中，存在 ai 和 ei 不分的现象，比如说把 báicài（白菜）读成 béicài。要避免这种情况，主要是注意 ai 和 ei 开始发音时开口度的大小。

【练一练】

1. 韵母和词语练习

栽培 zāipéi   败类 bàilèi   百倍 bǎibèi   海内 hǎinèi
胚胎 pēitāi   黑麦 hēimài   佩带 pèidài   委派 wěipài

2. 对比辨音练习

分配 fēnpèi—分派 fēnpài

被子 bèizi—稗子 bàizi

耐心 nàixīn—内心 nèixīn

小麦 xiǎomài—小妹 xiǎomèi

卖力 màilì—魅力 mèilì

百强 bǎiqiáng—北墙 běiqiáng

眉头 méitóu—埋头 máitóu

白鸽 báigē—悲歌 bēigē

镁光 měiguāng—买光 mǎiguāng

外部 wàibù—胃部 wèibù

改了 gǎile—给了 gěile

买主 mǎizhǔ—没主 méizhǔ

牌价 páijià—陪嫁 péijià

陪伴 péibàn—排版 páibǎn

怀想 huáixiǎng—回想 huíxiǎng

未来 wèilái—外来 wàilái

坏意 huàiyì—会意 huìyì

四、分清 an 和 ang en 和 eng in 和 ing eng 和 ong un 和 iong 的读音

前三对韵母中 an en in 是前鼻音，ang eng ing 是后鼻音，它们的区别在于韵尾的不同。我们可以利用声旁类推加以记忆。例如以"分"为声旁的字，韵母往往是"en"，如"纷、吩、芬、粉"等，以"朋"为声旁的字韵母往往是"eng"如"棚、硼、绷、鹏"等。同时，由于普通话中前鼻音韵母的字比后鼻音韵母的字少，所以还可以利用"记少不记多"的办法来加以记忆。

1. 韵母和词语练习

（1） an—ang。

坦荡 tǎndàng　　　　擅长 shàncháng　　　　山冈 shāngāng

南方 nánfāng　　　　远航 yuǎnháng　　　　担当 dāndāng

乱纲 luàngāng　　　　探访 tànfǎng　　　　燃放 ránfàng

傍晚 bàngwǎn　　　　狼山 lángshān　　　　商贩 shāngfàn

淌汗 tǎnghàn　　　　钢板 gāngbǎn　　　　畅谈 chàngtán

伤感 shānggǎn　　　　茫然 mángrán　　　　访谈 fǎngtán

（2） en—eng。

门缝 ménfèng　　　　文风 wénfēng　　　　人生 rénshēng

神圣 shénshèng　　本能 běnnéng　　深层 shēncéng
真正 zhēnzhèng　　人称 rénchēng　　胜任 shèngrèn
征文 zhēngwén　　诚恳 chéngkěn　　登门 dēngmén
称臣 chēngchén　　风尘 fēngchén　　缝纫 féngrèn
成分 chéngfèn　　烹饪 pēngrèn

(3) in—ing。

新兴 xīnxīng　　聘请 pìnqǐng　　民兵 mínbīng
金星 jīnxīng　　近景 jìnjǐng　　锦屏 jǐnpíng
心灵 xīnlíng　　银杏 yínxìng　　民警 mínjǐng
请进 qǐngjìn　　平民 píngmín　　灵敏 língmǐn
拧紧 nǐngjǐn　　迎新 yíngxīn　　平信 píngxìn
影印 yǐngyìn　　挺进 tǐngjìn　　平津 píngjīn

(4) eng—ong。

中东 zhōngdōng　　东海 dōnghǎi　　灯笼 dēnglong
忠贞 zhōngzhēn　　笼统 lǒngtǒng　　疼痛 téngtòng
肿眼 zhǒngyǎn　　征战 zhēngzhàn　　横条 héngtiáo
省力 shěnglì　　整容 zhěngróng　　通红 tōnghóng

(5) un—iong。

允许 yǔnxǔ　　韵律 yùnlǜ　　游泳 yóuyǒng
庸俗 yōngsú　　汹涌 xiōngyǒng　　群雄 qúnxióng
拥军 yōngjūn　　驯熊 xùnxióng　　功勋 gōngxūn

2. 对比辨音练习

(1) an—ang。

开放 kāifàng—开饭 kāifàn
天坛 tiāntán—天堂 tiāntáng
烂漫 lànmàn—浪漫 làngmàn
弹词 táncí—搪瓷 tángcí
扳手 bānshǒu—帮手 bāngshǒu
担心 dānxīn—当心 dāngxīn
散失 sànshī—丧失 sàngshī
水潭 shuǐtán—水塘 shuǐtáng
寒露 hánlù—航路 hánglù
心烦 xīnfán—心房 xīnfáng
眼光 yǎnguāng—仰光 yǎngguāng

(2) en—eng。

长针 chángzhēn—长征 chángzhēng
忠臣 zhōngchén—忠诚 zhōngchéng
吩咐 fēnfù—丰富 fēngfù
陈旧 chénjiù—成就 chéngjiù
申明 shēnmíng—声明 shēngmíng
瓜分 guāfēn—刮风 guāfēng
清真 qīngzhēn—清蒸 qīngzhēng
诊治 zhěnzhì—整治 zhěngzhì
深思 shēnsī—生丝 shēngsī
信服 xìnfú—幸福 xìngfú
谈情 tánqíng—亲近 qīnjìn
金手 jīnshǒu—经手 jīngshǒu
濒临 bīnlín—兵临 bīnglín
天津 tiānjīn—天京 tiānjīng
贫民 pínmín—平民 píngmín
水滨 shuǐbīn—水兵 shuǐbīng
临近 línjìn—宁静 níngjìng

（3）in—ing。
寻找 xúnzhǎo—熊爪 xióngzhǎo
平均 píngjūn—平庸 píngyōng
裙花 qúnhuā—琼花 qiónghuā
鹰群 yīngqún—英雄 yīngxióng
元勋 yuánxūn—元凶 yuánxiōng
通讯 tōngxùn—通用 tōngyòng

（4）eng—ong。
争点 zhēngdiǎn—终点 zhōngdiǎn
东海 dōnghǎi—灯海 dēnghǎi
种植 zhòngzhí—正直 zhèngzhí
登天 dēngtiān—冬天 dōngtiān
仍要 réngyào—荣耀 róngyào
紫铜 zǐtóng—紫藤 zǐténg

3.练读下列绕口令和诗歌，注意发音准确
（1）长扁担、短扁担、长扁担比短扁担长半扁担，短扁担比长扁担短半扁担。长扁担要绑在短板凳上，短扁担要绑在长板凳上。所以短板凳不能绑比长扁担短半扁担的短扁担，长板凳也不能绑比短扁担长半扁担的长扁担。
（2）小金上北京看风景，小玲上天津买纱巾，北京的风景看不尽，天津的纱巾绕眼睛，乐坏了小金和小玲。

（3）姓程不姓陈，姓陈不姓程，禾木程，耳东陈，程陈不分认错人。

（4）夜中不能寐，起坐弹鸣琴。薄帷鉴明月，清风吹我衿。孤鸿号外野，翔鸟鸣北林。徘徊将何见，忧思独伤心。

（5）邯郸驿里逢冬至，抱膝灯前影伴身。想得家中夜深坐，还应说着远游人。

五、避免丢失韵头 i 和 u

以 i 为韵头的韵母属于齐齿呼韵母的有 7 个，分别是：ia、ie、iao、iou、ian、iang、iong。

以 u 为韵头的韵母属于合口呼韵母的有 8 个，分别是：ua、uo、uai、uei、uan、uen、uang、ueng。声母在与这些韵母相拼时，一般采用"三拼连读法"。拼读过程中，虽然作为韵头的 i 或 u 发音轻短，但不能忽略，更不能丢失。

1. 以 i 为韵头的韵母和词语练习

ia　　国家 guójiā—华夏 huáxià—龙虾 lóngxiā
　　　放假 fàngjià—嘉奖 jiājiǎng—洽谈 qiàtán

ie　　蔑视 mièshì—街道 jiēdào—猎取 lièqǔ
　　　重叠 chóngdié—撇开 piēkāi—戒备 jièbèi

iao　骄傲 jiāo'ào—憔悴 qiáocuì—香蕉 xiāngjiāo
　　　欢笑 huānxiào—雕刻 diāokè—敲门 qiāomén

iu　　流水 liúshuǐ—丢弃 diūqì—秋天 qiūtiān
　　　荒谬 huāngmiù—小牛 xiǎoniú—休息 xiūxi

ian　蓝天 lántiān—扁担 biǎndān—欺骗 qīpiàn
　　　面粉 miànfěn—甜蜜 tiánmì—标点 biāodiǎn

iang　大娘 dàniáng—将军 jiāngjūn—手枪 shǒuqiāng
　　　幻想 huànxiǎng—高粱 gāoliáng—酱油 jiàngyóu

iong　汹涌 xiōngyǒng—熊爪 xióngzhǎo—贫穷 pínqióng
　　　窘态 jiǒngtài—蚕蛹 cányǒng—胸膛 xiōngtáng

2. 以 u 为韵头的韵母和词语练习

ua　　苦瓜 kǔguā—红花 hónghuā—夸奖 kuājiǎng
　　　刷子 shuāzi—抓住 zhuāzhu—青蛙 qīngwā

uo　　萝卜 luóbo—生活 shēnghuó—水果 shuǐguǒ
　　　挪动 nuódòng—啰嗦 luōsuo—夺目 duómù

uai　坏蛋 huàidàn—奇怪 qíguài—快捷 kuàijié
　　　怀揣 huáichuāi—元帅 yuánshuài—摔跤 shuāijiāo

ui　　推开 tuīkāi—乌龟 wūguī—亏损 kuīsǔn

　　　　　开会 kāihuì—追逐 zhuīzhú—垂直 chuízhí
uan　　端庄 duānzhuāng—卵石 luǎnshí—鸾鸟 luánniǎo
　　　　　管家 guǎnjiā—宽容 kuānróng—缓慢 huǎnmàn
uen　　蹲下 dūnxia—吞吐 tūntǔ—轮回 lúnhuí
　　　　　捆绑 kǔnbǎng—浑浊 húnzhuó—尊敬 zūnjìng
uang　光明 guāngmíng—镜框 jìngkuàng—嫩黄 nènhuáng
　　　　　庄稼 zhuāngjia—闯祸 chuǎnghuò—双簧 shuānghuáng
ueng　渔翁 yúwēng—陶瓮 táowèng—蓊郁 wěngyù

3. 对比辨音练习

钻石 zuànshí—暂时 zànshí
变乱 biànluàn—变烂 biànlàn
打量 dǎliang—打狼 dǎláng
木扁 mùbǎn—木板 mùbǎn
点子 diǎnzi—胆子 dǎnzi
刷子 shuāzi—沙子 shāzi
抓住 zhuāzhu—扎住 zhāzhu
坏人 huàirén—害人 hàirén
不怪 búguài—不盖 búgài
创导 chuàngdǎo—倡导 chàngdǎo
换床 huànchuáng—欢唱 huānchàng
净赚 jìngzhuàn—进站 jìnzhàn
顺治 shùnzhì—甚至 shènzhì

4. 绕口令练读

（1）山前有个崔粗腿，山后有个崔腿粗，两人山前来比腿，不知是崔粗腿的腿比崔腿粗的腿粗，还是崔腿粗的腿比崔粗腿的腿粗。

（2）佳佳剪了姐姐的窗帘做手绢，姐姐发现后，气得直冒烟去拿皮鞭，佳佳又解释又道歉，连忙说：好姐姐，你放心，下回我要剪窗帘，一定先交钱。

（3）高高山上一根藤，青青藤条挂金铃。风吹藤动金铃响，风停藤静铃不鸣。

六、韵母发音检测

1. 读单字100个

铃　沟　琴　栋　鬼　锚　涯　砂　筒　胖
檐　环　脸　跺　含　贼　寸　善　托　抹
静　略　非　江　怀　寨　隋　消　烤　车
他　蜜　遍　恩　酿　针　颏　皆　稍　王

讫	庙	插	火	额	盅	袭	刻	仇	尾
琳	灭	成	喳	絮	妍	汁	俗	当	并
筐	复	膘	茸	斑	钠	睁	崛	分	熟
狼	你	穿	簇	兄	组	丸	死	夹	这
勋	耀	拭	瓜	欧	闰	权	攀	横	蹲
请	杨	嘈	管	在	沈	扔	躺	区	陆

2. 读词语 50 个

忘记	找茬儿	节日	位子	可爱
肥料	采访	看来	奔丧	许多
球儿（棉球儿）	牙刷	凑热闹儿	发票	协调
念叨	光亮	斩首	风力	揣测
阴森	昨天	情景	中药	口岸
花园	加强	凶恶	找补	屯聚
审讯	哈欠	友好	专门	吹捧
雨露	融洽	关心	讲坛	农村
凛凛	旁边	阅读	起名儿	摸索
指示	学术	笔耕	追究	水灾

第三节　普通话韵母综合训练

学习普通话主要障碍之一是方音土语的影响。一个人的方音土语的形成是和他的语言环境分不开的。

一个在陕西土生土长的人，当他开始牙牙学语的时候，妈妈就指着馒头告诉他说："这叫馍！"上学后，老师指着黑板上的"人民"（rén mín）两个字说："跟厄（è）（我）读'仍明'（réng míng）。"同学找他玩时又说："咱们出去刷（shuà）（玩）"。

可见，在他的成长环境中，几乎没有听过标准的普通话，因此，他的语音必定是地道的陕西土语。如此根深蒂固的方音土语改正起来是很困难的。

一、韵母发音练习

（一）单韵母

1. 听音练习，分辨下列各字的韵母

呼　去　基　鲁　搭　莫　涩　特　啪　尔

吃　低　此　苏　举　波　思　何　纸　吕

2. 练读下列词语，读准每个单韵母

拔河　巴黎　波折　抵达　气魄　决策　抒发　抚摸
富裕　拘束　丝竹　自治　二十　合资　录取　律师

3. 辨正练习

(1) 念 e 不念 o。

国歌　苛刻　荷花　革除　科目　阿谀　祝贺　口渴

(2) 念 e 不念 ê。

打折　彻底　宿舍　扯布　设计　哲学　蔗糖　摄取

(3) 念 er 不念 o、e。

儿子　鱼饵　二哥　耳语　而且　保尔　贰圆　洱海

(4) 念 ü 不念 i。

橘子　曲折　虚实　娱乐　七区　也许　铝勺　菊花

(5) 念 e 不念 o。

合伙　折磨　课桌　俄国　隔膜　勒索　鸽子　蝌蚪

4. 绕口令练习

(1) 读好 l 和 -i 韵母。

一二三、三二一，一二三四五六七，七六五四三二一。七个姑娘来聚齐，七只花篮手中提，摘的是橙子、橘子、柿子、李子、梨子和栗子。

(2) 读好 i 和 ü。

清早起来雨稀稀，王七上街去买席，骑着毛驴跑得急，捎带卖蛋又贩梨。一跑跑到小桥西，毛驴一下失了蹄，打了蛋，撒了梨，跑了驴，急得王七眼泪滴，又哭鸡蛋又骂驴。

5. 对话练习

(1) 对话一。

小吕（Lǚ）：喂！是（shì）人民剧（jù）团创作室（shì）吗（ma）？

老李（Lǐ）：是（shì）啊，您是（shì）哪（nǎ）里（lǐ）？

小吕：我是河（hé）滨中学，请问吕革（Gé）命伯伯（bo）在吗？

老李：他（tā）到文化局（jú）开会去（qù）了，下午（wǔ）才能回来。您有事要转告他吗？

小吕：是的，我是他的孙子（zi），他要的两本书（shū）我已找到，请您转告他明天上班时，我给他送去，谢谢！

(2) 对话二。

小鸽：阿（ā）姨（yí），请给我拿（ná）双旅（lǚ）游鞋。

李玉（Yù）：你要多大（dà）号的？

小鸽：有三十（shí）八（bā）的吗？

李玉：有，就这（zhè）一种式（shì）样，你看看。
小鸽：这怎么是二（èr）十四（sì）的？
李玉：你说的是（shì）旧鞋码，三八的新码（mǔ）就是二十四。
小鸽：好，我就买这双。

（二）复韵母

1. 听音练习，分辨下列字的韵母

毛　该　欧　霞　交　嗅　姜　航　邹　丢
夸　多　对　决　衰　杯　老　窑　虐　胞

2. 练读下列词语，读准每个复韵母

悲哀　雅座　摇摆　表率　血压　诱拐　周到　跨越
瓦解　背后　确凿　接洽　垂柳　抽调　概括　唾液

3. 词语对比练习

（1）ai—ei。

摆布—北部　　奈何—内河　　来生—雷声　　埋头—眉头

（2）ao—ou。

稻子—豆子　　考试—口试　　毛利—牟利　　牢房—楼房

（3）ua—uo。

进化—进货　　滑动—活动　　抓住—捉住　　刷刷—说说

（4）iao—iou。

耀眼—右眼　　生效—生锈　　角楼—酒楼　　消息—休息

（5）uai—uei。

怪人—贵人　　外来—未来　　怀乡—回乡　　甩手—水手

（6）iao—ao。

条子—桃子　　缥缈—抛锚　　校长—哨长　　小数—少数

（7）iou—ou。

修饰—收拾　　旧了—够了　　救人—揍人　　修复—收复

4. 绕口令练习

（1）铜勺和铁勺（ao—iao—iou）。

铜勺舀热油，铁勺舀凉油；铜勺舀了热油舀凉油，铁勺舀了凉油舀热油。

（2）彩楼和锦绣（ao—iao—ou—iou）。

咱村有六十六条沟，沟沟都是大丰收。东山果园像彩楼，西边棉田似锦绣。北山有条红旗渠，滚滚清泉绕山走。过去瞅见这六十六条沟，心里就难受；今天瞅见这六十六条彩楼、锦绣、万宝沟，瞅也瞅不够！

5. 对话练习

(1) 对话一。

小赵（Zhào）：这次普通话考（kǎo）试采用口（kǒu）试的形式，你准备好了吗？

小周（Zhōu）：还不行，有些音我老（lǎo）是发不好，这（zhè）盒录音带借（jiè）我听一下，可以吗？

小赵：拿去（qù）吧。不过（guò），星期六（liù）之前一定要还（huán）给我。

小周：OK。好借好还，再借不难。

(2) 对话二。

小郝（Hǎo）：你哥哥（ge）得了全校高考状元，没庆贺（hè）一下吗？

小侯（Hóu）：能少（shǎo）得了吗？亲戚、朋友来了一拨（bō）又一拨。

小郝：够（gòu）你们忙的。他考上了哪所学校（xuéxiào）？

小侯：北大国际关系学院。

小郝：太好了！学什么专业？

小侯：传播学。

（三）鼻韵母

1. 听音练习，分辨下列各字的韵母

穷　村　新　染　汪　沾　渊　掌　桑　军
盟　香　闯　丛　星　真　粉　专　先　翁

2. 练读下列词语，读准每个鼻韵母

询问　云南　缓慢　边缘　鲜嫩　辛酸　村镇　心愿
聪明　胸膛　旺盛　东方　声明　涌动　敬仰　亮光

3. 词语对比练习

(1) an—ang。

开饭—开放　　担心—当心　　一半——磅　　烂漫—浪漫
赞歌—葬歌　　三叶—桑叶　　反问—访问　　天坛—天堂

(2) en—eng。

身世—声势　　陈旧—成就　　三根—三更　　诊治—整治
木盆—木棚　　申明—声明　　瓜分—刮风　　清真—清蒸

(3) in—ing。

人民—人名　　不信—不幸　　辛勤—心情　　亲近—清静
引子—影子　　金银—经营　　红心—红星　　姓林—姓凌

(4) ian—iang。

险象—想像　　简历—奖励　　坚硬—僵硬　　鲜花—香花
小县—小巷　　新鲜—新乡　　大连—大梁　　浅显—抢险

(5) uan—uang。

机关—激光　　专车—装车　　大碗—大网　　大船—大床
管饭—广泛　　环球—黄球　　欢迎—荒淫　　官民—光明

4. 绕口令练习

(1) 盆和棚（en—eng）。

老彭拿着一个盆，经过老陈住的棚；盆碰棚，棚碰盆，棚倒盆碎棚压盆。

(2) 小琴和小青（in—ing）。

小琴和小青，小琴手很勤，小青人很精，手勤人精，琴勤青精，你学小琴还是小青？

(3) 扁担和板凳（an—ian—ang）。

扁担长，板凳宽，扁担没有板凳宽，板凳没有扁担长，扁担绑在板凳上，板凳不让扁担绑在板凳上，扁担偏要绑在板凳上。

5. 对话练习

(1) 练习一。

小陈（Chén）：哟！小程，你的头怎么了？

小程（Chéng）：昨天（tiān）打球不小心碰（pèng）伤了，缝（féng）了3针（zhēn）。

小陈：真（zhēn）想不到！一定（dìng）要小心（xīn）哪，千万（qiānwàn）别弄（nòng）感染（gǎnrǎn）了！

小程：是啊，现在天气很热，最容（róng）易感染。我现在去打消炎（yán）针。

小陈：要不要我陪你？

小程：我自己可以，谢谢你。

(2) 练习二。

小金（Jīn）：宿舍装（zhuāng）电（diàn）话以后，方便（fāngbiàn）多了。

小景（Jǐng）：没有电话的时候想（xiǎng）电话，有了电话真（zhēn）麻烦（fán）。

小金：怎（zěn）么讲（jiǎng）？

小景：你想啊，一部电话得负担（dān）多少东（dōng）西？亲情（qīnqíng）、友情、师生（shēng）情……

小金：这不正（zhèng）好给你机会联（lián）络感情吗？

小景：可电话费负担不起呀，上（shàng）个月我买了3张（zhāng）卡，弄得伙食费很紧张（jǐnzhāng）；

小金：那你就不要打那么多嘛！有事打，没事别瞎聊！

小景：但（dàn）他们（mén）老是CALL我呀！

小金：说来说去，还是你自己引（yǐn）火上身（shēn）哪。

小景：再有啊，那电话说不定（dìng）什（shén）么时候就响（xiǎng）了，弄得我们睡不好。

小金：我教你一个办（bàn）法，睡觉的时候把话机挂起来，别人打不进（jìn）来。
小景：可人家有急事找你，这不误事吗？
小金：这也不行（xíng），那也不行，没电话的时候你不也活得挺（tǐng）好？

二、韵母发音综合练习

1. 读准带介音的词语

广州　抓紧　恰巧　降价　双向　尖端　壮大　瓜果
转换　赚钱　简短　窘况　元帅　庄严　宣传
分段—分担　　条子—桃子　　壮族—藏族　　矿上—炕上
缥缈—抛锚　　砸烂—杂乱　　钻探—赞叹　　讲价—井架
明亮—明令　　粮食—零食　　开枪—开仓　　一端——一旦

2. 结合句子的词语对比练习

（1）荣誉—容易。
他今年得了冠军，这个荣誉的取得可不容易啊！
（2）稻秧—豆秧。
你没干过农活，连稻秧和豆秧都分不清楚。
（3）小麦—小妹。
我和小妹一起去割小麦。
（4）接着—撅着。
小明撅着嘴不说话，给他皮球也不接着。
（5）皮鞋—皮靴。
今天我们俩一起上街，我买了双皮鞋，他买了一双皮靴。
（6）铲子—厂子。
我们这个厂子，是生产铲子的。
（7）申明—声明。
他发表了一个声明，申明了自己的观点。
（8）简化—讲话。
他讲话的内容是关于简化汉字的。
（9）不信—不幸。
我不信他会遭到不幸。
（10）轮子—笼子。
小心你的车轮子，别碰了我的鸟笼子。
（11）盘子—盆子。
我叫你买盘子，你怎么买了一个盆子？
（12）北方—北风。

中国北方的冬天,经常刮北风。

(13) 张开—睁开。

这孩子一睁开眼,就张开双臂叫大人抱。

(14) 运煤—用煤。

你只知道用煤,不知道运煤,用完了,谁去运?

(15) 存钱—从前。

从前我每月都把钱花光,这个月起开始存钱了。

3. 歌词朗读练习

(1) 我和我的祖国(uo—e—iao—ou—o)。

<u>我</u>和<u>我</u>的祖<u>国</u>,一<u>刻</u>也不能分割,无论<u>我</u>走到<u>哪</u>里,都流出一首赞<u>歌</u>。我<u>歌</u>唱每一<u>座</u>高山,我<u>歌</u>唱每一<u>条</u>河,<u>袅袅</u>炊烟,<u>小小</u>村落,路上一道<u>辙</u>。<u>我</u>最亲爱的祖<u>国</u>,<u>我</u>永远紧依着你的心<u>窝</u>。你用你那母亲的脉<u>搏</u>和<u>我</u>诉<u>说</u>。

<u>我</u>的祖国和<u>我</u>,像海和浪花一朵,浪是那海的赤子,海是那浪的依托。每当大海在微<u>笑</u>,<u>我</u>就是笑的旋<u>涡</u>,<u>我</u>分担着海的忧<u>愁</u>,分享海的欢<u>乐</u>。我最亲爱的祖<u>国</u>,你是大海永不干<u>涸</u>,永远给我碧浪清<u>波</u>,<u>我</u>心中的<u>歌</u>。

(2) 驼铃(eng—ing—ang—iang—ong—iong)。

<u>送</u>战友,踏<u>征程</u>,默默无语两眼泪,耳边响起驼铃声。路漫漫,雾蒙蒙,革命<u>生</u>涯常分手,一样分别两样情。战友啊战友,亲爱的弟兄。当心夜半北风寒,一路多保重。

<u>送</u>战友,踏<u>征程</u>,任重道远多艰险,洒下一路驼铃声。山叠<u>嶂</u>,水纵<u>横</u>,<u>顶</u>风逆水雄心在,不负人民养<u>育</u>情。战友啊战友,亲爱的弟兄,待到春风传佳讯,我们再<u>相逢</u>。

4. 标注韵母练习

(1) 练习一。

美国总统林肯出身于农民家庭,当过雇工、石匠、店员、舵手、伐木者等,社会地位卑微,但从不放松口才训练。17 岁时他常徒步 30 多英里到镇上,听法院里的律师慷慨陈词的辩护,听传教士高亢悠扬的布道,听政界人士振振有词的演说,回来后就寻一无人处精心模仿演练,口才终于日日进步。1830 年夏,他为准备在伊利诺斯州一次集会上的演说,面对光秃秃的树桩和成行成片的玉米,一遍又一遍地试讲。后来他连任两届总统,也成了世界著名的演说家。

提示:训练 xùnliàn   慷慨 kāngkǎi   高亢 gāokàng

(2) 练习二。

我国著名演说家曲啸在 80 年代初的几场演讲,真是一鸣惊人,众人叹服。当有人评说他是"天生的好口才"时,他笑着说:"哪来的天才呀?不敢当。我小时性格内向,说话还口吃,越急越结巴,有时脸涨得通红也说不出话来……"曲啸练口才也吃了不少苦。比如为开阔心胸,训练心理素质,他常常早晨迎着寒风跑到沙滩高声背诵高尔基的散文诗《海燕》。他不放过一切"说"的机会,积极参加辩论会、演讲比赛、朗诵会、话剧演出,终于在高中阶段崭露头角。一次在"奥斯特洛夫斯基诞辰纪念会"上,他拿着一份简单的提纲,一口气竟作了两个小时的精彩演讲。经历了20多年的人生磨难,生活的锤炼使他的口才达到了炉火纯青的地步。

　　提示:结巴 jiēba　　背诵 bèisòng　　锤炼 chuíliàn

第四章

普通话声调

  本章内容提要

❖ 声调概述；
❖ 声调的发音特点；
❖ 声调的辨正。

第一节 普通话声调概述

一、声调及其作用

（一）声调的含义

汉字字音的结构是由 3 部分构成的：字音的起始部分是声母，声母后面的部分是韵母。除此之外，还有就是贯穿整个字音的声调。根据有无声调可以把世界上的语言分为两类：声调语言和非声调语言。英语、俄语等属于非声调语言，汉语则是声调语言。声调是汉语的特征之一，在汉语中起着至关重要的作用。声调是依附在音节上，发生在一定时间内，由声带颤动频率的高低长短的变化来变异的语音现象，是音节中具有区别意义作用的音高变化，也叫"字调"或"单字调"。因此，从物理特性上分析，声调虽然主要是音高变化现象，但同时也表现在音长变化上。音高决定于发音体在一定时间内颤动次数的多少，次数越多，声音越高，反之声音越低。生理上与发音体（声带）的薄厚、长短、松紧也有密切的关系。

（二）声调的作用

1. 区别意义

由于性别和年龄长幼的不同，以及声带的薄厚、长短、松紧不同，所以音高也不同。一般来说，老人与小孩相比，老人的声音较低，小孩的声音较高；男人和女人相比，男人的声音较低，女人的声音较高。这种人与人之间的差异，包括同一个人受情绪影响产生的音高变化，称之为"绝对音高"。汉语中起辨义作用的不是这种"绝对音高"。如"墙"，用低音5度读"墙"和用高音5度读"墙"，意义都不会发生变化，还是"墙"的意思。汉语中起辨义作用的不是这种"绝对音高"，而是"相对音高"。相对音高是指同一种语言（或方言）的音节，让同一个人发音，而且在同一时间内，情绪保持不变的情况下声音变现出来的音高现象。声调中的音高就是相对音高。例如"妈"、"麻"、"马"、"骂"，这4个音节每个音节都包含三个部分（声母、韵母、声调），当绝对音高相同的条件下，人们听觉上还是能明显地感受到他们的音高变化。"妈"音高而平，"麻"音由低到高，"马"音先由高到低再到高，"骂"音由高到低。另外，声调的升降变化是滑动的，不像从一个音阶到另一个音阶那样跳跃式的移动。普通话里"山西"（shān xī）和"陕西"（shǎn xī）不同，"现象"（xiàn xiàng）和"鲜香"（xiān xiāng）不同，人们就是由于声调的不同，才区别开两者的意义。声调是音阶的重要组成部分。声调区别意义，一个音阶声调不同，意义就不同。声调念的不准确，就不能准确地表达一个词的意思，所以学好声调是很重要的。

2. 区别词类

另外，声调还具有区别词类的功能。例如："钉钉子"中的"钉"读作去声时就是动词，读作阴平时就成了名词；"好学生好学习"读作上声时是形容词，读作去声时就变成了动词；再比如"长"，当它读作阳平时是形容词，当它读作上声时就变成了名词；当"磨"读作阳平时是动词，读作去声时就变成了名词。这都是因为声调的差异才有了词类的不同。当然，在现代汉语当中，不同声调代表不同词类的现象并不是系统地存在。

汉语中声调贯穿整个音节，而一个音节往往写成一个汉字，所以声调主要表现为字调，合适地组合不同字调的字，可增强语言的音乐性和表现力，使语言更加和谐悦耳，具有抑扬顿挫的音调美。英语的音节没有音调，因此，它的音节只有绝对音高的变化，没有相对音高的变化。而汉语的音节既有绝对音高的变化，又有相对音高的变化。比如我们在泛指某些人的时候会使用到"张三李四"这样的词语。从声调上讲这就构成了"平平仄仄"，具音乐性，悦耳可听，顺口可念。这种平平仄仄的结构，在汉语中极为常见。读书人，非读书人，上层人，普通百姓，超阶级、超地域、超职业都兴这样结构词组，比如我们随口就可说出：天高地厚、深宫大院、金枝玉叶、三心二意、南来北往。这种抑扬顿挫的音调美在古诗词中表现得更为明显。

静夜思·李白

chuáng qián míng yuè guāng, yí shì dì shàng shuāng
床　前　明　月　光，疑　是　地　上　霜。
jǔ tóu wàng míng yuè, dī tóu sī gù xiāng
举　头　望　明　月，低　头　思　故　乡。

如果每个字都按阴平调读，没有声调的变化。自然就失去了抑扬顿挫的音调美。声调还在古诗词平仄格律中发挥着重要作用。除入声字归入仄声外，普通话四声（排除入声字）中：平声包含阴平和阳平，仄声包含上声和去声。例如"两岸青山相对出，孤帆一片日边来"的平仄为：仄仄平平平仄仄，平平仄仄仄平平。

二、调值、调类、调号

（一）调值

汉语的声调可以用调值来描写。调值指音节高低、升降、曲直、长短的变化形式和幅度，也就是声调的实际发音，也称"调型"。调值的高低、升降、曲直的不同是由声带的松紧造成的。调值只表示相对音高，不表示绝对音高。由于各人的声带厚薄、长短、粗细的不同，因而说同一个音节，绝对音高是千差万别的，但相对的高低升降是比较一致的。调值的语音特点有二：第一，调值主要由音高构成，音的高低决定于频率的高低；第二，构成调值的相对音高在读音上是连续的，渐变的，中间没有停顿，没有跳跃。描述声调的高低通常采用五度标记法表示。这个表示方法是在20世纪30年代初，著名的语言学家赵元任先生发明的，也正是在这之后才使调值的描写走上了科学的轨道。

五度标记法是指用五度竖标标记相对音高的一种方法。具体方法是，先用一条竖线来表示"音高"，然后把它均分成4段，共出现5个点，来表示声调的相对高低。相对音高从最高点开始共分五度即："高"、"半高"、"中"、"半低"、"低"。依次表示为："5"、"4"、"3"、"2"、"1"。这条竖线及标示只是一个尺度，还需要用横、斜线从左到右来表示出相对音高的起止变化动向。普通话4个声调的调值为，阴平：55，阳平：35，上声：214，去声：51。需要指明的是，乐谱中的1、2、3、4、5是绝对音高。五度标记法中的1、2、3、4、5是相对音高，性质有所不同。另外，"轻声"是一种没有一个固定调值的现象，并不是四声之外的第五种声调，而是四声的一种特殊音变，即在一定的条件下读得又短又轻的调子。如图4-1所示。后面相关章节将详细说明。

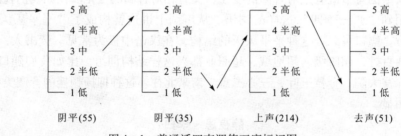

图4-1　普通话四声调值五度标记图

（二）调类

调类就是声调的分类。按照声调的实际读法归纳出来的，根据调值建立的类，也就是说把调值相同的字归纳在一起形成一个调类。有几种不同调值的实际读音，这种语言或方言就有几种不同的调类。普通话中有四种基本调值，即：阴平、阳平、上声、去声，统称四声。在汉语方言中，调类最少的有3个调类，例如河北的滦县地方方言、宁夏银川地方方言等。

最多的有10个，例如广西博白的方言。北方方言中最为常见的就是4个调类。比如北京、沈阳、济南、兰州、西安、成都。其他六大方言区的调类，大多都多于四个调类。依据调类的定义，就可以确定我们自己方言有几个调类了。比如："方、芳、防、房、仿、访、纺、放"。"方、防、放"都不同，各为一类；"仿、访、纺"4个字都一样，而区别于前3类。"方"同"芳"，"防"同"房"。这样，普通话就只有四类调。如果用广东话念这些字，就又可以分出几类。这样，就可以判断广东话有几类了。用自己的方言声调来念这些例字。把不同的分开，相同的合并，就可以确定自己的方言有几类声调。但还要多选一些字，这样能更准确地分辨出自己方言的调类。

1. 阴平

阴平又叫作高平调，调值是55，俗称一声。发音时，声带绷到最紧，从发音开始到发音结束，音高没有明显的变化，保持高音。在发音的开始阶段往往有一个向上升的"弯头"，而收尾阶段有一个向下降的"降尾"。这是与声带的颤动准备、开始的强调、震动的惯性有关系。了解这一点对认识自然状态下的声调发音有很大帮助。没有升降的变化。对方言区的人来讲，阴平的发音音高不够，发音不平稳。比如客家话的阴平调值是44。潮州话的阴平调值是33。而广州话的调值虽然是55，但发音中有时会不稳定，即不是平调。

（1）单字练习：

啊 ā	埃 āi	安 ān	凹 āo	八 bā
班 bān	帮 bāng	包 bāo	奔 bēn	崩 bēng
编 biān	标 biāo	冰 bīng	玻 bō	擦 cā
参 cān	苍 cāng	叉 chā	超 chāo	车 chē
称 chēng	吃 chī	充 chōng	初 chū	穿 chuān
窗 chuāng	吹 chuī	春 chūn	粗 cū	村 cūn
搭 dā	呆 dāi	耽 dān	当 dāng	刀 dāo
蹬 dēng	滴 dī	爹 diē	丁 dīng	冬 dōng
兜 dōu	督 dū	端 duān	堆 duī	蹲 dūn
多 duō	恩 ēn	发 fā	翻 fān	方 fāng
飞 fēi	分 fēn	封 fēng	刚 gāng	高 gāo
鸽 gē	根 gēn	耕 gēng	公 gōng	钩 gōu
估 gū	鸡 jī	亏 kuī	拉 lā	妈 mā
酸 suān	挑 tiāo	弯 wān	宣 xuān	烟 yān
冤 yuān	装 zhuāng			

（2）双字练习：

芭蕉 bājiāo　　　　八方 bāfāng　　　　冰川 bīngchuān

参军 cānjūn　　　　苍松 cāngsōng　　　出租 chūzū

车间 chējiān　　　　粗心 cūxīn　　　　春天 chūntiān

操心 cāoxīn	吃惊 chījīng	创伤 chuāngshāng
抽筋 chōujīn	多娇 duōjiāo	芬芳 fēnfāng
丰收 fēngshōu	发声 fāshēng	风衣 fēngyī
光辉 guānghuī	欢欣 huānxīn	花开 huākāi
监督 jiāndū	江山 jiāngshān	今天 jīntiān
京师 jīngshī	开端 kāiduān	空翻 kōngfān
宽松 kuānsōng	拉丁 lādīng	讴歌 ōu'gē
批发 pīfā	攀升 pānshēng	喷发 pēnfā
拼装 pīnzhuāng	胚胎 pēitāi	扑通 pūtōng
偏激 piānjī	青春 qīngchūn	期间 qījiān
切割 qiēgē	球台 qiútāi	钦差 qīnchāi
突出 tūchū	微观 wēiguān	香蕉 xiāngjiāo
新屋 xīnwū	珍惜 zhēnxī	

（3）多字练习：

八仙桌 bāxiānzhuō	机关枪 jīguānqiāng
军功章 jūngōngzhāng	青春期 qīngchūnqī
吃吃喝喝 chīchīhēhē	弯弯曲曲 wānwānqūqū
哼哼唧唧 hēnghēngjījī	居安思危 jū'ānsīwēi
涓滴归公 juāndīguīgōng	七高八低 qīgāobādī
漆黑一团 qīhēiyītuán	撒娇撒痴 sājiāosāchī
贪天之功 tāntiānzhīgōng	挖空心思 wākōngxīnsī
乌七八糟 wūqībāzāo	呜呼哀哉 wūhū'āizāi
奄奄一息 yānyānyīxī	忧心忡忡 yōuxīnchōngchōng
一国三公 yīguōsāngōng	一朝一夕 yīzhāoyīxī
息息相关 xīxīxiāngguān	春天花开 chūntiānhuākāi
公司通知 gōngsītōngzhī	青春光辉 qīngchūnguānghuī

2. 阳平

阳平又叫高升调，调值是35，俗称二声。发音时，声带从不松不紧处开始，逐渐紧绷，到最紧处截止，声音由不低不高升到最高，有明显的升幅变化。在发阳平音时，方言区的人会出现阳平的高度不够。比如广州话阳平的调值是21和11，客家话的阳平是11，很多方言都是发音低平，发音的起点低或是发音后上升的幅度不够。

（1）单字练习：

昂 áng	鹅 é	国 guó	怀 huái	洪 hóng
湖 hú	含 hán	华 huá	回 huí	魂 hún
活 huó	恒 héng	集 jí	夹 jiá	嚼 jiáo

截 jié	咳 ké	狂 kuáng	葵 kuí	来 lái
蓝 lán	牢 láo	犁 lí	莲 lián	梁 liáng
磷 lín	灵 líng	瘤 liú	炉 lú	麻 má
棉 mián	蛮 mán	酶 méi	蒙 méng	弥 mí
摩 mó	南 nán	能 néng	娘 niáng	凝 níng
脓 nóng	年 nián	泥 ní	爬 pá	牌 pái
盘 pán	旁 páng	陪 péi	盆 pén	棚 péng
疲 pí	凭 píng	全 quán	情 qíng	骑 qí
钱 qián	墙 qiáng	乔 qiáo	秦 qín	然 rán
人 rén	仁 rén	熔 róng	儒 rú	严 yán
文 wén	员 yuán	云 yún	值 zhí	竹 zhú
昨 zuó				

（2）双字练习：

翱翔 áoxiáng　　　　昂扬 ángyáng　　　　驳回 bóhuí
拔河 báhé　　　　　 财神 cáishén　　　　雌雄 cíxióng
查询 cháxún　　　　成才 chéngcái　　　　传闻 chuánwén
丛林 cónglín　　　　驰名 chímíng　　　　德国 déguó
涤纶 dílún　　　　　儿童 értóng　　　　　繁荣 fánróng
肥肠 féicháng　　　 浮云 fúyún　　　　　豪华 háohuá
华侨 huáqiáo　　　　宏图 hóngtú　　　　 回国 huíguó
吉祥 jíxiáng　　　　决然 juérán　　　　　灵活 línghuó
凉席 liángxí　　　　离奇 líqí　　　　　　联合 liánhé
蓬勃 péngbó　　　　 旁白 pángbái　　　　人民 rénmín
文学 wénxué

（3）多字练习：

缝缝连连 féngféngliánlián　　　竭泽而渔 jiézé'éryú
名存实亡 míngcúnshíwáng　　　 脑满肠肥 nǎomǎnchángféi
穷极无聊 qióngjíwúliáo　　　　文如其人 wénrúqírén
人民银行 rénmínyínháng　　　　连年和平 liánniánhépíng

3. 上声

上声又叫降升调，调值为214，俗称三声。发音时声带从略微有些紧张开始，立刻松弛下来，稍稍延长，然后迅速紧绷，但没有绷到最紧处时，就停止发音。在发音过程中，声音主要表现在低音段1—2度间，成为上声的基本特征。上声的音长在普通话的四个音调中是最长的，有明显的先降后升的特点。在发上声时，对于方言区的人来讲，上声的升降不明显。如广州话中上声的调值是35或者13，潮州话的上声是53，发音时要不降不下来，要不升不上去。

(1) 单字练习：

以 yǐ	矮 ǎi	养 yǎng	晚 wǎn	远 yuǎn
马 mǎ	哪 nǎ	里 lǐ	惹 rě	秒 miǎo
碾 niǎn	脸 liǎn	广 guǎng	闯 chuǎng	九 jiǔ
扁 biǎn	舍 shě	婶 shěn	省 shěng	史 shǐ
守 shǒu	属 shǔ	水 shuǐ	死 sǐ	髓 suǐ
索 suǒ	塔 tǎ	体 tǐ	铁 tiě	挺 tǐng
桶 tǒng	土 tǔ	妥 tuǒ	挽 wǎn	网 wǎng
纬 wěi	稳 wěn	武 wǔ	洗 xǐ	显 xiǎn
享 xiǎng	写 xiě	醒 xǐng	许 xǔ	雪 xuě
眼 yǎn	氧 yǎng	咬 yǎo	乙 yǐ	隐 yǐn
影 yǐng	友 yǒu	羽 yǔ	远 yuǎn	怎 zěn
盏 zhǎn	掌 zhǎng	找 zhǎo	者 zhě	枕 zhěn
整 zhěng	指 zhǐ	肿 zhǒng	煮 zhǔ	转 zhuǎn
准 zhǔn	紫 zǐ	总 zǒng	左 zuǒ	矮 ǎi
摆 bǎi	版 bǎn	饱 bǎo	北 běi	本 běn
此 cǐ				

(2) 双字练习：

矮小 ǎixiǎo	北海 běihǎi	宝塔 bǎotǎ
彼此 bǐcǐ	笔挺 bǐtǐng	靶场 bǎchǎng
产品 chǎnpǐn	彩霞 cǎixiá	处理 chǔlǐ
采访 cǎifǎng	厂长 chǎngzhǎng	草本 cǎoběn
导演 dǎoyǎn	顶点 dǐngdiǎn	打扫 dǎsǎo
打井 dǎjǐng	典礼 diǎnlǐ	党委 dǎngwěi
法宝 fǎbǎo	粉笔 fěnbǐ	果酒 guǒjiǔ
鼓掌 gǔzhǎng	广场 guǎngchǎng	给我 gěiwǒ
古典 gǔdiǎn	感想 gǎnxiǎng	搞鬼 gǎoguǐ
港口 gǎngkǒu	海产 hǎichǎn	好感 hǎogǎn
悔改 huǐgǎi	火种 huǒzhǒng	减少 jiǎnshǎo
警醒 jǐngxǐng	奖赏 jiǎngshǎng	几许 jǐxǔ
解题 jiětí	冷水 lěngshuǐ	老虎 lǎohǔ
旅美 lǚměi	理想 lǐxiǎng	领导 lǐngdǎo
了解 liǎojiě	理解 lǐjiě	冷饮 lěngyǐn
米粉 mǐfěn	牡丹 mǔdān	蒙古 měnggǔ

美好 měihǎo	你好 nǐhǎo	朋友 péngyǒu
浅水 qiǎnshuǐ	遣返 qiǎnfǎn	起跑 qǐpǎo
首长 shǒuzhǎng	水桶 shuǐtǒng	手写 shǒuxiě
晌午 shǎngwǔ	手表 shǒubiǎo	体检 tǐjiǎn
体统 tǐtǒng	稳妥 wěntuǒ	婉转 wǎnzhuǎn
选举 xuǎnjǔ	洗脸 xǐliǎn	雨伞 yǔsǎn
勇敢 yǒnggǎn	野草 yěcǎo	引水 yǐnshuǐ
友好 yǒuhǎo	演讲 yǎnjiǎng	远古 yuǎngǔ
总理 zǒnglǐ	展览 zhǎnlǎn	眨眼 zhǎyǎn
总统 zǒngtǒng	主讲 zhǔjiǎng	辗转 zhǎnzhuǎn
指导 zhǐdǎo		

(3) 多字练习：

有板有眼 yǒubǎnyǒuyǎn　　　　　彼此理解 bǐcǐlǐjiě
理想美满 lǐxiǎngměimǎn　　　　　永远友好 yǒngyuǎnyǒuhǎo
管理很好 guǎnlǐhěnhǎo　　　　　岂有此理 qǐyǒucǐlǐ

4. 去声

去声又叫全降调，调值是51，俗称四声。发音时，声带从最紧处开始，到完全松弛为止。声音由高到低。去声的音长在普通话的4个音调中是最短的，有明显的降幅变化。方言区的人在读去声时明显的错误是降幅不够大，如广州话的调值是33和22，客家话是52，潮州话是21或者22，发音时，不是没有降，就是降幅不大。

(1) 单字练习：

另 lìng	哄 hòng	户 hù	画 huà	混 hùn
记 jì	假 jià	饿 è	爱 ài	暗 àn
败 bài	毕 bì	到 dào	验 yàn	望 wàng
院 yuàn	骂 mà	赣 gàn	烂 làn	又 yòu
丽 lì	炼 liàn	妹 mèi	漏 lòu	届 jiè
慧 huì	劝 quàn	坏 huài	庆 qìng	过 guò
焊 hàn	念 niàn	逆 nì	那 nà	辣 là
热 rè	任 rèn	卖 mài	浪 làng	闹 nào
顾 gù	县 xiàn	肉 ròu	放 fàng	面 miàn
片 piàn	掉 diào	换 huàn	袖 xiù	帐 zhàng
状 zhuàng	算 suàn	问 wèn	降 jiàng	

(2) 双字练习：

奥秘 àomì　　　　　霸业 bàyè　　　　　炽热 chìrè
闭幕 bìmù　　　　　报告 bàogào　　　　变幻 biànhuàn

创造 chuàngzào	凑数 còushù	地域 dìyù
大会 dàhuì	大厦 dàshà	电报 diànbào
定义 dìngyì	动态 dòngtài	奋战 fènzhàn
附议 fùyì	怪癖 guàipǐ	干部 gànbù
固态 gùtài	贯彻 guànchè	会议 huìyì
厚重 hòuzhòng	剧烈 jùliè	技术 jìshù
教育 jiàoyù	进入 jìnrù	快报 kuàibào
酷爱 kù'ài	利润 lìrùn	例句 lìjù
破例 pòlì	确切 quèqiè	庆贺 qìnghè
日夜 rìyè	胜利 shènglì	世界 shìjiè
势必 shìbì	寿命 shòumìng	蜕变 tuìbiàn
下次 xiàcì	运动 yùndòng	宴会 yànhuì
抑郁 yìyù	注意 zhùyì	照相 zhàoxiàng
致意 zhìyì		

（3）多字练习：

背信弃义 bèixìnqìyì	不务正业 bùwùzhèngyè
不在话下 bùzàihuàxià	大逆不道 dànìbùdào
过目不忘 guòmùbùwàng	过意不去 guòyìbùqù
各就各位 gèjiùgèwèi	浩浩荡荡 hàohàodàngdàng
见利忘义 jiànlìwàngyì	见怪不怪 jiànguàibùguài
就事论事 jiùshìlùnshì	力不胜任 lìbùshèngrèn
历历在目 lìlìzàimù	络绎不绝 luòyìbùjué
闷闷不乐 mènmènbùlè	面面俱到 miànmiànjùdào
念念不忘 niànniànbùwàng	入境问禁 rùjìngwènjìn
玩物丧志 wánwùsàngzhì	万籁俱寂 wànlàijùjì
浴血奋战 yùxuèfènzhàn	跃跃欲试 yuèyuèyùshì
证据确凿 zhèngjùquèzáo	自不量力 zìbùliànglì
自作自受 zìzuòzìshòu	自怨自艾 zìyuànzìyì
自暴自弃 zìbàozìqì	坐视不救 zuòshìbùjiù

（三）调号

调号是调类的标记符号。普通话的调号为：阴平"-"、阳平"ˊ"、上声"ˇ"、去声"ˋ"。普通话的调号就是把五度标记法中的竖线去掉，然后将表示相对音高的起止变化动向的线条，美观化、规范化的形式。而国际音标的普通话调号保留了五度标记法中的竖线，并加以规范化，形成了现在的国际音标普通话调号。

调号的书写位置，国际音标和汉语拼音不同，国际音标的普通话调号写在音节的末尾。《汉语拼音方案》标调中要求"普通话中的调号标写在韵腹上。"汉语6个主要元音中，发音最响亮的是 a，依次下去是 o、e、i、u、ü。一个音节有 a，调号就标在 a 上，如大海（dàhǎi）；没有 a，就标在 o 或 e 上，如 zhōu（周）、pèi（配）；碰到 iu、ui 组成的音节，就标在最后一个元音上，如 niú（牛）、duì（对）；调号如标在 i 上，i 上面的圆点可以省去，如 yīng（英）、xīn（欣）；轻声不标调，如 māma（妈妈）、yuèliang（月亮）。下面一首顺口溜可以帮助我们记住标调的方法：

  a、o、e、i、u、ü，标调时候按顺序，
  i 字标调去掉点，i、u 并列标在后。

  我国早在南朝齐梁之间，声调就分为平声、上声、去声和入声四种，随着语言的发展变化，出现了平分阴阳，入派四声的变化。现代汉语的声调系统就是从古代汉语的声调系统中发展演变而来的。现代汉语声调调类沿用了古代汉语的调类名称，这便于找出现代汉语声调演变的规律，便于方言与方言、普通话与方言之间声调调类的比较。根据声母的清浊声调分为阴调和阳调两大类，清声母字归入阴调，浊声母字归入阳调。古代的平声在今天的普通话里分为阴平和阳平，古平声清声母字普通话读阴平。例如：高、飞。古平声浊声母字在普通话中读阳平。例如：人、唐、时。古代的上声字和去声字跟今天的普通话基本上是一致的，古上声的清声母字和次浊声母字在普通话中读上声，古去声字无论清浊在普通话中仍然读去声，只有古上声全浊声母字在普通话中读去声，与现代汉语不一致，例如：近、似。入声的读音比较短促，但发展到了今天，入声字有个很大的变化，基本上已经在现代汉语中消失。古入声母字在普通话中读阴平、阳平、上声和去声的都有。例如：黑、急、窄、各。古入声全浊声母字普通话中读阳平。例如：杂、服。古入声次浊声母字在普通话中读去声。例如：入、药。由此可以看出，古入声母字在消失以后分别归入了阴平、阳平、上声和去声四个声调中。而古入声母字在现代汉语各方言中的分化也是不同的。比如成都话入声就全部归入到阳平中了，西安话就是分别归入到了阴平、阳平中。可以说南方和北方方言的重要差别就是看是不是保留入声调类，这也成为划分不同方言的主要依据之一。北方方言中多数方言的调类数较少，较为常见的是四个声调，甚至还有三个声调的。例如：河北的滦县地方方言。多数北方方言没有入声。南方方言区中各方言基本上都有入声现象，且调类普遍在五个以上。比如粤方言中的调类较多的可达到 10 个之多。广州方言中 9 个声调，入声占到了 1/3。广西博白的 10 个声调，入声占了 4 个。

  一方面，普通话没有入声，有入声的方言要将入声改读到普通话相依的声调中。没有入声的方言，因为入声的分合与普通话有差异，也需要将分合不同的入声改读到普通话相应的声调中。有入声方言地区的人们就要掌握好入声发言短促的特点，正确地区别出哪些是入声

字，然后改读。没有入声方言地区的人们就要认读哪些字是入声字，然后再改读。另一方面一些语言学习者在学习入声母字声调的时候也是较为困难的。因为普通话中是没有入声的。而古入声字分别要归入四声，尤其是古清声母的入声字分化没有什么规律。

第二节　普通话声调辨正

一、普通话声调和方言声调辨正

普通话和方言的对应关系有以下 3 种情况：① 二者调类相同，但调值不同；② 普通话调类少于方言调类；③ 入声调是否保留或归并到哪一类的情况不同。辨正声调，应注意以下 3 点。

1. 改变调值

方言调值跟普通话调值有相同之处也有不同之处，即使在北方方言区内也是这样。从沈阳、济南、郑州、太原、西安、兰州等地的方言调查材料看，除太原外，其他各地调类同普通话基本一致，只是调值同普通话并不完全相同。因此，这些地区的人学习普通话声调，主要是按普通话的调值读准每个字的字音就行了。

2. 合并调类

在普通话四声中，只有平声分阴阳两类。而有 6 个或 6 个以上调类的地区，像苏州、绍兴、长沙、南昌、厦门、广州、南宁、福州等地，去声也分阴阳两类。这些地区的人应注意把这两类声调合并成一类，把调值都改为高降调。如南宁人把阴去读为高平调（55），把阳去读为中平调（22），在进行声调辨正时，应把阴去、阳去合并为一类，并把原来的调值都改读为全降调（51）。方言声调尽管复杂，但如果总结出方言声调和普通话声调的差别到底在哪，并归纳成类，就可以用声调直接转换的方法，来进行辨正。

3. 入声字的辨正

古代汉语声调除了平、上、去声之外，还有入声。现代汉语有许多方言还保留入声现象。入声字读音短促，有喉塞音韵尾（也有个别地方不带喉塞音韵尾），发音时韵母的开口度不够，音长或长或短。在辨正时，首先是将入声字调值短的拉长，长的缩短，然后读准尾音，同时，将调类按古入声在普通话中的归属，分别归入普通话的四声中。这种现象就叫作"入派四声"。

【练一练】

爱憎	安宁	八百	八月	巴结	罢帖	白沫	白鸽	白帆	百合	包扎
贝壳	逼迫	笔墨	笔记	比拟	毕业	匕首	必须	编辑	鞭笞	冰雹
剥夺	剥削	薄膜	布匹	布置	创业	创伤	残酷	拆屋	插页	畜生
成绩	超越	春节	戳穿	冲锋	绰号	簇拥	出入	出纳	出租	答应

第四章 普通话声调

答案	答复	打捞	大陆	道德	得失	的确	嘀咕	地壳	钓鱼	跌落
独立	督促	毒汁	读书	堵塞	队列	恶心	恶劣	厄运	佛家	佛法
仿佛	发达	发觉	发育	伐木	服药	覆灭	复辟	芳香	妇女	肤浅
法律	防疫	服役	供给	感觉	各别	格式	国策	歌曲	隔离	给他
轨道	规律	改革	供销	骨肉	估计	国防	豁口	昨天	黑色	喝粥
获得	合格	豁达	回答	华山	适合	吼叫	湖泊	河北	环境	咀嚼
倔强	夹袄	节目	节约	节日	急迫	技术	激烈	积极	结扎	角色
甲乙	绝密	尽管	竭力	结束	介绍	坚持	决定	菊花	家庭	及格
交给	寂寞	孔雀	咳嗽	阔绰	克服	哭泣	空隙	开发	开拓	开辟
慷慨	口诀	口渴	理发	乐观	勒令	勒紧	绿林	落枕	绿色	落后
烙饼	立法	六合	落叶	掠夺	楼阁	辣椒	腊月	烙印	抹杀	忙碌
蛮横	麦苗	没有	沐浴	秘密	忙碌	捏鼻	疟疾	宁可	描述	内疚
浓厚	呐喊	努力	扑灭	炮烙	撇开	自觉	平仄	胚胎	瀑布	切割
确切	缺德	七尺	七律	曲折	亲切	权力	虔诚	请帖	区域	潜伏
寝室	恰好	请帖	气氛	热烈	入狱	荣辱	束缚	刹那	刹车	什锦
识别	孰悉	属于	撒种	塞子	山谷	叔伯	熟读	熟食	十足	述说
宿舍	收缩	书法	撒谎	肃立	率领	手腕	书刊	宿舍	损耗	水晶
山峰	摄影	随意	事迹	什么	硕士	沙漠	踏实	踏步	脱袜	铁塔
突出	特别	妥帖	拓本	特殊	他们	开拓	挑衅	体恤	头发	探索
铁塔	停泊	团结	挖掘	弯曲	微笑	危险	唯一	维护	围绕	违法
握手	五岳	雪山	效率	凶恶	学习	学识	袭击	瞎摸	歇脚	狭窄
泄密	吓唬	畜牧	血流	血液	小猫	互相	旭日	纤维	兴奋	幸福
狭隘	嬉闹	湘江	一滴	一截	一支	一切	业绩	压力	鸭舌	轧花
压根	压力	钥匙	音乐	佣人	应该	作用	愉快	娱乐	用尽	异常
友谊	洋溢	仪式	阅读	油炸	颜色	衣着	钥匙	杂屋	足迹	作息
作孽	作业	祝福	执著	捉贼	卓越	逐鹿	折叠	值日	职责	竹笛
琢磨	住宿	轧钢	栅栏	择菜	着急	扎实	挣扎	中华	职业	竹子
主题	赠送	祝愿	字帖	浙江	振兴	闸门	自然	炽烈	政策	茁壮
斟酌	只有	轴承	珍珠	稚嫩	藻类	折腾				

二、普通话声调与黑龙江方言声调的差异

黑龙江方言与普通话相比较在声调方面需要辨正的主要有调类和调值两大方面。

（一）调类

在各方言中声调少的只有3类，如河北滦县话；多的有10类，如广西玉林话。黑龙江

方言与普通话相比既有相同点又有不同点。相同之处是黑龙江方言也有"阴平"、"阳平"、"上声"、"去声"4 种调类,不同之处是每种声调的代表字不完全相同。比如在普通话中本应读阴平调的字:出(chū)去、答(dā)应、多(duō)少、都(dōu)是、干(gān)净、收(shōu)拾,这些词语在黑龙江方言中都容易被误读为阳平调。在普通话中本应读上声调的字:针灸(jiǔ)、悄(qiǎo)然、侮(wǔ)辱、请帖(tiě),这些词语在黑龙江方言中都容易被误读为阴平调。这就是"类同字不同"的现象。

(二)调值

黑龙江方言与普通话相比较差异很大,在声调方面除了存在"类同字不同"的情况之外,还存在着"类同值不同"的现象。黑龙江方言与普通话在调值方面的差异请见表 4–1。

表 4–1 黑龙江方言与普通话在调值方面的差异

例 字	普 通 话	黑龙江方言
千(qiān)	55	44 或 33
锤(chuí)	35	35 或 325
百(bǎi)	214	212 或 213
炼(liàn)	51	53 或 42

普通话阴平调的调值是 55,黑龙江方言阴平调调值要低一些,只有 44 或 33;普通话阳平调调值是 35,黑龙江方言阳平调的调值多是 325,略带拐弯;普通话上声调的调值是 214,具有较明显的高低升降变化,而黑龙江方言中上声调的调值大体是 212 或 213,高低、升降的变化不够明显;普通话去声调的调值是 51,在黑龙江方言中去声调的调值是 53 或 42,表现为发音不到位及音高偏低。黑龙江方言区的人在调值方面必须要克服 4 个问题:① 在发阴平调的时候音高不够;② 发阳平音时,有先向下然后再向上的发音轨迹;③ 发上声音时,结尾音高不够;④ 去声降不到底,中途就停止了。

比较行之有效的解决黑龙江方言区声调发音问题的办法是:手势法。即按照五度标调法上描绘的调形打手势,一声在高处画一横,二声从左下方向右上方画一条斜线,三声画一个对号,四声是从左上方向右下方画一条斜线。但要注意的是,打手势前一定心中有五度的标准,手势首先要到位,然后发音才能到位,这样才会收到良好的效果。另外,还可以在语流中练习,即多读词语、句子、篇章,在朗读过程中体会音节的高低、升降、曲直、长短变化,甚至体会发音时声带的松紧、张弛变化等等,体会普通话的抑扬顿挫及韵律美。

第一组:在普通话中读作阴平调的字,在黑龙江方言中容易被误读为阳平的字:

逼(bī)迫	拨(bō)款	出(chū)去	答(dā)应
点滴(dī)	多(duō)少	都(dōu)是	敷(fū)衍
干(gān)净	姑(gū)父	积(jī)极	夹(jiā)子
抡(lūn)起	打捞(lāo)	蒙(mēng)骗	收(shōu)拾

| 叔（shū）父 | 虽（suī）然 | 青蛙（wā） | 宣（xuān）传 |
| 功勋（xūn） | 迂（yū）回 | 邀（yāo）请 | 知（zhī）道 |

第二组：在普通话中读作阴平调的字，在黑龙江方言中容易被误读为上声的字：

蝙（biān）蝠	针砭（biān）	瘪（biē）三	鱼鳖（biē）
穿插（chā）	支撑（chēng）	肌肤（fū）	戈（gē）壁
刮（guā）风	茶几（jī）	跻（jī）身	将（jiāng）来
细菌（jūn）	瞥（piē）见	泼（pō）妇	扑（pū）灭
侵（qīn）略	曲（qū）折	危（wēi）害	作息（xī）
珍惜（xī）	依（yī）然	脂（zhī）肪	姓邹（zōu）

第三组：在普通话中读作阴平调的字，在黑龙江方言中容易被误读为去声的字：

粗糙（cāo）	碉（diāo）堡	气氛（fēn）	玫瑰（guī）
供（gōng）求	滑稽（jī）	激（jī）烈	羁（jī）绊
通缉（jī）	水晶（jīng）	茎（jīng）叶	苛（kē）求
窥（kuī）探	姘（pīn）居	司（sī）令	缩（suō）小
剔（tī）除	吸（xī）引	压（yā）力	憎（zēng）恨

第四组：在普通话中读作阳平调的字，在黑龙江方言中容易被误读为阴平的字：

垂（chuí）直	嘈（cáo）杂	汾（fén）酒	焚（fén）毁
逢（féng）迎	班级（jí）	发掘（jué）	疾（jí）病
菊（jú）花	橘（jú）子	朦（méng）胧	蟠（pán）桃
其（qí）实	囚（qiú）徒	仍（réng）然	赎（shú）金
呻吟（yín）	淫（yín）乐	邮（yóu）票	愚（yú）昧

第五组：在普通话中读作阳平调的字，在黑龙江方言中容易被误读为上声的字：

船舶（bó）	停泊（bó）	布帛（bó）	崇（chóng）高
惩（chéng）治	蝴蝶（dié）	获得（dé）	而（ér）且
福（fú）气	辐（fú）射	一幅（fú）	蝙蝠（fú）
国（guó）家	革（gé）新	内阁（gé）	结（jié）婚
节（jié）日	觉（jué）得	模（mó）糊	祈（qí）求
潜（qián）水	妇孺（rú）	蠕（rú）动	吾（wú）辈
宫闱（wéi）	违（wéi）背	媳（xí）妇	舆（yú）论
值（zhí）日	职（zhí）业	执（zhí）行	繁殖（zhí）

第六组：在普通话中读作阳平调的字，在黑龙江方言中容易被误读为去声的字：

惭（cán）愧	持（chí）续	乘（chéng）客	立即（jí）
编辑（jí）	嫉（jí）妒	聚集（jí）	倔（jué）强
安宁（níng）	寂寥（liáo）	凝（níng）结	仪（yí）表
顺延（yán）	筵（yán）席	江沿（yán）	娱（yú）乐

愉（yú）悦　　　　心怡（yí）　　　　　逾（yú）越
第七组：在普通话中读作上声调的字，在黑龙江方言中容易被误读为阴平的字：
悱（fěi）恻　　　　无轨（guǐ）　　　　罕（hǎn）见　　　　针灸（jiǔ）
悄（qiǎo）然　　　　公顷（qǐng）　　　请帖（tiě）　　　　沼（zhǎo）泽
第八组：在普通话中读作上声调的字，在黑龙江方言中容易被误读为阳平的字：
奢侈（chǐ）　　　　水浒（hǔ）　　　　地痞（pǐ）　　　　勉强（qiǎng）
乞（qǐ）求　　　　脊髓（suǐ）　　　　享（xiǎng）受　　　迁徙（xǐ）
第九组：在普通话中读作上声调的字，在黑龙江方言中容易被误读为去声的字：
卑鄙（bǐ）　　　　处（chǔ）理　　　　凄惨（cǎn）　　　　尽（jǐn）管
颈（jǐng）椎　　　　矩（jǔ）形　　　　拟（nǐ）人　　　　癖（pǐ）好
而且（ěr）　　　　陨（yǔn）落　　　　殒（yǔn）命　　　　编纂（zuǎn）
第十组：在普通话中读作去声调的字，在黑龙江方言中容易被误读为阴平的字：
傍（bàng）晚　　　　迸（bèng）裂　　　诧（chà）异　　　　妥当（dàng）
妇（fù）女　　　　购（gòu）买　　　　间（jiàn）接　　　　技（jì）能
内疚（jiù）　　　　灵柩（jiù）　　　　臼（jiù）齿　　　　克（kè）服
残酷（kù）　　　　勒（lè）索　　　　纤（qiàn）夫　　　　镶嵌（qiàn）
饲（sì）养　　　　摄（shè）影　　　　涉（shè）猎　　　　威慑（shè）
字帖（tiè）　　　　态（tài）度　　　　船坞（wù）　　　　畏（wèi）惧
储蓄（xù）　　　　渲（xuàn）染　　　　生肖（xiào）　　　惊讶（yà）
应（yìng）用　　　　反映（yìng）　　　赠（zèng）送　　　恣（zì）意
召（zhào）开　　　　诏（zhào）书　　　窒（zhì）息　　　　净（zhèng）言
第十一组：在普通话中读作去声调的字，在黑龙江方言中容易被误读为阳平的字：
家畜（chù）　　　　侗（dòng）族　　　重复（fù）　　　　负（fù）责
奔赴（fù）　　　　束缚（fù）　　　　华（huà）山　　　　桦（huà）树
候（hòu）鸟　　　　负荷（hè）　　　　消耗（hào）　　　淋（lìn）病
瞭（liào）望　　　　隧（suì）道　　　深邃（suì）　　　燧（suì）石
遂（suì）心　　　　教室（shì）　　　适（shì）合　　　　因为（wèi）
眩（xuàn）晕　　　　炫（xuàn）耀　　　殉（xùn）葬　　　屹（yì）立
洋芋（yù）　　　　友谊（yì）　　　　日新月异（yì）　　利益（yì）
富裕（yù）　　　　甘蔗（zhè）　　　　浙（zhè）江
第十二组：在普通话中读作去声调的字，在黑龙江方言中容易被误读为上声的字：
狭隘（ài）　　　　麻（má）痹　　　　庇（bì）护　　　　矗（chù）立
挫（cuò）伤　　　　促（cù）进　　　　触（chù）动　　　追悼（dào）
档（dàng）案　　　　法（fǎ）郎　　　　理发（fà）　　　　附（fù）近
腹（fù）腔　　　　教诲（huì）　　　　晦（huì）暗　　　　混（hùn）浠

鲫（jì）鱼	比较（jiào）	校（jiào）对	禁（jìn）止
勒（lè）索	恶劣（liè）	掠（lüè）夺	譬（pì）喻
偏僻（pì）	开辟（pì）	迄（qì）今	尖锐（ruì）
房舍（shè）	慎（shèn）重	卫（wèi）生	晤（wù）面
鲜血（xuè）	亚（yà）军	素质（zhì）	旗帜（zhì）
稚（zhì）嫩	秩（zhì）序	真挚（zhì）	暂（zàn）时
放置（zhì）	投掷（zhì）	装载（zài）	

第三节 普通话声调综合训练

普通话声调练习，要找到规律，在四声准确的基础上，根据内容有感情地发出每个音节。反复大量练习单音节、双音节、四音节、诗、段子、绕口令等。练习时注意高音不挤，低音不散，声音由小到大，由弱到强，刚柔结合，控制适度。

一、声调发音训练

1. 训练目标

本训练既练习普通话声调，也练习声母、韵母的发音。

2. 训练方法

单字练习时要注意四声要准确，出音要有力，咬住字头，拉开字腹，收住字尾；声音连贯，气息控制适度。要求阴平平稳，气势平均不紧张；阳平用气弱起逐渐强；上声降时气稳扬时强；去声强起到弱，气通畅。

3. 训练材料

练习1：单字词声调练习

		阴平	阳平	上声	去声
（1）双唇音。	bai	掰	白	百	拜
	pao	抛	袍	跑	炮
	ma	妈	麻	马	骂
（2）唇齿音。	feng	风	冯	讽	凤
（3）舌尖前音。	zao	遭	凿	早	燥
	can	参	残	惨	灿
	sui	虽	随	髓	岁
（4）舌尖中音。	da	搭	达	打	大
	tong	通	铜	统	痛
	nao	孬	挠	恼	闹
	lao	捞	劳	老	涝

(5) 舌尖后音。　zhi　　知　　　直　　　止　　　志
　　　　　　　　chi　　吃　　　持　　　耻　　　斥
　　　　　　　　shi　　师　　　时　　　使　　　是
(6) 舌面音。　　ji　　　鸡　　　急　　　几　　　寄
　　　　　　　　qi　　　七　　　其　　　起　　　气
　　　　　　　　xian　 鲜　　　闲　　　显　　　现
(7) 舌根音。　　ge　　　哥　　　格　　　革　　　个
　　　　　　　　ke　　　科　　　咳　　　渴　　　克
　　　　　　　　hu　　　呼　　　胡　　　虎　　　户

练习2：两字词声调练习

(1) 阴+阴。
波涛　　炊烟　　充当　　插花　　拆迁　　当家
基金　　交叉　　纠纷　　亏心　　攀升　　喷发
乒乓　　千金　　人员　　鲜花　　拥军　　珍惜

(2) 阴+阳。
钻研　　发达　　中华　　宣传　　新闻　　观摩
生词　　车轮　　支持　　批评　　功德　　规格
欢迎　　安全　　私营　　优良　　花台　　通俗
英雄　　胸怀　　青年　　飘扬　　科学　　星球
单元　　欢腾　　机床

(3) 阴+上。
多少　　分解　　高职　　批准　　发展　　根本
听讲　　灯火　　生产　　艰苦　　歌舞　　公款

(4) 阴+去。
甘露　　音乐　　单位　　欢乐　　希望　　规范
通信　　失事　　加快　　庄重　　播送

(5) 阳+阴。
同乡　　国歌　　航空　　来宾　　联欢　　除非
鼻音　　革新　　时光　　南方　　崇高　　群居
农村　　回声　　长江　　平安　　齐心　　蓝天
昨天　　回家　　围巾　　其他　　红花　　营私
爬山　　图书

(6) 阳+阳。
鼻梁　　白茬　　驰名　　朝廷　　厨房　　茶楼
夺魁　　防潮　　阁楼　　孩提　　吉祥　　联合

黎明　　门铃　　勤劳　　直达

(7) 阳 + 上。

得体　　俘虏　　华北　　黄海　　遥远　　泉水
勤恳　　民主　　情感　　描写　　平坦　　旋转

(8) 阳 + 去。

德育　　磁带　　独立　　农业　　合计　　浑厚
活跃　　盘踞　　同志　　豪迈　　行政　　模范

(9) 上 + 阴。

抵消　　指标　　法师　　统一　　改编　　领空
广州　　许多　　指标　　上声　　普通　　产生
抢修　　每天　　转播　　解说　　取消　　讲师
北京　　雨衣　　纺织　　掌声　　展开　　演出

(10) 上 + 阳。

普及　　党籍　　果园　　抢夺　　返航　　远洋
骨骼　　口才　　指南　　反常　　统筹　　久别
敏捷　　谴责　　改革　　朗读　　小学　　坦白
起航　　軟席　　领衔　　党员　　表决　　紧急

(11) 上 + 上。

采访　　处理　　厂长　　导体　　反感　　赶紧
搞鬼　　鼓舞　　简短　　可以　　美满　　恼火
谱曲　　请帖　　手掌　　侮辱　　演讲　　永久
勇敢　　友好　　雨水　　展览　　整理　　指引
只有　　总得　　走访　　组长　　宝塔

(12) 上 + 去。

诡计　　炒面　　稿件　　打造　　理论　　否定
苦难　　感谢　　左右　　古代　　选派　　广袤
领会　　罕见　　请假　　改造　　统治　　想像
主要　　考试　　紧迫　　土地　　广阔　　写作
访问　　场面　　好汉

(13) 去 + 阴。

调包　　律师　　动迁　　矿工　　告知　　外观
列车　　自发　　卫星　　救灾　　地方　　贵宾
录音　　认真　　乐章　　刺激　　降低　　电灯
唱歌　　印刷　　构思　　办公　　特征　　象征

(14) 去 + 阳。

会谈	饭盒	地图	汉族	调查	汇集
特别	自然	报名	上游	电台	政权
热情	配合	问题	未来	练习	要闻
面前	现实	化学	到达	措辞	

(15) 去 + 上。

并且	大胆	汉语	驾驶	暴雨	剧本
附属	运转	购买	创举	电影	下雪
进取	恰巧	探险	阅览	历史	幻想
办法	血管	记者	信仰	默写	问好
戏曲					

(16) 去 + 去。

半路	变动	错误	调动	大地	断定
对照	发誓	构筑	画像	货物	禁令
建造	括号	莫测	歉意	日月	示范
树立	现在	意义	正派	葬送	

练习3：四字词声调练习

(1) 按四声顺序排列。

中国伟大	山河美丽	天然宝藏	资源满地	阶级友爱	中流砥柱
工农子弟	千锤百炼	身强体健	精神百倍	心明眼亮	光明磊落
山明水秀	花红柳绿	开渠引灌	风调雨顺	阴阳上去	非常好记
区别起落					

(2) 按声母顺序排列。

百炼成钢	波澜壮阔	暴风骤雨	壁垒森严	排山倒海	喷薄欲出
鹏程万里	普天同庆	满园春色	名不虚传	满腔热情	目不转睛
发愤图强	翻江倒海	丰功伟绩	赴汤蹈火	当机立断	颠扑不破
斗志昂扬	谈笑风生	滔滔不绝	天衣无缝	推陈出新	鸟语花香
逆水行舟	能者多劳	宁死不屈	老当益壮	雷厉风行	力挽狂澜
龙飞凤舞	盖世无双	高瞻远瞩	攻无不克	光彩夺目	开卷有益
慷慨激昂	克敌制胜	快马加鞭	豪言壮语	和风细雨	横扫千军
呼风唤雨	艰苦奋斗	锦绣河山	继往开来	举世无双	千军万马
气壮山河	晴天霹雳	群成群胆	喜笑颜开	响彻云霄	心潮澎湃
栩栩如生	辗转反侧	朝气蓬勃	咫尺天涯	专心致志	超群绝伦
称心如意	赤子之心	出奇制胜	山水相连	舍生忘死	深情厚谊
生龙活虎	肃然起敬	人才辈出	日新月异	如火如荼	赞不绝口

责无旁贷　　再接再厉　　自知之明　　沧海一粟　　层出不穷　　灿烂光明
从容就义　　三思而行　　所向披靡　　四海为家

(3) 四音节词组变换。

阴阳上去：千锤百炼　　山明水秀　　英明果断　　颠来倒去　　山盟海誓
　　　　　风调雨顺　　思前想后
去上阳阴：逆水行舟　　背井离乡　　智勇无双　　厚古薄今　　热火朝天
　　　　　信以为真　　万古流芳
四声变位：光辉灿烂　　旧地重游　　气贯长虹　　方兴未艾　　各奔前程
　　　　　富贵荣华　　心花怒放　　远走高飞　　壮烈牺牲　　欢欣鼓舞

二、声调辨正训练

1. 训练目标

纠正四声发音，读准调值。

2. 训练方法

(1) 阴平声调的纠正。阴平调值最高，为"55"调值，属高平调型。有些方言阴平调值只有"33"或"44"调值。比如沈阳、黑龙江方言阴平读不高，属中平调。还有些地方读低平调，比如天津话，读半低降调"21"。这些方言声调与普通话阴平的高平调有差距。纠正的方法首先要听辨音，听准阴平声调的高低，只有听得准确才能很好地模仿。解决阴平读不高的问题，可以用音节声调引导法练习，选择双音节词语进行声调训练。可将阳平调值音节放在阴平调值前面引导朗读阴平调值。先朗读阳平声调"35"调值，最后升到"5"，声带不放松下来，然后继续绷紧发音，辅助后面阴平音节发音读成"55"高度。

(2) 阳平声调的纠正。阳平调值从中音升到最高，为"35"调值，属高升调型。发音存在的问题主要是调值升得不够高，而起点又偏高。纠正阳平声调的方法是可在阳平音节前面加上一个去声音节使声带完全松弛下来，再利用这种状态辅助后面的阳平音节不过分紧张。

(3) 上声声调的纠正。上声调值为低降到中升，为"214"调值，属降后升调型。发音存在的问题是难拐弯、降后升不上去或者升调不到位的情况。比如黑龙江方言上声调值是"212"或"213"，部分地区还出现"22"的调值。练习时，可在上声前面加一个去声音节，利用去声音节末尾声带松弛的状态辅助发上声、使声带松弛，调值尽量降低些。开头降段不要太高，中段不要太短。另外东北人在读上声时容易在尾音处顿一下或拐一个弯儿，也要注意上声的调型。

(4) 去声调值的纠正。去声调值从最高降到最低，为"51"调值，属全降调型。发音存在的主要问题是调值起点不够高。比如沈阳话读"41"，天津话读"53"，调值降得不够；还有些方言调型正好与普通话相反，读升调，比如武汉话读"35"、成都话读"13"。练习时声调起点不高的可在去声前加一个阴平调或阳平调音节，利用首尾相接的声带状态，辅助后面的去声音节开头声带紧张升到最高。

3. 训练材料

练习

(1) 阳平+阴平词例。

白天　长期　常规　承包　承担　乘机　从中　繁多　房屋　房间　国家
核心　即将　集中　菊花　离开　联邦　名称　明天　摩擦　南方　年初
年龄　权威　燃烧　人生　实施　熟悉　提高

(2) 去声+阳平词例。

外来　未曾　下旬　现存　线条　业余　异常　智能　贮存　著名　自从
自然　罪行　畅谈　弹头　盗贼　帝王　电炉　店堂　调集　定神　放学
肺炎　份额　凤凰　奉行　附和　复查　预言　运行　照明　正常　斥责
触觉　错觉　大麻　断然　对答　悍然　犯人

(3) 去声+上声词例。

半岛　傍晚　报纸　避免　病理　颤抖　促使　对手　汗水　后悔　会场
获取　技巧　驾驶　进取　静止　剧场　刻苦　况且　泪水　历史　上涨
设想　市场　试管　术语　顺手　细小　论点　面孔　确保　弱点

(4) 阴平、阳平+去声词例。

习惯　无论　鲜艳　相信　销售　协议　心脏　一律　移动　音乐　营业
游戏　娱乐　缘故　着重　滋味　宗教　哀怨　暗号　搬用　悲痛　苍翠
插话　概说　高效　割断　更换　功用

三、声调综合训练

咬住字头，出字有力，拉开字腹，收住字后。字声（指声调）准确。用气均匀连贯，用声刚柔相济。注意声传情、情带声、情运气、气生情，最后达到情、声、气完美结合，协调一致。

训练材料

练习1：单音节字词

啊　埃　安　烟　弯　冤　妈　拉　方　编　端　亏　宣　装　酸　挑
昂　鹅　严　文　员　麻　泥　离　然　人　棉　连　年　全　怀　情
以　矮　养　晚　远　马　哪　里　惹　秒　碾　脸　广　九　闯　扁
饿　爱　验　望　院　骂　那　辣　热　真　浪　闹　肉　放　面　片

练习2：双音节词语对比训练

(1) 前一个音节不同。

纯洁—春节　　　会议—回忆　　　汇报—回报　　　无数—武术
五一—巫医　　　白花—百花　　　笔尖—鼻尖　　　美洲—梅州

| 同志—统治 | 突然—徒然 | 前进—浅近 | 火力—活力 |
| 长河—场合 | 筹划—丑化 | 集合—几何 | |

(2) 后一个音节不同。

看书—砍树	优等—油灯	练习—联系	及早—急躁
朝阳—照样	礼貌—狸猫	英勇—应用	通知—统治
管理—官吏	包围—保卫	胜利—生理	知道—指导
报复—包袱	导演—导言	字母—字幕	松树—松鼠
招收—招手	新意—新衣	大学—大雪	时间—实践

(3) 三组词比较。

政治—正直—争执	时间—实践—事件	姿势—子时—自始
支援—志愿—职员	指示—致使—知识	珍惜—枕席—阵袭
边界—便捷—辩解	步伐—补发—不法	餐具—惨剧—残局
传统—串通—穿通	初七—出气—储气	地址—抵制—地质
富裕—赋予—抚育	管理—官吏—冠礼	理解—礼节—历届
声称—圣城—省城	实际—试剂—史籍	通知—同志—统治
陷阱—仙境—险境	耀眼—谣言—妖艳	争辩—政变—正编
厂房—长力—长房	采集—猜忌—才寄	知识—指使—志士
支援—志愿—致远	佳节—假借—嫁接	鸳鸯—远洋—原样
新意—信宜—心怡	县域—鲜鱼—闲语	正解—整洁—政界
指导—知道—制导	冲锋—重逢—崇峰	面前—棉签—免签
体彩—题材—体裁	添彩—天才—甜菜	巫医—无疑—武艺
义务—医务—遗物	时节—使节—师姐	实施—事实—试试
主体—主题—猪蹄	搭过—大锅—大国	茴香—回想—回翔

练习3：四字成语训练

(1) 四声顺序。

| 花红柳绿 | 山明水秀 | 风调雨顺 | 深谋远虑 | 身强体壮 | 坚持努力 |
| 山穷水尽 | 山河锦绣 | 诸如此类 | 飞禽走兽 | 雕虫小技 | 中流砥柱 |

(2) 四声逆序。

| 背井离乡 | 大显神通 | 救死扶伤 | 墨守成规 | 破釜沉舟 | 逆水行舟 |
| 妙手回春 | 痛改前非 | 异曲同工 | 调虎离山 | 地广人稀 | 覆水难收 |

(3) 其他顺序。

| 忠言逆耳 | 字里行间 | 身体力行 | 集思广益 | 得心应手 | 语重心长 |
| 无可非议 | 万马奔腾 | 百炼成钢 | 移山造海 | 神通广大 | 喜笑颜开 |

练习4：绕口令

摆碗盘

半半摆碗，盼盼摆盘。半半不能摆盼盼的盘。
盼盼不能摆半半的碗。半半摆完碗再摆盘。
盼盼摆完盘再摆碗。半半摆完碗帮盼盼摆盘。
盼盼摆完盘帮半半摆碗。

摘柿子
四个孩子摘柿子，老大摘了四个十，
老二摘了十个四，老三摘了四十四，
老四摘了十四又四十。

打南边来了个喇嘛，手里提拉着五斤鳎犸。打北边来了个哑巴，腰里别着个喇叭。
南边提拉着鳎犸的喇嘛要拿鳎犸换北边别喇叭哑巴的喇叭。
哑巴不愿意拿喇叭换喇嘛的鳎犸，喇嘛非要换别喇叭哑巴的喇叭。
喇嘛抡起鳎犸抽了别喇叭哑巴一鳎犸，哑巴摘下喇叭打了提拉着鳎犸的喇嘛一喇叭。也不知是提拉着鳎犸的喇嘛抽了别喇叭哑巴一鳎犸，还是别喇叭哑巴打了提拉着鳎犸的喇嘛一喇叭。
喇嘛炖鳎犸，哑巴嘀嘀哒哒吹喇叭。

练习5：普通话水平测试大纲朗读作品练习
（1）珍珠鸟。
真好！朋友送我一对珍珠鸟。放在一个简易的竹条编成的笼子里，笼内还有一卷干草，那是小鸟舒适又温暖的巢。
有人说，这是一种怕人的鸟。
我把它挂在窗前，那儿还有一盆异常茂盛的法国吊兰。我便用吊兰长长的、串生着小绿叶的垂蔓蒙盖在鸟笼上，它们就像躲进深幽的丛林一样安全；从中传出的笛儿般又细又亮的叫声，也就格外轻松自在了。
阳光从窗外射入，透过这里，吊兰那些无数指甲状的小叶，一半成了黑影，一半被照透，如同碧玉；斑斑驳驳，生意葱茏。小鸟的影子就在这中间隐约闪动，看不完整，有时连笼子也看不出，却见它们可爱的鲜红小嘴从绿叶中伸出来。
我很少扒开叶蔓瞧它们，它们便渐渐敢伸出小脑袋瞅瞅我。我们就这样一点点熟悉了。
3个月后，那一团愈发繁茂的绿蔓里边，发出一种尖细又娇嫩的鸣叫。我猜到，是它们，有了雏儿。我呢？决不掀开叶片往里看，连添食加水时也不睁大好奇的眼去惊动它们。过不多久，忽然有一个小脑袋从叶间探出来。更小哟，雏儿！正是这个小家伙！
它小，就能轻易地由疏格的笼子钻出身。瞧，多么像它的母亲；红嘴红脚，灰蓝色的毛，只是后背还没有生出珍珠似的圆圆的白点；它好肥，整个身子好像一个蓬松的球儿。
起先，这小家伙只在笼子四周活动，随后就在屋里飞来飞去，一会儿落在柜顶上，一会儿神气十足地站在书架上，啄着书背上那些大文豪的名字；一会儿把灯绳撞的来回摇动，跟着跳到画框上去了。只要大鸟在笼里生气儿地叫一声，它立即飞回笼里去。

我不管它。这样久了，打开窗子，它最多只在窗框上站一会儿，决不飞出去。

渐渐它胆子大了，就落在我书桌上。

它先是离我较远，见我不去伤害它，便一点点挨近，然后蹦到我的杯子上，俯下头来喝茶，再偏过脸瞧瞧我的反应。我只是微微一笑，依旧写东西，它就放开胆子跑到稿纸上，绕着我的笔尖蹦来蹦去；跳动的小红爪子在纸上发出嚓嚓响。

我不动声色地写，默默享受着这小家伙亲近的情意。这样，它完全放心了。索性用那涂了蜡似的、角质的小红嘴，"嗒嗒"啄着我颤动的笔尖。我用手抚一抚它细腻的绒毛，它也不怕，反而友好地啄两下我的手指。

白天，它这样淘气地陪伴我；天色入暮，它就在父母的再三呼唤声中，飞向笼子，扭动滚圆的身子，挤开那些绿叶钻进去。

有一天，我伏案写作时，它居然落到我的肩上。我手中的笔不觉停了，生怕惊跑它。待一会儿，扭头看，这小家伙竟趴在我的肩头睡着了，银灰色的眼睑盖住眸子，小红脚刚好给胸脯上长长的绒毛盖住。我轻轻抬一抬肩，它没醒，睡得好熟！还呷呷嘴，难道在做梦？

我笔尖一动，流泻下一时的感受：

信赖，往往创造出美好的境界。

（节选自：冯骥才．珍珠鸟．人民日报，1984－02－14.）

（2）第一场雪。

这是入冬以来，胶东半岛上第一场雪。

雪纷纷扬扬，下得很大。开始还伴着一阵儿小雨，不久就只见大片大片的雪花，从彤云密布的天空中飘落下来。地面上一会儿就白了。冬天的山村，到了夜里就万籁俱寂，只听得雪花簌簌地不断往下落，树木的枯枝被雪压断了，偶尔咯吱一声响。

大雪整整下了一夜。今天早晨，天放晴了，太阳出来了。推开门一看，嗬！好大的雪啊！山川、河流、树木、房屋，全都罩上了一层厚厚的雪，万里江山，变成了粉妆玉砌的世界。落光了叶子的柳树上挂满了毛茸茸亮晶晶的银条儿；而那些冬夏常青的松树和柏树上，则挂满了蓬松松沉甸甸的雪球儿。一阵风吹来，树枝轻轻地摇晃，美丽的银条儿和雪球儿簌簌地落下来，玉屑似的雪末儿随风飘扬，映着清晨的阳光，显出一道道五光十色的彩虹。

大街上的积雪足有一尺多深，人踩上去，脚底下发出咯吱咯吱的响声。一群群孩子在雪地里堆雪人，掷雪球儿。那欢乐的叫喊声，把树枝上的雪都震落下来了。

俗话说，"瑞雪兆丰年"。这个话有充分的科学根据，并不是一句迷信的成语。寒冬大雪，可以冻死一部分越冬的害虫；融化了的水渗进土层深处，又能供应庄稼生长的需要。我相信这一场十分及时的大雪，一定会促进明年春季作物，尤其是小麦的丰收。有经验的老农把雪比作是"麦子的棉被"。冬天"棉被"盖得越厚，明春麦子就长得越好，所以又有这样一句谚语："冬天麦盖三层被，来年枕着馒头睡。"

我想，这就是人们为什么把及时的大雪称为"瑞雪"的道理吧。

（节选自：峻青．第一场雪．）

练习6：诗歌练习

致橡树

我如果爱你——
绝不像攀援的凌霄花，
借你的高枝炫耀自己；
我如果爱你——
绝不学痴情的鸟儿，
为绿荫重复单调的歌曲；
也不止像泉源，
常年送来清凉的慰藉；
也不止像险峰，增加你的高度，衬托你的威仪。
甚至日光。
甚至春雨。
不，这些都还不够！
我必须是你近旁的一株木棉，
作为树的形象和你站在一起。
根，紧握在地下，
叶，相触在云里。
每一阵风过，
我们都互相致意，
但没有人
听懂我们的言语。
你有你的铜枝铁干，
像刀，像剑，
也像戟，
我有我的红硕花朵，
像沉重的叹息，
又像英勇的火炬，
我们分担寒潮、风雷、霹雳；
我们共享雾霭、流岚、虹霓，
仿佛永远分离，

却又终身相依，
这才是伟大的爱情，
坚贞就在这里：
不仅爱你伟岸的身躯，
也爱你坚持的位置，脚下的土地。

（选自：舒婷．致橡树．）

小游戏

著名语言学家赵元任先生编写的《施氏食狮史》这段文字游戏，全文均由"shi"音节构成，非常巧妙地体现了汉语的声调特点及其辨义功能和作用。现抄录如下，并标上普通话声调，以供欣赏。

— \ / — ∨
施氏食狮史

/ \ — \ — \，\ —，\ / / —。/ /，\ / — \ \。\
石室诗士施氏，嗜狮，誓食十狮。氏时时适市视狮。十时，适十狮适市。是
/，\ — \ \ \。\ \ / —，\ ∨ \，∨ \ \ / — —。/ /，∨ / \ / — —，
时，适施氏适市。氏视十狮，恃矢势，使是十狮逝世。氏拾是十狮尸，适石室。
/ \ —，\ ∨ \ \ / —。\ / \，∨ \ \ / — —。/ /，∨ \ \ / — —，
石室湿，氏使侍拭石室。石室拭，氏始试食是十狮尸。食时，始识是十狮尸，
/ / / — —。\ \ \ \。
实十石狮尸。试释是事。

读一读

在河北省秦皇岛市山海关城东望夫石村，有一座孟姜女庙，庙门前书写一副千古奇联：
海水朝朝朝朝朝朝朝落，
浮云长长长长长长长消。

这副对联，每联10个字，有7个字同形，乍一看，新鲜而又费解，仔细揣摩便会有所领悟。原来作者借助汉字的同形异音异义的特点，巧撰此联。上联的"朝"字，一指时间，读"zhāo"；二指海水受日月引力的影响定时涨落的现象，读"cháo"，通"潮"。下联的"长"字，一指时间频率，读"cháng"，常常的意思；二读"zhǎng"，通"涨"，指浮云的自然消长，出现之意。据此规律，人们一般都这样解读此联：

cháo zhāo zhāo cháo　zhāo cháo zhāo
海 水 潮，朝 朝 潮，　朝 潮 朝 落，

    zhǎng cháng cháng zhǎng cháng zhǎng cháng
浮 云 涨， 长 长 涨， 长 涨 长 消。

  面对浩瀚无边波涛汹涌的大海，绚烂多彩风云变幻的天空，人们的感情也该是千姿百态的，特别是在孟姜女凄惨哀婉故事的启发与感召下，作为人生哲理折射的对联，它的内涵更应该是丰富多彩的。一个人的心境不同、阅历不同，解读此联的方法也不相同。现从不同角度标示不同的解读方法，供广大读者玩赏：

    zhāo cháo， zhāo zhāo cháo， zhāo zhāo
海 水 朝 潮， 朝 朝 潮， 朝 朝 落，
    cháng zhǎng， cháng cháng zhǎng， cháng cháng
浮 云 长 涨， 长 长 涨， 长 长 消。

  此种解读，围绕海水的消长、浮云的现落，揭示自然界变化有序的规律。

    zhāo cháo， zhāo cháo zhāo cháo， zhāo
海 水 朝 潮， 朝 潮 朝 潮， 朝 落，
    cháng zhǎng， cháng zhǎng cháng zhǎng， cháng
浮 云 长 涨， 长 涨 长 涨， 长 消。

  此种解读，重在抒发面对大自然无穷力量的感悟，世间万物皆有定规，人何以左右得了！

    cháo， cháo！ cháo！ cháo！ zhāo cháo zhāo
海 水 潮， 潮！ 潮！ 潮！ 朝 潮 朝 落，
    zhǎng， zhǎng！ zhǎng！ zhǎng！ cháng zhǎng cháng
浮 云 涨， 涨！ 涨！ 涨！ 长 涨 长 消。

  此种解读，由海水、浮云的涨现而喜，由海水、浮云的消落而叹，真乃时光流逝，万物无常呀！

    zhāo zhāo cháo， zhāo zhāo cháo， zhāo
海 水 朝 朝 潮， 朝 朝 潮， 朝 落，
    cháng cháng zhǎng， cháng cháng zhǎng， cháng
浮 云 长 长 涨， 长 长 涨， 长 消。

  此种解读，重在抒发万物轮回无可奈何摇头长叹之情。

  这副对联，借海水有潮有落，浮云有涨有消的自然景观，描绘自然景物，抒发人文情感，真是景情兼备，形神逼肖。面对如此奇异丰富的对联，如果我们只有一种读法，那就太辜负大自然所赐予的神奇和对联作者的一番良苦用心了。

  再看浙江温州江心寺，宋朝的王十朋所作楹联：

云朝朝，朝朝朝，朝朝朝散
潮长长，长长长，长长长消

  上联意思是：早霞（云）就像臣子朝见皇帝一样，天天朝见，天天退去。作者用拟人

辞格，绘景生动，富有感情。下联则写潮水的自然消长。原作也罢，套作也罢，都写得于平淡中见神奇，于热闹中见冷峻。若论优劣，应该说各有千秋：孟姜女庙前的对联节奏感强，朗朗上口，虽少一字，却更具迷幻色彩。王十朋的对联形象巧妙，灵动活泼，虽多一字，却浅近易懂。可谓原作别出心裁，仿作匠心独运。

（其中"朝"作 zhāo 读意味着"早晨"或"每天"，作 cháo 读即"出现"、"来潮"；"长"作 cháng 读时，通"常"，作 zhǎng 读时，通"涨"）

注音：

    zhāo cháo zhāo zhāo cháo zhāo cháo zhāo
云 朝 朝， 朝 朝 朝， 朝 朝 朝 散。

    cháng zhǎng cháng cháng zhǎng cháng zhǎng cháng
潮 长 长， 长 长 长， 长 长 长 消。

解读下列楹联，为其断句、注音。

（1）善茅长长长长长长长长，习三乘乘乘乘乘乘乘乘
（2）朝云朝朝朝朝朝朝退，长水长长长长长长长流
（3）河水长长长长长长流，神庙朝朝朝朝朝朝应
（4）朝朝朝朝朝夕，长长长长长消

附：古入声字的普通话声调表

ba	①八捌②拔跋
bai	②白③百柏
bao	①剥②雹薄
bei	③北
bi	①逼②鼻③笔④必毕辟碧壁璧
bie	①憋鳖②别③瘪④别
bo	①拨钵剥②伯驳帛泊勃舶博搏箔膊薄④薄
bu	③卜（占一）④不
ca	①擦
ce	④册厕侧测策
cha	①插②察④刹
chai	①拆
che	④彻撤澈
chi	①吃③尺④斥赤
chu	①出④畜触蓄
chuo	①戳④啜绰

cu	④促簇
cuo	④撮
da	①搭②达答
dan	④石
de	②得德
dei	③得
di	①滴②迪的敌涤笛嫡④的
die	①跌②迭谍叠蝶碟
du	①督②毒独读渎犊④笃
duo	②夺度踱
e	②额④厄扼恶鄂萼遏愕腭
fa	①发②乏伐罚阀筏③法④发
fo	②佛
fu	②弗伏佛拂服幅辐福④服复腹覆
ge	①疙胳鸽搁割②革阁格葛隔膈③葛④各
gei	③给
gu	③谷骨④梏
gua	①刮
guo	①郭②国
ha	①蛤
hao	③好
he	①喝②合阖核盒涸颌④吓喝赫褐鹤壑
hei	①黑
hu	①忽惚②核
hua	②划猾滑④划
huo	①豁②活④或获惑霍豁
ji	①击积激②及吉汲级极即急疾棘集嫉籍③给脊戟④迹绩寂
jia	①夹浃②夹荚颊③甲胛钾
jiao	②嚼③角脚④觉
jie	①结接揭②节劫杰洁结捷睫截竭④藉
ju	①鞠②局菊④剧
jue	①撅②决诀抉角觉绝倔掘厥獗爵嚼④倔
ke	①磕瞌②壳咳③渴④克刻客
ku	①哭窟④酷
kuo	④扩括阔廓

la	④落腊蜡辣
lao	④烙落
le	④勒
lei	①勒④肋
li	③鲤④力历立沥栗粒笠沥砾雳
lie	④列劣烈猎裂
liu	④六陆
lu	④陆录鹿绿碌戮麓
lü	③捋④律率绿氯
lüe	④略掠
luo	①捋④洛烙骆络落
ma	①抹
mai	④麦脉
mei	②没
mi	④觅密蜜
mie	④灭蔑篾
mo	①摸②膜③抹④末没抹沫陌莫寞漠墨默
mu	④木目沐牧幕睦穆
na	④纳捺
ni	④逆昵溺
nie	①捏④聂镊孽
nüe	④疟虐
nuo	④诺
pai	①拍
pi	①劈霹③匹劈癖④辟僻
piao	②朴
pie	①撇瞥③撇
po	①泊泼④迫粕魄
pu	①仆扑②仆③朴④瀑
qi	①七戚漆③乞④讫泣
qia	①掐④恰洽
qiao	④壳
qie	①切④切窃怯挈妾惬
qu	①曲屈③曲
que	①缺④却雀确鹊

re	④热
ri	④日
rou	④肉
ru	④入褥辱
ruo	④若弱
sa	①撒③撒④卅萨
sai	①塞④塞
se	④涩啬塞瑟
sha	①杀刹煞④煞
shai	③色
shao	②勺
she	②舌折④设涉摄
shen	②什
shi	①失湿虱②十什石识实拾食蚀④式饰适室释拭
shou	②熟
shu	①叔②熟塾赎③属蜀④术束述
shua	①刷
shuai	④率
shuo	①说④烁硕
su	②俗④肃速宿粟
suo	①缩③索
ta	①塌踏③塔④踏拓蹋
te	④特
ti	①踢剔④惕
tie	①帖贴③帖铁④帖
tu	①突秃凸
tuo	①托脱④拓
wa	①挖④袜
wo	④沃握
wu	①屋④勿物
xi	①夕吸析息悉惜锡熄膝昔晰②习席袭媳④隙
xia	①瞎②峡狭匣侠辖④吓
xiao	①削
xie	①歇楔蝎②叶协胁挟③血④泄屑
xiu	③宿

xu	④畜续蓄旭恤
xue	①削薛②穴学③雪④血
ya	①压鸭押④轧压
yao	④药钥疟
ye	①掖噎④业叶页咽液掖渴腋
yi	①揖壹③乙④亿忆亦役译易疫益翼屹抑邑绎奕逸溢
yu	④玉育狱浴欲郁尉蔚
yue	①约④月乐钥阅悦跃越岳粤
za	①扎②杂砸
zao	②凿
ze	②则责择泽④仄
zei	②贼
zha	①扎②闸铡③眨④栅
zhai	①摘②宅择③窄
zhao	①着②着
zhe	①折②折哲辄蛰辙③褶④这浙
zhi	①只汁织②执直值侄职植殖③只④帜质秩挚掷室
zhou	①粥②轴④轴
zhu	②术竹逐烛③属嘱④祝筑
zhuo	①捉桌拙②浊啄着灼茁卓酌琢
zu	②足族卒
zuo	①作②昨琢③撮④作

第五章

普通话音变

第一节 普通话音变类型

一、普通话音变的含义

我们用语言进行口语交流和语言表达的过程中,不是一个一个孤立地发出每一个音节,而是根据表达的需要,一个音节连着一个音节说出来,表达一个完整的意思。这样各个音节连续不断,形成了长短不等的一段段语流。相邻的音素与音素之间、音节与音节之间、声调与声调之间就不可避免地发生相互影响,使语音产生一定的变化,这种语音变化就是"语流音变"。

音变一般有比较强的规律性,学习和掌握这些规律,把这些规律运用于口语表达中,能使我们的语言更流畅、更自然、更协调,发音更轻松。它可以分为两种类型,一种是不自由的,如"一"、"不"等,只要音变条件出现,音变现象就必然产生;另一种是自由的,如"七"、"八"等。但是音变现象不一定必然产生,也就是说,变与不变是随语言环境和个人习惯而定的。

不自由音变不受语言环境的影响,不论说话速度快或慢,态度认真或随便,都会产生音变。自由音变则往往受到语言环境的影响,说话快一些,随便一些,就出现音变;慢一些,认真一些,音变现象就可能消失。当然,个人习惯也对语流音变有影响,有的音变现象对一些人是自由的,对另外一些人可能就是不自由的,这和每个人的说话习惯有关系。

二、音变的类型

汉语普通话语音中常见的音变现象有:变调、轻声、儿化等。

(一)变调

1. 变调的含义

变调是汉语方言里普遍存在的语音现象,普通话也有这种现象。例如"舞蹈","舞"、

"蹈"的调值都是214，单独念读的时候，都要读完214调值，合在一起，"舞"受到后面"蹈"的影响，变读35调。所谓变调是指语流中某个声调受到相邻字音的影响而出现的声调变读现象。

变调是一种较为常见的音变现象，阴平、阳平、上声、去声在语流中都存在不同程度的变调。例如：阴平+阴平：积分，"积"由/55/变读/44/。阳平+阳平：防寒，"防"由/35/变读/34/。上声+上声：理睬，"理"由/214/变读/35/。去声+去声：恶化，"恶"由/51/变读/53/。由此可见，当两个相同的声调相连时，常常前一个字的声调会发生变化，只是有的变化比较明显，有的变化不太明显。相比较而言，变调最为明显的是"上声+上声"的形式，其次是"去声+去声"的形式，变调最不明显的是"阴平+阴平"和"阳平+阳平"。

2. 变调的种类

常见的变调有：上声的变调，去声的变调，"不"的变调，"一"的变调，形容词的变调和"七、八"的变调等。

（1）上声的变调。

普通话上声调是种先降后升的曲折调。上声字除单念或处在词尾及句尾时声调不变外，其他情况都要发生变化。可以说上声字声调的变化最多、最复杂，它在与其他音节结合时，或是去掉下降的部分，或是失去上升的部分。其变调形式大体有以下几种情况：

① 上声和上声相连的时候，第一个上声，变成近似阳平的调值（35），即由214变成35。例如：

lǎnsǎn	shǒuzhǐ	mǔyǔ	lǚguǎn	hǎiniǎo	guǎngchǎng
懒散	手指	母语	旅馆	海鸟	广场
lǐngdǎo	dǎoyǔ	chǎngjǐng	shuǐguǒ	xuǎnjǔ	yěcǎo
领导	岛屿	场景	水果	选举	野草
fěnbǐ	bǎoxiǎn	yǒuhǎo	jiǎnshǎo	shuǐjǐng	jiǎnduǎn
粉笔	保险	友好	减少	水井	简短
nǎohuǒ	yǒnggǎn	lǐxiǎng	měihǎo		
恼火	勇敢	理想	美好		

② 上声在非上声（阴平、阳平、去声）字前面时变成半上，调值由214变为211。例如：

● 上+阴：

bǎibān	bǎituō	bǎowēn	bǐnggān	xiǎoshuō	lǎoshī	xiǎoxīn
百般	摆脱	保温	饼干	小说	老师	小心
dǎtōng	huǒchē	qǔjīng	běifāng	jiǔjīng	jiǎnchēng	shǐshī
打通	火车	取经	北方	酒精	简称	史诗
shǒudū	yǔyī	hǎijūn	tǐcāo	shuǐxiāng	xǔduō	biǎozhāng
首都	雨衣	海军	体操	水箱	许多	表彰
xǔchāng	yǔzhōu	yǔyīn	nǚshēng	chǎnshēng	zhǐbiāo	fǎngzhī
许昌	禹州	语音	女生	产生	指标	纺织

	shuǐxiān 水仙	xǐhuān 喜欢	zhǎnchū 展出	kěnhuāng 垦荒	shǐzhōng 始终	zǔxiān 祖先
● 上＋阳：	zǔguó 祖国	dǎoyóu 导游	gǎigé 改革	kǒuxíng 口型	jiǎnjié 简洁	liǎngjí 两极	jǐnjí 紧急
	tǎnbái 坦白	qǔcái 取材	jiǔxí 酒席	yǔyán 语言	chǔcún 储存	měidé 美德	xuǎnzé 选择
	tiěchuí 铁锤	xuěrén 雪人	dǎqiú 打球	lǎngdú 朗读	zhǔchí 主持	cǎihóng 彩虹	gǔwén 古文
	zǒngjié 总结	yǔwén 语文	lǚxíng 旅行	hǎiyáng 海洋	pǐnxíng 品行	jiǎngtái 讲台	diǎnxíng 典型
	kǎochá 考察	guǒyuán 果园	hǎopíng 好评				
● 上＋去：	guǎngdà 广大	tǎolùn 讨论	tǔdì 土地	gǎnxiè 感谢	gǎojiàn 稿件	měishù 美术	wǎnhuì 晚会
	shǒuhòu 守候	gǎndòng 感动	niǔkòu 纽扣	qǐngjià 请假	jiǎnghuà 讲话	qǐngkè 请客	hǎiyàn 海燕
	wǎnfàn 晚饭	shǒuhòu 守候	diǎnfàn 典范	lǎngsòng 朗诵	zhǔjiàn 主见	mǎimài 买卖	liǔshù 柳树
	yǔdiào 语调	tǎnshuài 坦率	kěnqiè 恳切	xiǎngniàn 想念	tuǒshàn 妥善	lǎoliàn 老练	shuǐkù 水库
	nuǎnshì 暖室	tiělù 铁路					

③上声字与轻声字相连时，轻声音节是由上声字构成的，变读为35。轻声音节由非上声字构成时，变读为211。例如：

● 上＋轻（上声字）：

nǎli 哪里	lǎoshu 老鼠	lǎohu 老虎	kěyi 可以	děngdeng 等等	shǎngwu 晌午	yǎnli 眼里
xiǎngqi 想起	pěngqi 捧起	dǎshou 打手	zǒuzou 走走	zǎoqi 早起	mǎjiao 马脚	

● 上＋轻（非上声字）：

ǎizi 矮子	fǔzi 斧子	nǎinai 奶奶	jiějie 姐姐	wěiba 尾巴	bǐfang 比方	lǎopo 老婆
ěrduo 耳朵	kǒudai 口袋	huǒji 伙计	běnshi 本事			

④上声＋上声＋上声有两种情况。

● 词语结构是"单音节＋双音节"（单双格）时，前一个音节由调值214变成半上调值211，第二个音节由调值214变成类似阳平的调值35，即（211＋35＋214）。例如：

zhǐlǎohǔ	lěngchǔlǐ	xiǎoliǎngkǒu	hǎodǎoyǎn	qǐngyǔnxǔ	xiǎomǔzhǐ
纸老虎	冷处理	小两口	好导演	请允许	小拇指
lǎobǎoshǒu	xiǎoyǔsǎn	wǎnfǔdǎo	lǎolǐngdǎo	dǎcǎogǎo	chǎngdǎngwěi
老保守	小雨伞	晚辅导	老领导	打草稿	厂党委

● 词语结构是"双音节+单音节"（双单格）时，开头和第二个上声音节由调值214变成类似阳平的调值35，即（35+35+214）。例如：

zhǎnlǎnguǎn	shǒuxiětǐ	xiǎngqǐnǐ	guǎnlǐzhě	xuǎnjǔfǎ
展览馆	手写体	想起你	管理者	选举法
xǐliǎnshuǐ	pǎomǎchǎng	wǎngběizǒu	shuǐcǎibǐ	gǔdiǎnwǔ
洗脸水	跑马场	往北走	水彩笔	古典舞
gǎnlǎnguǒ	yǒnggǎnzhě	hǔgǔjiǔ		
橄榄果	勇敢者	虎骨酒		

⑤ 多个上声相连时，要先根据语意或气息分节，然后在参照上声字的变调按照上面"上上"和"上上上"的规律变调。例如：

chǎngzhǎng lǐngdǎo　　　lǐ xiǎng měihǎo　　　dǎjǐng yǐnshuǐ
厂　长／领　导　　　理　想／美　好　　　打井／饮　水

lǎolǐngdǎo măile liǎngbǎ xiǎotiěsuǒ
老领导／买了／两把／小铁锁。

wǒxiǎng qǐngnǐ wǎngběizǒu
我　想／请你／往　北　走。

(2) 去声的变调。

当两个去声相连时，往往发生变调，但不像上声那样明显。

去声+去声→半去（调值53）+去声

　　　　　xiànzài　quèqiè　lìjù　qiànyì　tuìbiàn　yìyù　zàngsòng　duàndìng
例如：现　在　确　切　例句　歉意　蜕变　抑郁　葬　送　断　定

其实，除了上声上声、去声去声相连会发生音变的情况外，阴平阴平、去声去声相连也会有一些变化，但他们和原声调的调形以及趋势、走向是完全一致的，只是在音高或音长上发生了一点点变化。但是这些变调都是在原调范围之内的变化，且用拼音字母拼写时仍标用原调号。为了普通话的易学，这些细小的，细微的变化，可以忽略不计。

(3) "一"的变调。

① "一"的本调是阴平，调值是55。单念，在词句末尾或在词语前表序数的时候调值不变。如：一、第一、初一、万一、一班、一九八一。但除了这些情况外都要发生声调变化。

② "一"（本调）+去声→"一"（阳平，调值35）+去声。例如：

yíbàn	yílù	yíyàng	yíqì	yíbìng	yílǜ	yíjià	yítàng
一半	一路	一样	一气	一并	一律	一架	一趟

yí wèi	yí rèn	yí dài	yí dòng	yí xiàng	yí zhèn	yí guàn	yí shì
一位	一任	一代	一栋	一向	一阵	一贯	一事
yí jiàn	yí duàn	yí rì	yí dào	yí zài	yí qiè	yí zhì	
一箭	一段	一日	一道	一再	一切	一致	

③ "一"（本调）+ 非去声（阴平、阳平、上声）→ "一"（去声，调值51）+ 非去声，例如：

- 阴平前：

yì tiān	yì xiē	yì xīn	yì kē	yì piān	yì shēn	yì bēi	yì gēn
一天	一些	一心	一颗	一篇	一身	一杯	一根
yì shēng	yì bān	yì sī	yì duān	yì zhī			
一生	一般	一丝	一端	一只			

- 阳平前：

yì liú	yì tóng	yì shí	yì dié	yì tóu	yì tiáo	yì nián	yì hé
一流	一同	一时	一叠	一头	一条	一年	一盒
yì xíng	yì zhí	yì páng	yì lián	yì tuán			
一行	一直	一旁	一连	一团			

- 上声前：

yì diǎn	yì shǒu	yì tǐ	yì kǒu	yì jǔ	yì qǐ	yì běn	yì zhǒng
一点	一手	一体	一口	一举	一起	一本	一种
yì wǎn	yì jiǎo	yì zǎo	yì liǎn				
一碗	一角	一早	一脸				

④ 动词 + "一"（本调）+ 动词→动词 + "一"（轻声）+ 动词，例如：

kàn yi kàn	zhǎo yi zhǎo	wén yi wén	chēng yi chēng	xiǎng yi xiǎng
看一看	找一找	闻一闻	称一称	想一想
xué yi xué	tīng yi tīng	tíng yi tíng	xiě yi xiě	dú yi dú
学一学	听一听	停一停	写一写	读一读

这里需要注意的是，当"一"作为序数表示"第一"时不变调，例如："一楼"的"一"不变调，表示"第一楼"或"第一层楼"；而变调表示"全楼"。"一连"的"一"不变调，表示"第一连"，而变调则表示"全连"，副词"一连"中的"一"也变调，如"一连五天"。

(4) "不"的变调。

"不"的本调是去声，调值是51。单念，在词语末尾或在非去声的前面调值不变，如：不、不禁、不休、不曾、不时、不久、不法。"不"有两种变调，即：

① "不"（本调）+ 去声→ "不"（阳平，调值35）+ 去声，例如：

búbiàn	búgòu	búlùn	bú yì	búhuì	búxiè	búyòng
不便	不够	不论	不易	不会	不懈	不用
búxìng	búkuì	bú bì	búduì	búmiào	búdìng	búdàn
不幸	不愧	不必	不对	不妙	不定	不但

búgù	búduàn	búcuò	búwài
不顾	不断	不错	不外

② 动词/形容词 + "不"（本调）+ 动词/形容词→动词/形容词 + "不"（轻声）+ 动词/形容词；动词 + "不"（本调）+ 补语→动词 + "不"（轻声）+ 补语。例如：

shuōbushuō	zǒubuzǒu	xiǎobuxiǎo	shībushī	hēibuhēi	měibuměi
说 不 说	走 不 走	小 不 小	湿 不 湿	黑 不 黑	美 不 美
xuébuxué	kànbukàn	táibudòng	tīngbudǒng	jì buzhù	xuébuhuì
学 不 学	看 不 看	抬 不 动	听 不 懂	记 不 住	学 不 会

（5）形容词的变调。

形容词的变调主要体现在形容词的重叠形式，是北京方言的一种音变现象。有以下几种形式。

① A1A2 式 + 儿化中，A2（本调）→A2（阴平），例如：

hǎohāo r	mànmān r	bǎobāo r	zǎozāo r	mǎnmān r
好 好 儿	慢 慢 儿	饱 饱 儿	早 早 儿	满 满 儿

② AB1B2 式中，B1B2（本调）→B1B2（阴平），例如：

báihuānghuāng	huǒlālā	rètēngtēng	ruǎnmiānmiān
白 晃 晃	火 辣 辣	热 腾 腾	软 绵 绵
chéndiāndiān	màntūntūn	lǎnyāngyāng	hóngtōngtōng
沉 甸 甸	慢 吞 吞	懒 洋 洋	红 彤 彤

需要指出的是并不是所有形容词重叠都要变调，习惯上不变调的 AB1B2 式形容词有：

hóngyànyàn	yuángǔngǔn	zhítǐngtǐng	è hěnhěn
红 艳 艳	圆 滚 滚	直 挺 挺	恶 狠 狠
liàngshǎnshǎn	jīncàncàn		
亮 闪 闪	金 灿 灿		

③ A1A2B1B2 式中，A2（本调）→A2（轻声）/也可不变，B1B2（本调）→B1B2（阴平），例如：

piàopiaoliāngliāng	míngmíngbāibāi	wěnwěndāngdāng	kēngkengwāwā
漂 漂 亮 亮	明 明 白 白	稳 稳 当 当	坑 坑 洼 洼
shíshízāizāi	mǎmǎhūhū	kūkū tī tī	gāngānjīngjīng
实 实 在 在	马 马 虎 虎	哭 哭 啼 啼	干 干 净 净
rè rè nāonāo	míngmíngbāibāi	zhěngzhěng qī qī	
热 热 闹 闹	明 明 白 白	整 整 齐 齐	

另外，习惯上不变调的 A1A2B1B2 式形容词有：

fèifèiyángyáng	hōnghōnglièliè	tángtángzhèngzhèng	gāngānjìngjìng
沸 沸 扬 扬	轰 轰 烈 烈	堂 堂 正 正	干 干 净 净

（6）七、八的变调

"七、八"的本调都是阴平，调值是 35。当"七、八"单念，处于词语末尾或在非去声前不变调，如：田七、腊八、七绝、八股。"七、八"变调的情况如下："七、八"（本调）+去声→"七、八"（阳平，调值35）/或不变。例如：

qīyuè	qībèi	bāyuè	bālù
七月	七倍	八月	八路

（7）"啊"的音变。

"啊"作为语气助词，位于句首时表示强烈的感叹，读"a"，如："啊，好美的景色！"；位于句尾时表示语气缓和或增加感情色彩，常受到它前面音节韵母末尾音素的影响产生不同的读音。掌握了"啊"的音变规律，在朗读时就可以做到发音自然，正确运用"啊、呀、哇、哪"这些语气词。"啊"的音变方式有以下几种：

① 前一字韵母是 a、o、e、i 或韵母末尾音素是 a、o、e、i、ê、ü 的，读作 ya，汉字可写作"呀"。例如：

shuōya	xiěya	hǎorè ya	huíjiāya	kě ài ya
说啊	写啊	好热啊	回家啊	可爱啊
gǎnxièya	zhuāyúya	zhēnqíguàiya	hǎozhǔ yì ya	dàxuěya
感谢啊	抓鱼啊	真奇怪啊	好主意啊	大雪啊

② 前一字韵母是 u 或韵母末尾音素是 u、ao、iao 的，读作 wa，汉字可写作"哇"。例如：

dúwa	duōhǎowa	chiyàowa	hǎojiǔwa	tiàowa
读啊	多好啊	吃药啊	好酒啊	跳啊

③ 前一字韵母是舌尖后元音-i（后）、卷舌元音 er 及儿化音时，读作 ra，汉字写作"啊"。例如：

这是什么事啊（shìra）？

开门儿啊（ménrra）！

满地纸啊（zhǐra）！

④ 前一字韵母末尾音素是 ng 时，读作 nga，汉字写作"啊"。例如：

你女儿真漂亮啊（liàng nga）！

她唱得多好听啊（tīng nga）！

为了新中国，冲啊（chōng nga）！

真忙啊（máng nga）！

⑤ 前一字韵母末尾音素是 n 时，读作 na，汉字可写作"哪"。例如：

多有活力的年轻人啊（rén na）！

你说得真准啊（zhǔn na）！

加油干啊（gàn na）！

这次考试真难啊（nán na）！

⑥ 前一字韵母末尾音素是-i（前）时，读作 za，汉字可写作"啊"。例如：

来北京,这是第一次啊（cìzɑ）!
我练习写毛笔字啊（zìzɑ）!
你要开公司啊（sīzɑ）!
这孩子啊（zǐzɑ）!

三、轻声

1. 轻声的含义

普通话中有一种特殊的变调现象,原本每一个汉字的音节都有一个固定的声调,可是在语流中有些音节在词或句子中失去了原有声调的调值,变成一种又轻又短,四声模糊的调子,这种现象叫作"轻声"。例如：妈妈、爸爸、哥哥、妹妹、爷爷、奶奶等。特殊是在这种变调总是根据前一个音节声调的调值决定后一个轻声音节的调值,而不论后一个音节原调调值的具体形式。

轻声作为一种变调的语音现象,一定体现在词语和句子中,因此轻声音节的读音不能独立存在。固定读轻声的单音节助词、语气词也不例外,它们的实际轻声调值也要依靠前一个音节的声调来确定。

2. 轻声的语音特性

轻声发音时,轻声音长变短,音强变弱,调值受前一个字声调的制约,没有统一的调值。是音高、音长、音色、音强综合变化的效应,但这些语音的要素在轻声音节的辨别中所起的作用的大小是不同的。语音实验证明,轻声音节特性是由音高和音长这两个比较重要的因素构成的。从音高上看,轻声音节失去原有的声调调值,变为轻声音节特有的音高形式,构成轻声调值。从音长上看,轻声音节一般短于正常重读音节的长度,甚至大大缩短,可见音长短是构成轻声特性的另一重要因素。尽管轻声音节音长很短,但它的调形仍然可以分辨,并在辨别轻声时起着不可忽视的作用。

3. 轻声的读法

普通话轻声音节的调值有以下两种形式。

（1）当前一个音节的声调是阴平、阳平、去声的时候,后一个轻声音节的调形是短促的低降调,调值为31（下面的短横表示音长短,下同）。例如：

- 阴平 + 轻声：

shī fu	zhī dao	shī zi	jiā huo	gū niang	xiū xi
师傅	知道	狮子	家伙	姑娘	休息
qīng chu	zhuō zi	bā jie	xīn si	zhuāng jia	duō suo
清楚	桌子	巴结	心思	庄稼	哆嗦

- 阳平 + 轻声：

| tóu fa | hé shang | ní qiu | luó bo | shí hou | liáng shi |
| 头发 | 和尚 | 泥鳅 | 萝卜 | 时候 | 粮食 |

pián yi	píng zi	huópo	xíng li	shítou	pópo
便宜	瓶子	活泼	行李	石头	婆婆

• 去声 + 轻声：

mùtou	kùnnan	luòtuo	yì si	piàoliang	xiàhu
木头	困难	骆驼	意思	漂亮	吓唬
dòufu	xiàohua	zàihu	kè qi	xiàngsheng	shàn zi
豆腐	笑话	在乎	客气	相声	扇子

(2) 当前一个音节的声调是上声的时候，后一个轻声音节的调形是短促的半高平调，调值为44。例如：

• 上声 + 轻声：

jǐ liang	mǎtou	yǎnjing	zuǐba	lǎoshi	mǎhu
脊梁	码头	眼睛	嘴巴	老实	马虎
jiǎngjiu	nuǎnhuo	wěndang	dǒngde		
讲究	暖和	稳当	懂得		

4. 轻声的作用

(1) 区别词性和词意的作用。

• 区别词性：

练习	liànxi	（名词）
练习	liànxí	（动词）
生气	shēngqì	（动词）
生气	shēngqi	（名词）

• 区别词意：

上头	shàngtou	指的是表示方位、上面
上头	shàngtóu	指的是表示酒的烈度
兄弟	xiōngdì	指的是哥哥与弟弟
兄弟	xiōngdi	指的是弟弟
对头	duìtóu	形容词，指的是正确合适
对头	duìtou	名词，仇敌对手

(2) 增强语句的感情色彩、节奏感。

语流中的轻声不仅可以使语句抑扬顿挫，流畅婉转，而且还增强了感情色彩，使其更容易理解。例如：花坛里的花漂亮极了！

老师讲的课那么好，你听明白了吗？

5. 轻声的规律

(1) 语气词：啊、呀、吗、吧、哇、呢、哪。例如：

说吧　哭哇　天哪　是啊　来呀　是吗　他呢

(2) 助词：着、了、过、的、地、得。例如：
我的　　仔细地　　指望着　　读得好　　说过　　对了
(3) 名词、动词叠用的后一个字。例如：
妈妈　　姐姐　　星星　　谢谢　　看看　　说说　　太太　　奶奶　　娃娃　　记记
(4) 趋向动词：上、下、来、去、住、开。例如：
穿上　　放下　　出来　　下去　　站住　　让开　　起来
(5) 方位名词、代词：上、下、里、边。例如：
桌上　　天上　　家里　　店里　　地上　　地下　　山下　　南边　　北边
(6) 后缀：子、头、么、们、儿、得、巴。例如：
儿子　　村子　　枕头　　前头　　那么　　什么　　我们
他们　　花儿　　草儿　　值得　　觉得　　下巴　　结巴
一部分双音节单纯词的第二个音节读轻声。
蛤蟆　　蚂蚱　　唠叨　　嘱咐　　掂掇　　啰嗦
(7) 口语里常用的双音节词的后一个字。例如：
大夫　　护士　　痢疾　　萝卜　　耳朵　　指甲
月季　　亲戚　　商量　　师傅　　胳膊　　出息
苍蝇　　老婆　　和气　　西瓜　　月亮　　知道
麻烦　　意思　　在乎　　篱笆　　蘑菇　　凉快

附：普通话水平测试轻声词表

爱人	巴结	把手	爸爸	白天	班子	包袱	包子	雹子	杯子
北边	被子	本钱	本事	本着	本子	鼻子	比方	鞭子	辫子
别的	别扭	脖子	不是	步子	部分	裁缝	残疾	苍蝇	叉子
长处	称呼	成分	虫子	绸子	出息	窗户	伺候	聪明	凑合
村子	答应	打扮	打发	打量	打听	大方	大意	大夫	耽误
胆子	担子	刀子	叨唠	倒腾	稻子	得了	得罪	灯笼	凳子
笛子	底下	地道	地方	弟弟	弟兄	点心	点缀	点子	碟子
钉子	东边	东西	懂得	豆腐	豆子	肚子	缎子	队伍	对付
哆嗦	多么	多少	蛾子	恶心	儿子	耳朵	法子	房子	风筝
疯子	福气	斧子	富余	盖子	甘蔗	高粱	稿子	告诉	哥哥
鸽子	胳膊	疙瘩	个子	跟头	工夫	工钱	功夫	钩子	姑姑
姑娘	骨头	谷子	故事	寡妇	棺材	关系	管子	罐头	规矩
闺女	鬼子	柜子	棍子	过去	还是	孩子	害处	含糊	好处
核桃	和尚	合同	猴子	后边	后面	后头	葫芦	糊涂	狐狸

护士	坏处	黄瓜	伙计	机灵	记得	记号	记性	夹子	家伙
价钱	架子	尖子	见识	讲究	饺子	叫唤	接着	街坊	结实
姐姐	近视	镜子	舅舅	舅母	橘子	句子	觉得	咳嗽	客气
客人	窟窿	裤子	筷子	快活	会计	宽敞	困难	喇叭	篮子
老婆	老实	老爷	姥姥	篱笆	里边	里头	栗子	利害	例子
力气	粮食	凉快	领子	笼子	路上	路子	轮子	啰唆	骡子
萝卜	逻辑	骆驼	妈妈	麻烦	码头	马虎	买卖	馒头	帽子
玫瑰	眉毛	妹妹	迷糊	棉花	免得	面子	明白	名字	摸索
蘑菇	模糊	木匠	木头	哪个	那边	那个	那么	奶奶	南边
脑袋	脑子	你们	念头	暖和	拍子	牌子	盘子	胖子	朋友
脾气	屁股	便宜	漂亮	瓶子	婆婆	葡萄	欺负	妻子	旗子
前头	钳子	茄子	亲戚	清楚	曲子	圈子	拳头	热闹	人家
人们	任务	认得	认识	日子	嗓子	嫂子	沙子	傻子	筛子
扇子	上边	上头	烧饼	勺子	舌头	舍得	身份	身子	什么
神气	神仙	婶子	生意	牲口	绳子	省得	狮子	石头	时候
使得	势力	是的	收拾	叔叔	梳子	舒服	疏忽	书记	刷子
爽快	说法	斯文	算了	算盘	随着	岁数	孙子	他们	它们
她们	踏实	太太	态度	毯子	特务	体面	条子	亭子	痛快
头发	头子	徒弟	娃娃	袜子	外边	外头	委屈	尾巴	味道
位置	为了	温和	蚊子	稳当	窝囊	我们	屋子	西边	下边
下面	先生	显得	箱子	乡下	相声	消息	晓得	小姐	小子
笑话	谢谢	心里	心思	兄弟	袖子	絮叨	靴子	学问	鸭子
燕子	养活	样子	要么	要是	钥匙	爷爷	衣服	衣裳	椅子
已经	意思	蝇子	影子	应酬	应付	用处	有的	冤枉	院子
云彩	在乎	咱们	早晨	怎么	扎实	丈夫	招呼	照应	折腾
折磨	这个	这么	真是	枕头	芝麻	知道	知识	值得	侄子
指甲	指头	志气	种子	周到	珠子	竹子	主意	柱子	庄稼
桌子	嘴巴	琢磨	鞍子	鹌鹑	案子	扒拉	靶子	把子	摆布
摆设	稗子	扳手	扳子	板子	梆子	帮手	帮子	膀子	棒槌
棒子	包涵	豹子	刨子	槟子	辈分	辈子	锛子	蹦跶	荸荠
扁担	便当	憋闷	槟子	饼子	拨拉	拨弄	拨子	簸箕	簿子
财主	槽子	册子	茬子	岔子	权子	掺和	铲子	颤悠	肠子
场子	厂子	蛏子	池子	冲子	抽搭	出落	除了	锄头	畜生
椽子	船家	窗子	锤子	刺猬	错处	褡裢	搭理	奔拉	打点
打磨	打手	呆子	袋子	单子	耽搁	掸子	道士	嘀咕	底细

底子	掂掇	掂量	点拨	垫子	调子	兜肚	头蓬	嘟噜	嘟囔
犊子	段子	驮子	翻腾	方子	妃子	痱子	风水	风头	奉承
缝子	麸子	扶手	福分	斧头	干巴	干系	杆子	干事	杠子
镐头	告示	蛤蜊	格子	公家	弓子	勾搭	估摸	呱嗒	褂子
官司	管教	罐子	逛荡	归置	哈欠	蛤蟆	寒碜	汉子	行家
号子	盒子	横竖	猴子	厚道	厚实	胡琴	糊涂	花哨	划子
滑溜	怀抱	环子	幌子	晃荡	晃悠	活泛	活计	火候	火烧
叽咕	集子	忌妒	嫁妆	架势	煎饼	奸细	剪子	茧子	见识
毽子	将就	缰绳	娇嫩	搅和	轿子	结巴	疖子	姐夫	戒指
芥末	金子	驹子	卷子	开通	坎子	考究	磕打	坑子	空子
口袋	口子	扣子	苦处	苦头	款子	筐子	框框	框子	亏得
阔气	拉扯	拉拢	喇嘛	来路	来头	懒得	烂糊	浪头	牢靠
累赘	李子	里子	厉害	利落	利索	莲蓬	了得	料子	菱角
篓子	落得	麻利	哨子	少爷	身量	神甫	婶婶	生分	师父
师爷	尸首	虱子	石榴	拾掇	时辰	使唤	柿子	式子	似的
首饰	瘦子	寿数	叔伯	舒坦	熟识	数落	黍子	属相	摔打
说合	说和	思量	私房	松动	松快	俗气	素净	嗓子	算计
随和	穗子	榫头	榫子	梭子	台子	抬举	瘫子	摊子	坛子
探子	绦子	桃子	套子	藤子	梯子	踢腾	蹄子	嚏喷	屉子
添补	甜头	挑剔	挑子	笤帚	帖子	铁匠	停当	筒子	头里
头面	秃子	吐沫	推子	托子	坨子	瓦匠	外甥	丸子	腕子
王八	王斧	网子	忘性	围子	苇子	位子	窝棚	痦子	悟性
稀罕	席子	瞎子	虾米	匣子	下巴	下头	吓唬	鲜亮	想头
响起	相公	楔子	蝎子	歇息	鞋匠	薪水	芯子	麦子	卖弄
忙活	门路	门面	眯缝	密实	苗条	名堂	磨蹭	蘑菇	沫子
模子	牡丹	奈子	难处	难为	蛹子	攮子	脑儿	闹哄	闹腾
内人	能耐	呢子	腻烦	腻味	腻子	黏糊	年成	年月	捻子
碾子	念叨	娘家	娘娘	镊子	扭搭	扭捏	纽子	奴才	女人
女婿	疟疾	挪动	耙子	笆子	拍打	牌楼	盘缠	盘算	盼头
袍子	狍子	炮仗	喷子	棚子	坯子	皮匠	皮实	皮子	疲沓
痞子	劈柴	篇幅	篇子	片子	骗子	票子	苤蓝	姘头	婆家
筐箩	铺盖	谱子	铺子	漆匠	起子	气性	卡子	签子	钎子
敲打	雀子	俏皮	勤快	轻省	亲家	痫子	嚷嚷	瓢子	热乎
热和	褥子	软和	洒脱	塞子	扫帚	色子	山药	赏钱	上司
烧锅	烧卖	芍药	腥气	猩猩	性子	秀才	秀气	须子	絮烦

玄乎	楦子	丫头	牙碜	牙口	衙门	哑巴	雅致	烟筒	烟子
胭脂	严实	砚台	央告	秧歌	腰子	吆喝	舀子	疟子	鹞子
椰子	姨夫	益处	银子	饮子	引子	印子	缨子	硬朗	油水
油子	种子	芋头	冤家	园子	辕子	约莫	月钱	月子	匀溜
匀实	杂碎	崽子	再不	簪子	凿子	早上	灶火	造化	眨巴
棚栏	诈唬	宅子	寨子	毡子	獐子	张罗	幛子	丈母	丈人
帐篷	帐子	招牌	招子	找补	找头	罩子	兆头	折子	褶子
榛子	针脚	针头	疹子	阵子	症候	支吾	支子	枝子	栀子
直溜	盅子	周正	肘子	蜘蛛	主子	转悠	赚头	桩子	壮实
状元	状子	锥子	坠子	镯子	字号	粽子	租子	祖宗	作坊
座子	做作								
爱面子	不好意思	不由得	不是吗	不在乎	顾不得	怪不得			
好样的	恨不得	积极性	看起来	看样子	老大爷	老人家			
老太太	两口子	没关系	没什么	没说的	没意思	碰钉子			
什么的	为什么	有时候	怎么着	这么着	真是的	碍面子			
暗地里	巴不得	拔罐子	摆架子	半辈子	抱委屈	背地里			
笔杆子	草垫子	茶缸子	撑门面	成气候	秤盘子	抽工夫			
臭豆腐	出岔子	出风头	出乱子	出毛病	串亲戚	凑热闹			
搭架子	打哈哈	打屁股	打算盘	打主意	大师傅	大猩猩			
大丈夫	带徒弟	丢面子	冻豆腐	兜圈子	翻跟头	高帽子			
狗腿子	够朋友	过日子	汗珠子	好家伙	黑猩猩	胡萝卜			
坏东西	割出去	酱豆腐	开口子	空架子	扣帽子	哭鼻子			
拉肚子	拉关系	了不得	卖力气	拿架子	拿主意	那么着			
闹别扭	闹肚子	闹饥荒	闹乱子	闹脾气	牛脖子	牛脾气			
扭秧歌	拍巴掌	跑码头	泡蘑菇	炮筒子	赔不是	皮夹子			
皮桶子	卡脖子	翘尾巴	穷棒子	绕圈子	绕弯子	人贩子			
软刀子	腮帮子	嫂夫人	山核桃	扇骨子	上年纪	上岁数			
少奶奶	使不得	使性子	手指头	书呆子	耍嘴皮子	涮锅子			
死对头	台柱子	探口气	糖葫芦	掏窟窿	套近乎	贴饼子			
捅娄子	腿肚子	外孙子	西葫芦	闲工夫	小老婆	小圈子			
小日子	小时候	小叔子	小算盘	小姨子	小意思	行方便			
压轴子	眼珠子	洋鬼子	洋嗓子	洋娃娃	腰杆子	药罐子			
药捻子	药引子	要不得	要面子	夜猫子	姨太太	印把子			
用工夫	由不得	有日子	怨不得	栽跟头	占便宜	找麻烦			
直性子	转关系	装糊涂	装门面	装样子	钻空子	坐月子			

四、儿化

1. 儿化的含义

普通话是以北方话为基础的，儿化现象则是北方话的特点之一。然而何为儿化现象呢？普通话中的"儿，er"，是一个卷舌韵，自成音节，在口语中常与前面的音节流利地连读产生音变，失去了独立性，使前面音节的韵母卷舌发音，这个韵母叫作"儿化韵"，这种现象叫"儿化"现象。

2. 儿化音的作用

儿化在表达词语的语法意义和修辞色彩上都起着重要的作用。

（1）儿化具有区别词性的作用，实例如下。

尖（形容词）：尖利—尖儿（名词）：事物的顶端

盖（动词）：蒙上—盖儿（名词）器物上部有遮蔽作用的东西

个（量词）：几个—个儿（名词）大小

（2）儿化具有区别词义的作用，实例如下。

头（名词）：脑袋—头儿（名词）带头人，领导人。

白面（名词）面粉—白面儿（名词）毒品

眼（名词）眼睛—眼儿（名词）窟窿

（3）区别同音词的作用，如：

拉练—拉链儿；没花—梅花儿；铁矿—铁框儿。

（4）表示亲切、喜爱、讨厌的感情色彩，如：

女孩儿　好玩儿　宝贝儿　老头儿　混球儿　败家子儿

（5）表示细小、少、轻微的状态和性质，如：

一会儿　小花儿　棋子儿　门缝儿　一点儿　冰棍儿

3. 儿化韵的音变规律

韵母儿化后，读音会变化。具体变化情况根据韵母的韵腹和韵尾而定，主要有以下规律。

（1）韵母和韵尾为 a、o、e、ê、u 时（包括 iao、ao、a ua ao ou uo），韵母不变，后面直接加 r。例如：

nà r	dāobà r	dòuyá r	shāngē r	gāogè r	fēngchē r	xì mò r
那儿	刀把儿	豆芽儿	山歌儿	高个儿	风车儿	细末儿
shànggōu r	qiú r	zǒudiào r	liǎngkǒu r	zhǔjué r	fúhào r	
上钩儿	球儿	走调儿	两口儿	主角儿	符号儿	
màimiáo r	dǎqiú r	xiàohuà r	cǎogǎo r	yóuhuà r		
麦苗儿	打球儿	笑话儿	草稿儿	油画儿		

（2）韵母是 i、ü 时，先加"e"使舌位降低，再加 r，i、ü 保留，如：

jī—jī er   qǔ—qǔ er
鸡儿   曲儿

xiǎomǐ r   mǐ lì r   yǒuqù r   xiǎoqǔ r   chū qì r   jīnyú r   wányì r   xiǎoyǔ r
小米儿   米粒儿   有趣儿   小曲儿   出气儿   金鱼儿   玩意儿   小雨儿

（3）韵母是-i时，先去韵母，再加er，如：字儿zì—zèr、事儿shì—shèr

tóng zǐ r   xì cí r   xǐ zì r   guǒzhī r   tiě sī r   hǎoshì r
铜子儿   戏词儿   喜字儿   果汁儿   铁丝儿   好事儿

（4）韵母是i、-n时，去掉韵尾再加r，如：眼儿yǎn—yǎr、饭馆儿guǎn—guǎr

xiǎohái r   bīnggùn r   shùgēn r   yī kuài r   sānlún r   zhàopiān r
小孩儿   冰棍儿   树根儿   一块儿   三轮儿   照片儿

qiàomén r   báigān r   zhōngjiān r   nǎizuǐ r   dǎdǔn r   nàmèn r
窍门儿   白干儿   中间儿   奶嘴儿   打盹儿   纳闷儿

（5）韵母是ang、eng、ong的，去掉ng，把元音鼻化，再加r，如：
瓤 rang—rãr

mìfēng r   jìngkuàng r   bǎndèng r   méikòng r   gǒuxióng r
蜜蜂儿   镜框儿   板凳儿   没空儿   狗熊儿

yàofāng r   ménfèng r   hútòng r
药方儿   门缝儿   胡同儿

（6）韵母是in、ing、ün的，去掉鼻韵尾，然后加er，如：
劲儿 jìn—jièr

jīn r   shǒuyìn r   jiǔpíng r   dǎlíng r   tú dīng r
今儿   手印儿   酒瓶儿   打铃儿   图钉儿

qún r   gǎnmíng r   dǎmíng r   bèixīn r   shāoxìn r
裙儿   赶明儿   打鸣儿   背心儿   捎信儿

附：普通话水平测试儿化词表

包干儿	冰棍儿	差点儿	大伙儿	兜儿	干活儿	光棍儿
好好儿	好玩儿	画儿	活儿	金鱼(儿)	聊天儿	没事儿
面条儿	墨水儿	纳闷儿	闹着玩儿	年头儿	纽扣(儿)	球(儿)
圈(儿)	玩意儿	馅儿	小孩儿	烟卷儿	一个劲儿	一会儿
一块儿	一下儿	一点儿	有点儿	挨个儿	八哥(儿)	拔尖儿
白班儿	白醋儿	白干儿	摆摊儿	败家子儿	板擦儿	饱嗝儿
爆肚儿	被窝儿	本色儿	奔头儿	鼻梁儿	病号儿	不得劲儿
岔道儿	唱片儿	出圈儿	串门儿	春卷(儿)	答苍儿	打盹儿
打鸣儿	打杂儿	单弦儿	旦角儿	刀把儿	刀片儿	调门儿
顶牛儿	顶事儿	豆腐干儿	豆腐脑儿	豆角儿	豆芽儿	个头儿

够本儿	够劲儿	蝈蝈儿	锅贴儿	混血儿	开刃儿	坎肩（儿）
口哨儿	裤衩儿	裤兜儿	快板儿	老伴（儿）	老本（儿）	愣神儿
脸蛋儿	哪会儿	哪儿	纳闷儿	那会儿	那么点儿	那儿
奶嘴（儿）	泥人（儿）	拈阄儿	捻捻转儿	鸟儿	藕节儿	胖墩儿
刨根儿	跑腿儿	皮板儿	铺盖卷儿	蒲墩儿	起名儿	枪子儿
巧劲儿	窍门（儿）	球儿	蛐蛐儿	绕远儿	人儿	人影儿
人缘儿	桑葚儿	嗓门儿	傻劲儿	扇面儿	上座儿	收摊儿
树阴凉儿	耍心眼儿	说头儿	死扣儿	死心眼儿	送信儿	蒜瓣儿
碎步儿	铜子儿	头头儿	透亮儿	围脖儿	围嘴儿	下本儿
线轴儿	响儿	相片儿	小辫儿	小曲儿	小心眼儿	邪门儿
行李卷儿	烟嘴儿	沿边儿	腰板儿	咬字儿	爷们儿	一丁点儿
一个劲儿	一股劲儿	一股脑儿	一溜儿	一顺儿	姨儿	音儿
应名儿	影片儿	有门儿	杂拌儿	早早儿	掌勺儿	找茬儿
照面儿	照片儿	这儿	针鼻儿	中不溜儿	中间儿	抓阄儿
爪儿	准儿	走道儿	走调儿	走神儿	走味儿	做活儿

第二节 普通话音变综合训练

一、变调发音训练

1. 训练目标

掌握发音基本变调。

2. 训练方法

教师范读例字，学生注意教师的发音。

3. 训练材料

练习1：朗读材料

（1）上声变调。

① 上声+上声：

许可　土产　铁甲　死守　爽朗　谱写　也许
所以　影响　所有　只好　引起　管理　指导

② 上声+非上声：

眼光　展开　武装　主观　主张　纺织　本身
可能　以前　祖国　仿佛　牡丹　打听　鬼子

③ 上声+上声+上声：

手表厂　鲁总统　引导法　假老虎　考古组　饮水点

马首领　　李省长　　洗染组　　女选手

(2) 去声的变调。

告诉　　确定　　例会　　意义　　送去　　定论

(3) "一"的变调。

① "一" + 去声：

一旦　　一道　　一动　　一定　　一半　　一并　　一带
一度　　一概　　一共　　一贯　　一面　　一气　　一切

② "一" + 非去声：

一应　　一早　　一朝　　一总　　一发　　一晃　　一经
一举　　一口　　一生　　一时　　一览　　一行

(4) "不"的变调。

"不" + 去声：

不够　　不顾　　不过　　不会　　不适　　不遂　　不屑
不逊　　不幸　　不外　　不厌　　不断　　不对　　不忿

(5) 形容词的变调。

红彤彤的　　饱饱儿的　　沉甸甸的　　好好儿的　　软绵绵的

练习2：上声变调发音练读

(1) 上声字单字发音练读。

把　柄　矮　保　采　打　改　饱　耳　场　本　法　早　狠　抵　解　反　好　简
表　散　草　补　子　审　警　点　手　眼　久　惋　古　转　损　马　往　朗　党
稿　委　展　与　岛　雅　阐　表　版　朴　走　你　甩　想　海　嘴　铁　晓　一
起　宽　广　胆　历　指　史

(2) 上声字在词语里或句子中发音练读。

① 上声 + 上声：

诊所　转角　准予　组长　只管　语法　小姐　采取　老板　赶紧　往往　尽管
首长　手指　可以　品种　本领　选举　理解　勇敢　打倒　彼此　厂长　小组
表演　水果　友好　古老　雨水　美好　勉强　保守　广场　女子　岛屿　领导
减产　考古　鼓掌　导演　赌本　首领　勉强　捆绑　苦恼　辗转　稳妥　舞女

② 上声 + 非上声：

恳求　所得　主席　语文　底片　鼓励　岗位　美术　马路　小数　展现　酒精
早期　语音　产生　指挥　统一　紧张　打击　普通　起飞　本来　感情　小时
以来　感觉　总结　改革　举行　保持　演员　海洋　语言　警察　主义　准备
伟大　只要　感到　只是　整个　马上　总是　理论　表示　使用　土地　主任
改变　广大　反映　美丽　讨论　掌握　保证　武器　赶快　巩固　眼泪　宇宙
广泛　考虑　我们　你们　懂得　显得　耳朵　尾巴　老爷　脑子　老实　奶奶

姐姐	嫂子	武装	整天	远方	体贴	损失	演说	起伏	企图	履行	紧张
改编	广播	打针	统一	起源	抢劫	考核	以来	免除	改革	主食	笼罩
屡次	尽快	锦绣	考虑	怎样	好书	火车	老师	体贴	小说	首先	指挥
普通	主观	本身	有些	眼光	武装	纺织	柳州	尾巴	脑袋	耳朵	姐姐
斧头	老爷	椅子	老实	矮子	奶奶	老婆	马虎	口袋	伙计	嘴巴	喇叭

③ 上声 + 上声 + 上声：

水彩/笔	手写/体	洗染/组	草稿/纸	选举/法	展览/馆	蒙古/语
洗脸/水	虎骨/酒	管理/组	跑马/表	勇敢/者	耍/笔杆	纸/雨伞
请/允许	好/总理	鲁/厂长	很/理想	小/两口	老/保守	小/拇指
孔/乙己	小/海岛	冷/处理				

（3）三个以上的上声音节相连时。

永远/友好　　老李/想走　　请/往北/走　　我很/了解/你

咱俩/永远/友好　　给你/两碗/炒米粉　　展览馆/里/有/好/几百种/展览品

（4）朗读下面的句子或片段，注意需要变调的地方。

① 一切反动派都是纸老虎。

② 两国人民是永远友好下去，还是挑起事端燃起战火？

③ 柳厂长批评了管理组的做法，要求他们整改。

④ 有些演讲者全神贯注在自己的讲稿上，从来不正视听众一眼。肯定地说，这样的演讲者在演讲的当天，就会被听众忘掉。

⑤ 还有些演讲者从头到尾用一种语调读自己的讲稿。这样的演讲根本不会被人家接受，只不过是麻痹听众的注意力，使听众昏昏欲睡。

⑥ 养鸟是我的一个癖好。与鸟为伴，乐无他求。鸟有灵性，心可与人相通，此乃爱之根源。

⑦ 今晚百花广场有几百人表演的大型舞蹈史诗。

⑧ 这是五百块钱，你去买两百箱无尘粉笔。

（5）朗读下面两首诗歌，注意下划横线的词语的变调。

诗歌一

也　许
——答一位读者的寂寞

也许我们的心事

总是没有读者

也许路开始已错

结果还是错

也许我们点起一个个灯笼

又被大风一个个吹灭
也许燃尽生命烛照别人
身边却没有取暖之火
也许泪水流尽
土地更加肥沃
也许我们歌唱太阳
也被太阳歌唱着
也许肩上越是沉重
信念越是巍峨
也许为一切苦难疾呼
对个人的不幸只好沉默
由于不可抗拒的召唤
我们没有其他选择

诗歌二

呵，母亲
你苍白的指尖理着我的双鬓，
我禁不住像儿时一样
紧紧拉住你的衣襟。
呵，母亲，
为了留住你渐渐隐去的身影，
虽然晨曦已把梦剪成烟缕，
我还是久久不敢睁开眼睛。
我依旧珍藏着那鲜红的围巾，
生怕浣洗会使它
失去你特有的温馨。
呵，母亲，
岁月的流水不也同样无情？
生怕记忆也一样褪色呵，
我怎敢轻易打开记忆的画屏？
为了一根刺我曾向你哭喊，
如今戴着荆冠，我不敢，
一声也不敢呻吟。
呵，母亲，
我常悲哀地仰望你的照片，

纵然呼唤能够穿透黄土，
我怎敢惊动你的安眠？
我还不敢陈列这爱的礼品，
虽然我写了很多支歌，
给花、给海、给黎明。
呵，母亲，
我的甜柔深谧的怀念，
不是激流，不是瀑布，
是花木掩映下唱不出歌声的古井。

练习3："一"和"不"的变调

（1）"一"和"不"读原调。

始终如一　　第十一排三十一号座　　一二一　　统一　　第一　　七·一
不，偏不！她刚才高兴不？

（2）在阴平、阳平、上声前变读为去声。

- 第一组

一头　一直　一行　一时　一连　一齐　一团　一程　一席　一统　一手
一体　一起　一总　一张　一边　一些　一封　一方　一家　一般　一根
一盒　一锅　一车　一吨　一筐　一拍　一条　一人　一举　一己　一本
一晃　一里　一口　一脸　一嘴　一早　一层

- 第二组

不读　不成　不曾　不凡　不符　不及　不祥　不然　不行　不合　不想
不买　不矮　不远　不齿　不等　不多　不说　不吃　不高　不安　不妨
不堪　不公　不屈　不惜　不单　不听　不归　不同　不来　不能　不法
不轨　不久　不朽　不许　不准　不好　不美

- 第三组

一览表　一品红　一揽子　一把抓　一口气　一场空　一锅粥　一清早
一身胆　一班人　一窝蜂　一条龙　一年生　一言堂　一席话　一团糟
一而再　一元钱　一点通　一笔账

- 第四组

不相干　不周到　不规则　不成材　不得已　不足道　不成文　不得了
不名誉　不由得　不着急　不明白　不倒翁　不等号　不起眼　不敢动
不得劲　不准说　不满意　不想去

- 第五组

一鸣惊人　一如既往　一团和气　一贫如洗　一模一样　一尘不染
一蹶不振　一筹莫展　一劳永逸　一毛不拔　一丝不苟　一朝一夕

一衣带水　一知半解　一刀两断　一身是胆　一丘之貉　一帆风顺
一针见血　一分为二　一来二去　一年到头　一穷二白　一盘散沙
一举两得　一马当先　一手遮天　一枕黄粱　一往无前　一马平川
一网打尽　一语道破

● 第六组
不学无术　不言而喻　不即不离　不遗余力　不毛之地　不可救药　不可思议
不可开交　不左不右　不可一世　不多不少　不知所措　不慌不忙　不清不白
不约而同　不劳而获　不前不后　不平则鸣　不谋而合　不寒而栗　不了了之
不管不顾　不打自招　不假思索　不闻不问

(3) 在去声前变读为阳平。

● 第一组
一道　一半　一并　一定　一度　一律　一再　一贯　一切
一部　一辆　一块　一段　一次　一亿　一扇　一丈　一趟
一粒　一架　一去　一寸　一万　一对　一个　一瞬　一概

● 第二组
不便　不必　不对　不断　不利　不快　不妙　不幸　不会　不料
不测　不愧　不要　不错　不够　不顾　不但　不怕　不论　不过
不用　不屑　不逊　不外　不肖　不适　不信　不在

● 第三组
一辈子　一系列　不要紧　不动产　不像话　不自量　不道德
不敢动　不锈钢　不送气

● 第四组
一技之长　一诺千金　一日千里　一曝十寒　一意孤行　一箭双雕　一落千丈
一脉相传　一面之词　一目十行　一窍不通　一事无成　一气呵成　一念之差
一泻千里　一视同仁　不计其数　不见经传　不置可否　不义之财　不动声色
不共戴天　不亢不卑　不上不下　不屈不挠

(4) 夹在词语中间读轻声。
看一看　走一走　说一说　跳一跳　好不好　行不行
跑不跑　差不多　睡不着　打不开

(5) 句子和短文练习。
① 星期一一大早，我就看完了一本书。
② 你要不来，我也不去。信不信由你。
③ 不了解情况就不要乱说，更不应该随便下结论。
④ 因为当初一念之差，导致现在一事无成。
⑤ 如果一定要走，也应该把理由说一说。

⑥ 我不是不想去，是不能去。

⑦ 这不假思索的一番话，搞得大家不尴不尬。

⑧ 一座座青山紧相连，一朵朵白云绕山间，一片片梯田一层层绿，一阵阵歌声随风传。谁不说俺家乡好？

⑨ 我得不到答复，不得已只好待在小屋里。不久，他们送来了吃的，也不知道是些什么东西。本不想吃，可肚子不答应，勉强吃了一点儿，不甜不咸，不酸不辣，说不出是什么味儿。这样过了几天，每天不是听海浪的呼啸，就是遥望大海，不仅没人能够交谈，也不敢随便走动。

⑩ 冬冬不小心打碎了一个花瓶，他吓了一跳，因为这个花瓶一向是爸爸最喜欢的，可爸爸见了不动声色，这使冬冬更不知所措。妈妈不慌不忙地走过来，安慰冬冬说："花瓶不是你故意打碎的，妈妈不批评你；不过，以后做事情可不要再粗心了。"冬冬歉意地点点头。爸爸这时也风趣地说："旧的不去，新的不来嘛！"冬冬心头的石头落了地，连连向爸爸妈妈表示说："以后我再也不粗心大意不管不顾了。"

（6）诗歌练习。

这也是一切

——答一位青年朋友的《一切》

不是一切大树
都被暴风折断；
不是一切种子
都找不到生根的土壤；
不是一切真情
都流失在人心的沙漠里；
不是一切梦想
都甘愿被折掉翅膀
不，不是一切
都像你说的那样！
不是一切火焰
都只燃烧自己
而不把别人照亮；
不是一切星星
都仅指示黑夜
而不报告曙光；
不是一切歌声
都掠过耳旁

而不留在心上。
不，不是一切
都像你说的那样！
不是一切呼吁都没有回响；
不是一切损失都无法补偿；
不是一切深渊都是灭亡；
不是一切灭亡都覆盖在弱者头上；
不是一切心灵
都可以踩在脚下，烂在泥里；
不是一切后果
都是眼泪血印，而不展现欢容。
一切的现在都孕育着未来，
未来的一切都生长于它的昨天。
希望，而且为它斗争，
请把这一切放在你的肩上。

练习4：形容词的变调

（1）AAB 式的读法：读原调。

| 花花的 | 松松的 | 美美的 | 白白的 | 黄黄的 | 薄薄的 | 圆圆的 | 碎碎的 |
| 红红的 | 脆脆的 | 亮亮的 | 热热的 | 轻轻地 | 狠狠地 | | |

（2）ABB 式的读法：都读原调。

美滋滋	亮晶晶	干巴巴	傻乎乎	白生生	病歪歪	汗津津	乐融融
臭烘烘	金闪闪	泪盈盈	红艳艳	白皑皑	乐陶陶	黄灿灿	气昂昂
白茫茫	孤零零	黑沉沉	空落落	喜洋洋	赤裸裸	赤条条	恶狠狠
空荡荡	直挺挺	光闪闪	雾沉沉	圆鼓鼓	圆滚滚	空洞洞	暖融融
泪涟涟	平层层	明晃晃	慢腾腾	红扑扑	轰隆隆		

下列词语一般把 BB 部分改读为阴平：

| 绿油油 | 笑吟吟 | 沉甸甸 | 直瞪瞪 | 文绉绉 | 亮铮铮 | 骨碌碌 |

（3）AABB 式的读法：读原调。

安安静静	甜甜蜜蜜	严严实实	漂漂亮亮	粗粗壮壮	干干巴巴
敲敲打打	轻轻松松	恩恩爱爱	匆匆忙忙	大大方方	规规矩矩
安安全全	花花绿绿	松松爽爽	清清楚楚		

二、语气词"啊"的音变训练

1. 训练目标

掌握正确的发音方法。

2. 训练方法

教师规范朗读，学习注意教师的发音。

3. 训练材料

练习1：听读训练

| 快爬呀 | 阿伯呀 | 好苦哇 | 喝酒哇 | 别哭哇 | 多蓝哪 | 老天哪 | 党啊 |
| 儿子啊 | 有刺啊 | 快写呀 | 小子啊 | | | | |

练习2：词语中啊的发音练读

大哥呀	看戏呀	吃鱼呀	儿呀	回家呀	快刷呀	三万哪	太圆哪
快走哇	多好哇	大叫哇	大嫂哇	买药哇	这样啊	小王啊	好冷啊
种子啊	血丝啊	一支啊	可耻啊	考试啊	写诗啊	烤火呀	树叶呀
大雪呀	尘埃呀	好怪呀	好黑呀	乌龟呀	好笨哪	快问哪	有信哪
真俊哪	老翁啊	真行啊	别动啊	好穷啊	写字啊	下次啊	老四啊
就是啊	老师啊	好吃啊	快织啊				

练习3：句子中啊的发音练读

（1）千万注意啊！

（2）这里的条件真好啊！

（3）这是金丝猴儿啊！

（4）这是谁啊？

（5）真可爱啊！

（6）好大的雨啊！

（7）是他啊！

（8）快，吃西瓜啊！

（9）真多啊！

（10）这是什么车啊？

（11）大家一起学啊！

（12）身上这么多土啊！

（13）在哪儿住啊？

（14）大家跳啊！

（15）这是一件大事啊！

（16）快开门儿啊！

（17）他在写字啊。

（18）你去过几次啊？

（19）你才十四啊！

（20）大家加油干啊！

（21）怎么办啊？

(22) 这么沉啊!

(23) 她的歌声多好听啊!

(24) 同志们,冲啊!

练习4:短文中啊的发音练读

- 第一组

甲:你去哪儿啊?

乙:去图书馆啊。

甲:现在才七点半,还没开门啊!

乙:是啊,我怎么忘了!

甲:先去报栏看看吧,最近足球赛事很多啊!

乙:好啊,一起去啊。

- 第二组

甲:这是什么啊?

乙:吃的东西! 面包啊,香肠啊,饮料啊,西瓜啊,瓜子啊,应有尽有啊!

甲:今天我们要大吃一顿啊!

乙:是啊,给你好好庆贺庆贺啊!

甲:给我庆贺什么啊?

乙:今天是你的生日啊! 你怎么忘了?

- 第三组

甲:人的欲望啊,真是没有止境。

乙:你又在发什么感叹啊?

甲:我正在看戴厚英的《人啊,人》这部小说。

乙:这小说和"人的欲望"有什么关系啊?

甲:当然有啊! 你看了作品之后,也会有同感的。

- 第四组

甲:你怎么乱放报纸啊?

乙:不放这儿,放哪儿啊?

甲:你往柜子里放啊,那儿有的是地方。

乙:好大的脾气啊! 好好好,我拿走就是了。

- 第五组

甲:这件衣服好漂亮啊!

乙:它花了我半个月的工资啊!

甲:是吗? 这么贵啊?

乙:你看这衣服上印的字啊,是进口货!

甲:这可骗不了我,这明明是英文的"中国制造"啊!

乙：啊？
- 第六组

他这时高兴得不知说什么好啊！他还说什么呢？人类的语言的确有不够表达情感的时候……生宝觉得生活多么有意思啊！太阳多红啊！天多蓝啊！庄稼人多可爱啊！他心里产生了一种向前探索的强烈欲望。

- 第七组

是啊，我们有自己的祖国，小鸟也有它的归宿，人和动物都是一样啊，哪儿也不如故乡好！

- 第八组

太阳他有脚啊，轻轻悄悄地挪移了……但不能平的，为什么偏白白走这一遭啊？

三、轻声的发音训练

1. 训练目标

掌握正确的轻声发音技巧。

2. 训练方法

要求：教师规范朗读，学习注意教师的发音。

3. 训练材料

练习1：听读训练

（1）非上声（阴平、阳平、去声）+轻声。

吓的　桌子　凳子　漂亮　先生　学生　谁的　畜生　他的　聪明　头发　房子

（2）上声音节+轻声。

嘱咐　马虎　我的　耳朵　姐姐　斧子　老实　口袋

练习2：轻声词语的发音练读

原子	包子	鞭子	子弟	叉子	子宫	子女	村子	刀子	钉子	疯子	鸽子
子孙	钩子	子夜	電子	鼻子	脖子	才子	虫子	绸子	笛子	菜子	碟子
蛾子	臣子	儿子	本子	赤子	尺子	胆子	点子	电子	斧子	稿子	盼头
馒头	前头	拳头	埋头	前头	眉头	墙头	舌头	石头	念头	甜头	镐头
镢头	巴结	巴黎	苍蝇	苍茫	称呼	打击	完全	出息	真正	聪明	美好
理想	耽误	唠叨	出席	灯笼	灯会	优越	东边	恐怖	裁缝	听辨	音和
发音	训练	谷子	公子	管子	担子	莲子	稻子	凳子	逆子	豆子	女子
肚子	盖子	棋子	柜子	鞍子	松子	太子	天子	扳子	梆子	帮子	仙子
车子	窗子	芋头	赚头	窝头	山头	针头	丫头	钟头	跟头	罐头	后头
浪头	桦头	锄头	来头	歌颂	领导	打扮	根本	告别	打量	生产	打听
倒腾	报酬	刺激	先进	霎时	大方	年轻	林木	大意	重新	安心	地道
岁数	圆圈	动静	兵器	帮助	队伍	满意	告诉	鬼子	辫子	瓜子	步子

练习3：轻声在句子中的发音练习

（1）小姑娘的钥匙弄丢了。

（2）这件事情办起来很困难。

（3）他的胳膊受伤了，不能动弹。

（4）在海边放风筝真有意思

（5）这种菌类的名字叫蘑菇。

（6）既是朋友，怎么见面连个招呼都不打？

（7）我们要爱惜粮食，不要浪费。

（8）他的耳朵听不见。

（9）请你帮我打听一件事情。

（10）我们在商量怎么把这个消息告诉他。

（11）我很佩服小李，他出的主意总是非常出人意料。

（12）这个农家小院被一圈篱笆围着，院子里种了很多葫芦，还有一棵核桃树。

（13）这是我刚做的馒头，你先尝尝，好吃再买，怎么样？不错吧？这可是下了工夫的，做买卖可得长远打算，不能贪一时的小便宜。

（14）人体的很多部位的名称都要读成轻声：头发、耳朵、眉毛、眼睛、鼻子、嘴巴、舌头、胳膊、指甲等。

（15）天真冷，冻得我直哆嗦，耳朵和鼻子都像要冻掉了。眉毛、头发上挂了一层霜，嘴巴好像也张不开了，连招呼都懒得和人打。

练习4：轻声在句子中的发音练习

读下列句子，注意词语在读轻声和不读轻声时区别词性或词义的作用，练习时注意分清这些词的轻声和非轻声的不同用法。

（1）她的"针线"活儿做得不错。

请把"针线"借我用一下。

（2）从"背面儿"看这床"被面儿"更好看。

（3）他"本事"可真大，把与"本事"有牵连的人都一一查清了。

（4）小张的"买卖"做砸了。

这里"买卖"公平，童叟无欺。

（5）她掀开"帘子"往里一看，丈夫已把"莲子"剥完了。

（6）他太"大意"了，把"段落大意"都写错了。

（7）我们"兄弟"不在家。

我们"兄弟"之间感情很深。

（8）这本书"多少"钱买的？

干工作不要计较"多少"。

（9）云岭地方不大，但地方文艺搞得很有特色。

（10）他讲话的大意就是这些吗？

你再想想，千万别大意，漏掉了重要内容就麻烦了。

（11）政治部的"干事"陆小林"干事"可真精明！

（12）这本书已"编辑"好了，但"编辑"还是要求我们再做一次修改。

（13）沿着"东西"街走，你准能买到这"东西"。

（14）他正在"琢磨"如何使这块璞玉经过"琢磨"之后大放异彩。

（15）我已经"报告"一次了。

下午听"报告"。

练习5：轻声在短文中的发音练习

● 短文一。

懒汉碰巧钓到了一条大鱼。他急忙拎回家里，不等洗净就下锅，没有烧熟，就狼吞虎咽地吃起来。一边吃着，一边赞美说："嘿！我敢发誓，鱼是世界上最好吃的东西！"突然，有根鱼骨一样的东西卡住了他的喉咙，咽又咽不下去，吐又吐不出来，疼得他满脸流汗。他一边跺脚，一边气愤地说："鱼是世界上最坏的东西！"这时，一个邻居走来，帮他取出卡在喉头的东西——原来不是鱼骨，而是……（是什么，你能猜到吗？）

● 短文二。

曲曲折折的荷塘上面，弥望的是田田的叶子。叶子出水很高，像亭亭的舞女的裙。层层的叶子中间，零星地点缀着些白花，有袅娜地开着的，有羞涩地打着朵儿的；正如一粒粒的明珠，又如碧天里的星星。微风过处，送来缕缕清香，仿佛远处高楼上渺茫的歌声似的。这时候叶子与花也有一丝的颤动，像闪电般，霎时传过荷塘那边去了。叶子本是肩并肩密密地挨着，这便宛然有了一道凝碧的波痕。叶子底下是脉脉的流水，遮住了，不能见一些颜色；而叶子却更见风致了。

● 短文三。

早上起来，妈妈给弟弟穿上衣服，打开窗户。窗子上的玻璃把太阳光反射到墙上，整个屋子显得格外明亮。我揉揉眼睛，对爸爸说："今天天气真暖和，咱们去公园逛逛，好吗？"哥哥在外面听见了，跑进来说："妹妹说得对，我们一起去。"爸爸站起来，看看妈妈，摸摸我的头说："行啊，是个好主意！大家收拾一下，准备点儿东西就走吧！"

四、儿化的发音训练

1. 训练目标

正确掌握儿化发音技巧。

2. 训练方法

教师规范朗读，学习注意教师的发音。

3. 训练材料

练习1：听读训练

土坡儿	末儿	饱嗝儿	挨个儿	打嗝儿	这儿	个儿	自个儿
碎步儿	爆肚儿	煤核儿	纹路儿	豆芽儿	一下儿	纸匣儿	大褂儿
干活儿	做活儿	锅贴儿	半截儿	旦角儿	木橛儿	好好儿	符号儿
一股脑儿	半道儿	招儿	着儿	面条儿	小鸟儿	两头儿	高手儿
猴儿	大伙儿	大家伙儿	朵儿	心窝儿	酒窝儿	饭桌儿	坐儿
顶牛儿	打球儿	蜗牛儿	一溜儿	鞋带儿	小孩儿	一块儿	
倍儿（棒）	椅子背儿	奶嘴儿	围嘴儿	烟嘴儿	跑腿儿	走味儿	
哪会儿	那会儿	光杆儿	门槛儿	收摊儿	快板儿	腰板儿	

练习2：词语中儿化音的发音练读

鲜花儿	油画儿	笑话儿	刀把儿	豆芽儿	山歌儿	高个儿
风车儿	细末儿	草稿儿	符号儿	麦苗儿	小鸟儿	小猴儿
衣兜儿	打球儿	白兔儿	眼珠儿	袖口儿	小米儿	小鸡儿
米粒儿	金鱼儿	小曲儿	马驹儿	差不离儿	壶盖儿	女孩儿
一块儿	花篮儿	好玩儿	一会儿	针尖儿	一点儿	拉链儿
圆圈儿	旁边儿	床单儿	笔杆儿	窍门儿	小船儿	花纹儿
麦穗儿	墨水儿	小腿儿	脚印儿	树林儿	没准儿	瓜子儿
台词儿	挑刺儿	铁丝儿	树枝儿	锯齿儿	小事儿	棋子儿
门缝儿	头绳儿	板凳儿	电影儿	小虫儿	小熊儿	没空儿
帮忙儿	药方儿	瓜秧儿	蛋黄儿	借光儿	窗台儿	一块儿
小孩儿	锅盖儿	晚辈儿	香味儿	刀背儿	零碎儿	心眼儿
拐弯儿	心坎儿	花园儿	一点儿	旅馆儿	圆圈儿	课本儿
窍门儿	木棍儿	没准儿				

练习3：句子中儿化音的练读

（1）他们家的小马驹儿脖子上拴了个铜铃儿，一甩脖子就"丁零零"响，可好玩儿了！

（2）这么多活儿，大伙儿一起干才干得完。

（3）用麻绳儿把箱子捆住。

（4）这小哥俩儿，脸蛋胖乎乎的。

（5）我找到了发好这个音的窍门儿。

（6）一个扎着小辫的小女孩，正和小朋友在门口玩儿。

（7）小王儿特别喜欢吃瓜子儿。

（8）咱俩一块儿去打球儿吧！

（9）新疆的葡萄干儿久负盛名。

（10）别看他个儿矮，干起活儿来劲儿可大啦。

（11）这包子的味儿不对，馅儿可能馊了。
（12）我们从后门儿走，到公园玩玩儿。
（13）麻烦你把盖儿盖上。
（14）这笔尖儿太尖了，差点儿划破了纸。
（15）她把拾来的花瓣儿做成了精美的标本。
（16）他的爱好还不少：看电影儿啊、练字儿啊、唱歌儿啊、画画儿啊，都喜欢。
（17）大伙儿都来看他表演，给他加油儿。
（18）他的话没准儿，别信。
（19）我也纳闷儿啊，你怎么就一点儿空儿也没有？
（20）院子里的一群小鸡儿正在抢吃米粒儿。

练习4：短文中儿化音的发音练读

- 第一组。

进了门儿，倒杯水儿，喝了两口运运气儿。顺手拿起小唱本儿，唱一曲儿，又一曲儿，练完了嗓子我练嘴皮儿。绕口令儿，练字音儿，还有单弦儿牌子曲儿；小快板儿，大鼓词儿，又说又唱我真带劲儿。

- 第二组。

解放军野营训练行军千里地儿，昨夜晚宿营驻在杨家屯儿。今天早上，小刘、小陈打扫完了后院儿挑完了水儿，又到场院修理脱粒机的皮带轮儿。突然间草堆里飞出来一只黑母鸡儿，你看它翘着翅膀张着个嘴儿，咯咯嘎，嘎嘎咯，欢蹦乱跳就回了村儿。他们俩在草堆里拣到了十个大鸡子儿，这一下可给他俩出了难题儿。

训练说明：读儿化词时，舌的变化并不是完全一致的，这和要儿化的这个词的声母有很大关系。

第六章

普通话朗读训练

 本章内容提要

❖ 朗读的含义；
❖ 普通话测试中朗读的要求；
❖ 朗读的基本技巧。

第一节 普通话朗读技巧

一、朗读的含义

朗读，从其字面意义上讲，即响亮而带有情感的高声诵读。究其内涵可以解释为，朗读是一种把书面语言转化为有声语言的创造性的社会活动。朗读也是一门学科，是用有声语言表达思想感情的学科。在朗读过程中，要求朗读的声音圆润动听、清晰响亮，同时，朗读者要熟练地运用朗读技巧，把对文字作品的深刻体会和独特感受，用声音的形式把文字作品的内容准确、鲜明、生动地表达出来，并做到声情并茂，给人教育与启发，给人以美的享受。

朗读在现代文化生活中起着重要的作用。成功的朗读，能帮助读者和听众深入体味文字作品，能够把作品中的人物形象、思想感情生动而有声有色地再现出来，带领他们进入作品的佳境，领略作品的意味，追求语言表达的完美，引导朗读者和听者走向文字作品的更深处。同时朗读还有利于提高语言表现力。

我们朗读文字作品时，必须用北京语音这个标准音进行，对每个字、词、句掌握要准确。熟练读出每个音节在语流中的千变万化。朗读是"正音"的继续，是说话的开始，朗读的过程就是练习普通话的过程。不断地进行朗读，普通话就会日趋标准、流利。所以朗读还是达到语言规范化的有效途径。

二、普通话水平测试中朗读的基本要求

在普通话水平测试中，朗读是对应试者普通话运用能力的一种综合检测形式。为了帮助

同学们把握难点，在测试中减少失误，更好地发挥水平，下面就普通话水平测试中影响成绩的方面，谈谈朗读的几个基本要求。

(一) 注意字音字词的正确性

1. 注意普通话和方言在语音上的差异

普通话和方言在语音上的差异，要多查字典和词典，要加强记忆，反复练习。在练习中，不仅要注意声韵调方面的差异，还要注意轻声词和儿化韵的学习。

2. 注意多音字的读音

有时候多音字也是造成朗读错误的原因，比方"血"字，既有 xiě 的音，又有 xuè 的音，往往有很多考生读错。其实辨别多音字也是有技巧的，可以从两个方面去注意。第一种是意义不相同的多音字，要着重弄清它不同读音相对应的不同意义。第二类是意义相同的多音字，要着重弄清它的使用场合。这类多音字大多数情况是一个音使用场合比较"宽"，一个音使用场合比较"窄"。所以只要记住"窄"的就行了。

3. 注意由字形相近或由偏旁类推引起的误读

由于字形相近而把甲字张冠李戴地读成乙字，这种误读十分常见。比方"芮"和"丙"。用偏旁本身的读音或者由偏旁组成的较常用的字的读音，去类推一个生字的读音而引起的误读，也很常见。比方"屯"和"邨"。

(二) 注意把握作品的基调

如果说朗读技巧是朗读成功的关键，那么准确把握文学作品的情感基调则是恰当运用朗读技巧的关键，是朗读成功的前提。朗读的基调，则是根据朗读的作品要表达的情感确定的基本语调，又称作基本语气。基调是指作品的基本情调，即作品总的态度感情，总的色彩和分量。人们的思想情感是丰富而复杂的，有欢乐的、愉快的、悲伤的、沉痛的、压抑的、深重的、激动的、不安的、绝望的、怀疑的、感慨的等等。在朗读过程中，诸种情感的变化便直接制约着诸种形式的变换，各种情感在朗读时，都应采用恰当的朗读基调表达出来。朗读者在朗读作品时，犹如中医给病人把脉一般，首先应把握的便是文章的情感主旋律。情感主旋律一旦找准了，那么该作品的朗读技巧也就容易把握准确了。任何一篇作品，都会有一个统一完整的基调。朗读作品必须把握住作品的基调，因为作品的基调是一个整体概念，是层次、段落、语句中具体思想感情的综合表露。

要把握好基调，必须深入分析、理解作品的思想内容，力求从作品的体裁、作品的主题、作品的结构、作品的语言，以及综合各种要素而形成的风格等方面入手，进行认真、充分和有效的解析。在此基础上，朗读者才能产生出真实的感情，鲜明的态度，产生出内在的、急于要表达的律动。比如《卖火柴的小女孩》讲述的是一个发生在大年夜的悲惨故事，它的情感基调应是哀伤而非欢快的，是凄凉而非愉悦的，由此决定这篇童话朗读的语速宜慢不宜快，语调应以平调和降调为主，作品中语句的重音和停顿也应该以烘托人物悲剧命运为宜。

那么，怎样确定文章的情感基调呢？可以采取以下3种方式。

1. 凭语感

第一次浏览文章时的情感体验往往便是文学作品的情感主旋律，即所谓的"直觉"。如《狐狸和乌鸦》中狐狸的狡猾在第一次阅读后已给读者留下了深刻印象，所以朗读中狐狸的话是朗读的重点，也是难点，狐狸的语言处理好了，整篇文章就显得生动了。

2. 结合时代背景，了解作者的创作动机

《屈原》写于1942年1月，这时正值抗日战争的相持阶段，也是国民党反动统治最为黑暗的时候。半壁河山沦于敌手，蒋介石集团消极抗日，并且悍然发动"皖南事变"，大肆屠杀爱国抗日军民，掀起反共高潮。郭沫若面对这样的政治现实义愤填膺，便创作了《屈原》，以鞭挞国民党反动派的黑暗统治。作品借历史上屈原的悲剧，展示了现实世界中光明与黑暗，正义与邪恶，爱国与卖国之间尖锐、激烈的斗争，起到了"借古讽今，古为今用"的作用。

3. 深入理解作品，寻觅情感基调

根据不同体裁作品的特点，熟悉作品的内容和结构。对于抒情性作品，应着重熟悉其抒情线索和感情基调。对于叙事作品，应着重熟悉作品的情节与人物性格。对于议论文，需要通过逐段分析理解，抓住中心论点和各分论点，明确文章的论据和论述方法，或者抓住文章的说明次序和说明方法。总之，只有掌握了不同作品的特点，熟悉了作品的具体内容，才能准确地把握不同的朗读方法。例如：

"五位壮士屹立在狼牙山顶峰，眺望着人民群众和部队主力远去的方向。他们回头望望还在向上爬的敌人，脸上露出胜利的喜悦。班长马宝玉激动地说：'同志们，我们的任务胜利完成了！'说罢，他把那支从敌人手里夺来的枪砸碎了，然后走向悬崖，像每次发起冲锋一样，第一个纵身跳下深谷。战士们也昂首挺胸，相继从悬崖往下跳去。狼牙山上响起了他们壮烈豪迈的口号声：'打倒日本帝国主义！''中国共产党万岁！'这是英雄的中国人民坚强不屈的声音！这声音惊天动地，气壮山河。"

在朗读这段文字时，为了充分地表达出五位壮士的豪迈悲情，满怀胜利后的喜悦和无比激动的心，就应注意朗读基调的变换。开始几句应该用坚定、从容、充满信心的基调朗读；后边几句口号，为了充分表现当时战士们那种壮烈豪迈，视死如归的悲壮心情，可以用慷慨激昂的基调朗读。

再如，小学语文课文《十里长街送总理》一文，写在周总理逝世一周年之际，生动地再现了周总理逝世后，首都人民为总理送葬的动人场面。

"天灰蒙蒙的，又阴又冷。长安街两旁的人行道上，挤满了男女老少。路是那样长，人是那样多，向东望不见头，向西望不见尾。人们臂上都缠着黑纱，胸前都佩戴着白花，眼睛都望着周总理的灵车将要到来的方向……人们心情沉痛，目光随着灵车移动，好像有谁在无声地指挥。老人、青年、小孩，都不约而同地站直了身体，摘下帽子，眼睁睁地望着灵车，哭泣着，顾不得擦去腮边的泪水。……灵车缓缓地前进，牵动着千万人的心。人们多么希望车子能停下来，希望时间能停下来！"

在朗读这段课文时，为了准确地表达出当时人们对总理的缅怀、发自内心的沉痛、悲哀之情，宜用较低缓而深沉的基调朗读。

不同类型、不同体裁的文章，表达的情感不同，朗读的基调也不相同。所以，朗读者对于不同体裁、不同内容的文章，只有注意了朗读的情感与基调的有机结合，才能收到良好的朗读效果。

三、朗读的基本技巧

（一）呼吸

学会自如地控制自己的呼吸非常重要，因为这样发出来的音坚实有力，音质优美，而且传送得较远。人们一般把呼吸方式分为三种，即胸式呼吸、腹式呼吸和胸腹式联合呼吸。专家普遍认为，胸式呼吸太浅，腹式呼吸不灵活，正确的呼吸方式应该是胸腹式联合呼吸法。有的人在朗读时呼吸显得急促，甚至上气不接下气，这是因为他使用的是胸式呼吸，不能自如地控制自己的呼吸。胸腹式联合呼吸的训练要求是深、匀、通、活。

（二）发音

发音的关键是嗓子的运用。朗读者的声音应该是柔和、响亮、动听的。为此，不要高声喊叫，控制自己嗓音的调节能力，同时还要注意调节共鸣。这是使音色优美的重要技巧。人们发声的时候，气流通过声门，振动声带发出音波，经过口腔或鼻腔的共鸣，形成不同的音色。改变口腔或鼻腔的条件，音色就会大不相同。例如，舌位靠前，共鸣腔浅，可使声音清脆；舌位靠后，共鸣腔深，可使声音洪亮刚强。

（三）吐字

朗读跟平时说话不同，要使每个音节都能让听众或考官听清楚，发音就要有一定力度和时值，每个音素都要到位。吐字的技巧不仅关系到音节的清晰度，而且关系到声音是否圆润、饱满。要吐字清楚，练习时要熟练地掌握常用词语的标准音，要熟悉每个音节的声母、韵母、声调，按照它们的标准音来发音。同时要克服发音含糊、吐词不清的毛病，平时多练习绕口令也可提高吐字的基本功。

（四）停连

停连是指朗读语流中声音的中断和延续，是停顿和连接的合称。我们在朗读时，既不能一字一停，断断续续地进行，又不能字字相连，一口气念到底。无论是作品的部分之间，段落之间，层次之间，自然段之间还是句子之间、词组及词之间，都存在着声音的停顿或连接。它既是显示语法结构的需要,更是明晰表达语意,传达感情的需要。无论从朗读者一方还是从听众一方来看,停连都是传达或接受作品时生理和心理的双重需要,其中心理需要起主导作用。朗读时,有些句子较短,按书面标点停顿就可以。有些句子较长,结构也较复杂,句中虽没有标点符号,但为了表达清楚意思,中途也可以做些短暂的停顿。但如果停顿不当就会破坏句子的结构,这就叫读破句。朗读测试中忌读破句,应试者要格外注意。符号"/"表示句中语意短暂的停顿;符号"∧"表示停顿时间稍长;符号"⌒"通常用在语音符号上,表示缩短停顿时间连读。

1. **标点符号停顿**

标点符号是书面语言的停顿符号,也是朗读作品时语言停顿的重要依据。根据标点的停顿时间,可分为两种停顿方式。

(1) 一致关系。

书面语中的标点符号有着不可忽视的作用,朗读的停顿必须服从标点符号,多数情况下,书面语中有标点符号的地方同朗读时需要有停顿的地方是一致的。一般地说,句号、问号、感叹号的停顿比分号长些;分号的停顿要比逗号长些;逗号的停顿比顿号长些;而冒号的停顿则有较大的伸缩性:它的停顿有时相当于句号,有时相当于分号,有时只相当于逗号。例如:

"正像达尔文发现有机界发展规律一样,马克思发现了人类历史发展规律,即历来为纷繁复杂的意识形态所掩盖的一个简单事实:///人们首先必须吃、喝、住、穿,/然后才能从事政治、科学、艺术、宗教等;//所以,直接的物质生活资料的生产,从而一个民族或一个时代的一定的经济阶段,便构成了基础,人们的国家制度,法的观点、艺术以至宗教观念,/就是在这个基础上发展起来的,因而也必须由这个基础来解释。而不是像过去那样做得相反。"(恩格斯《在马克思墓前的讲话》)

这段中凡是有标点的地方,朗读时都必须停顿,而且要根据不同的标点符号,实行长短不同的停顿。

为了便于理解,///表示停顿时间最长,//次之,/再次之。

(2) 不一致关系。

有时,书面语的标点同朗读中的停顿也常常有不一致的地方。可以分为两种情况:

① 没有标点却要停顿。如:

被你从你的公馆门口/一脚踢开的/那个讨钱的老太婆//现在怎么样了?(马克·吐温《竞选州长》)

朗读时,必须在"老太婆"后作一停顿,才能将语意比较明晰地传达给听众。如果一口气念下去,中间不作停顿,则必然混沌一片,模糊不清。

再如:始终微笑的和蔼的刘和珍君//确是//死掉了。(鲁迅《纪念刘和珍君》)

② 句中有标点,却不停顿。试看下面一段话:

糟啦！糟啦！月亮掉在井里了！（《捞月亮》）

两个"糟啦"可以连起来读，也可以整句都连起来读，表示吃惊、紧张、急促。

再如：桌子放在堂屋中央，系长桌帏，她还记得照旧去分配酒杯和筷子。"<u>祥林嫂，你放着吧，我来摆</u>"。四婶慌忙地说。她讪讪地缩了手，又去取烛台。"<u>祥林嫂，你放着吧，我来拿</u>"。四婶又慌忙地说。（鲁迅《祝福》）

在句中划线的地方可以不停顿，一气读出，这样处理，可以突出四婶的紧张心理——"千万不要碰"！反映出对吃人封建礼教的深刻揭露和鞭挞。

2. 停连的种类

（1）区分性停连。

一般来说，作品中每个独立的词、词组都要予以区分，区分性停连是对不按词语分隔、只有线性连写的汉字按语义进行创造性的划分和组合的停连类型，它使语义更清晰、更准确，不出现歧义和误解。比如"女人一边一个孩子手捧鲜花"这句话，如果在"一边"的后面安排一个停顿，说明是一个孩子；如果在"孩子"后面停，就有两个孩子。

练习：冬天/快到了，它们/买了一坛子猪油/准备过冬吃。老鼠说："猪油/放在家里，我嘴馋，不如/藏到远一点儿的地方去，到冬天/再取来吃。"猫说："行啊。"它们/趁天黑，把这坛子猪油/送到离家十里远的大庙里/藏起来。《"猫"和"老鼠"》

（2）呼应性停连。

是为了显现前后句之间的呼应关系而安排的停顿。确定为呼应性停顿。这是指加强语句内在联系（如主谓关系、动宾关系等，尤其是长句子中"呼"和"应"距离较远时）的停连类型。比如"他/十六岁上大学，二十岁读研究生，二十三岁参加工作"。"他"为呼，"十六岁"等是应。

练习：下面请汪校长介绍∧前进小学校/开展城乡少年"手拉手"活动∧的具体做法。

（3）并列性停连。

指在作品中属于同等位置、同等关系、同等样式的词语之间的停顿及各成分内部的连接。比如"一切都像刚睡醒的样子，欣欣然张开了眼。山∧朗润起来了，水∧涨起来了，太阳的脸∧红起来了"。

练习：这地方的火烧云变化极多，一会儿/红彤彤的，一会儿/金灿灿的，一会儿/半紫半黄，一会儿/半灰半百合色。（《火烧云》）

（4）转换性停连。

指为表现内容的转折和反差所安排的停连，停顿时间一般较长。转换性停顿常常可以根据书面语言中表示转折关系的关联词语（如"可是"、"但是"等来确定），但有时句子中不出现转折关系词时，只要前后句构成转折关系，即可做转换性停顿。比如"你丢下自己的小孙孙，把伤员背进了防空洞。当你再回去抢救小孙孙的时候，∧房子∧已经炸平了。"

练习：自然，在热带的地方，日光是永远那么毒，响亮的天气，反有点叫人害怕。∧可是，在北中国的冬天，⌒而能有温晴的天气，济南真得算个宝地。（《济南的冬天》）

（5）强调性停连。

指为强调某一词语而在其前后安排的停顿和其他词语之间产生的连接。这其实是重音表达手段的一种。比如，"拂晓的时候，战斗∧开始了"。

练习：这是入冬以来，胶州半岛上／第一场雪。（《第一场雪》）

（6）生理性停连。

表现因生理变化而引起的停连。像哽咽、语噎、垂危时的叮咛、气喘吁吁的报告、人物的口吃等。可不拘标点，灵活处理，并注意神似，点到为止。比如，"年轻时读向秀的《思旧赋》，很怪他为什么刚开头却又煞了尾，现在∧我明白了。"

练习：这时候，他用力把我往上一顶，一下子把我甩在一边，大声说："快离开我，咱们两个不能都牺牲！……要……要记住／革命……"（《草地夜行》）

（五）重音

在朗读中，为了准确地表达语意和思想感情，有时强调那些起重要作用的词或短语，被强调的这个词或短语通常叫重音，或重读。重音是通过声音的强调来突出意义的，能给色彩鲜明、形象生动的词增加分量。和停顿一样，重音也是朗读的基本技巧之一。朗读过程中，有些音节要轻读，有些音节要重读，这样才能传达出生动活泼的语气，突出文章的重点。如果将所有音节都读得一样重，就很难把文章的内容传达清楚。同样一句话，如果重音位置不同，整个句子的意思就发生了很大的变化，例如：

- 我请你吃饭（请你吃饭的不是别人，是我）；
- 我请你吃饭（怎么样，给个面子吧？）；
- 我请你吃饭（不请别人）；
- 我请你吃饭（不是请你喝茶）。

1. 确定重音的依据

（1）依据结构。有些句子，平平常常，没有特殊的感情色彩，也没有什么特别强调的意味。这种句子的重音可以依据其语法结构来确定，一般地，需要重读的有短句中的谓语、宾语、定语、状语、补语和有些代词。这类重音叫作语法重音。这类重音在朗读时不必过分强调，只要比其他音节读得重些即可。

（2）依据语意和感情。有些句子或由于构造复杂，或由于表意曲折，或由于感情特殊，它的重音往往不能一下子确定。这样的重音位置必须联系上下文，对它细加观察，进行认真推敲，尤其要把它放到特定的语言环境中加以考察才行。通常把这类重音叫作逻辑重音，也可叫强调重音、感情重音。它同语法重音有时是一致的，有时则是不一致的。当逻辑重音和语法重音不一致时，后者必须服从前者。

2. 重音的类型

一般地，可以按照重音在语句中的位置把重音归结成以下10种类型。

（1）并列性的重音。

在段落、语句中有并列关系的词或短语，（并列关系在语句中通常用并列连词或者顿号体现）或通常以地位平等的一系列单句呈现，为了使事物的特征突出，这时需要并列性重音。比如，"前天下午6点到晚上10点，北京站、北京西站、北京南站售票中断4个小时"。

练习：当然，能够只是送出去，也不算坏事情，一者见得丰富，二者见得大度。（鲁迅《拿来主义》）

（2）对比性的重音。

在对照式结构明显的句子中，通过对两种或者两种以上的事物的比较、对照，使事物的特征表现得更突出，形象更鲜明，这时需要对比性重音。比如，我爱热闹，也爱冷静，爱群居，也爱独处。（朱自清《荷塘月色》）

练习：我们的战士，对敌人这样狠，而对朝鲜人民却是那样的爱，充满了国际主义的深厚感情。（魏巍《谁是最可爱的人》

（3）呼应性的重音。

揭示上下文呼应关系，使文章层次清晰，结构完整。比如：用什么来表达自己的心意呢？战士们又有什么呢，他们只有一双结着硬茧的手，一颗赤诚的心。（魏巍《依依惜别的深情》）

练习："如果说科研工作是探索真理、发现真理，那么教学工作的一个重要内容应该是说明真理、传播真理。"

（4）转折性的重音。

与递进性重音的发展方向是相反的，经常出现在转折复句中。关联词有"虽然……但是"、"可是"、"却"等。比如，虽然英吉利海峡的水温较低，只有平均摄氏16度，但张健的身体状况和竞技状态保持得不错。

练习：是的，胜利来了，可是人们所盼望的经过流血争取的独立自由和平民主的生活又是要为蒋介石和美帝国主义所破坏。（方纪《挥手之间》）

（5）递进性的重音。

揭示语言链条的承继性，后一个重音比前一个重音揭示更深一层的含义。比如，竹叶烧了，还有竹枝；竹枝断了，还有竹鞭；竹鞭砍了，还有深埋在地下的竹根。（袁鹰《井冈翠竹》）

练习："我们要造成民主风气，要改变文艺界的作风，首先要改变干部作风；改变干部作风首先要改变领导干部的作风；改变领导干部的作风首先从我们几个人改起。"（《周恩来在1961年召开的故事片创作会议上的讲话》）

（6）肯定性的重音。

"肯定"是作出明确判断的意思。包括两种情况：一是肯定"是什么"；一是肯定"是"还是"不是。肯定性重音通常和对比性重音、递进性重音、转折性重音紧密相连。比如，"原来他喜欢的不是真龙"。

练习:"假话误国,实干兴邦,这道理是谁都懂的,我们河南过去更是吃够了搞浮夸的苦头。可是,弄虚作假之风又总是屡禁不绝,以致成为一种官场顽症。"

(7) 比喻性的重音。

重读文章中的比喻性词语,可以使被比喻的事物生动形象,加深对所描写事物或阐明道理的理解。但要注意,有比喻词的比喻句,不要重读比喻词"像""好像""仿佛"等。比如:"如果说瞿塘峡像一道闸门,那么巫峡简直像江上一条迂回曲折的画廊。"

练习:"蓝天,蓝得有点发黑,白云就像银子做成的一样,就像白色的大花朵似的点缀在天上。"

(8) 拟声性的重音。

拟声性重音一般是象声词,但不是所有的象声词都是重音,要看它是否体现语句目的。表达时不必惟妙惟肖,重在传神。比如,"小偷将夹克像变魔术似的偷走,那女士伸头望了一下,不禁'啊'的一声叫了起来"。这个重音把游客惊异的反应传神地表现了出来。

练习:"一连几天,雨总是哗哗地下着,快把人闷死了"。

(9) 反义性的重音。

有"正话反说"和"反话正说",要看表达的态度到底是赞成还是反对。强调反义性重音时要借助语气的配合,不能一带而过,也不能在字面上过分着力。比如,"中国军队的屠戮妇婴的伟绩,八国联军惩创学生的武功,不幸全被这几缕血痕抹杀了。"(鲁迅《纪念刘和珍君》)

练习:"一个人如果弯起来的话,的确十分耀眼。想当明星而四处碰壁者,不妨一学。虽然没人在床头挂自己的尊容,虽然不被抢着握手,请去电视上做如泣如诉的广告,明星效应还是有一点。"(陈村《弯人自述》)

(10) 强调性的重音。

为突出某种感情,要突出、强调之处要重读。比如,"一曲完了,她激动地说:'弹得多纯熟啊!感情多深啊!……'"

练习:"他就是我的老师——大谦。"

一般情况下,不同种类的重音是交叉出现的,一个重音多种作用,这样文章的意图才能体现得充分明晰。所以,不要用上述10种重音类型去生搬硬套。只要能够准确恰当地表现出来,语句的目的就能实现,听众就能听明白。

(六) 语速

朗读语速是指朗读时每个音节的长短及音节之间连接的紧松,朗读的速度与文章的思想内容联系密切。朗读各种文章时,要正确地表现各种不同的生活现象和人们各种不同的思想感情,就必须采取与之相适应的不同的朗读速度。

应试者在朗读时的语速须与作品的情境相适应,根据作品的思想内容、故事情节、人物个性、环境背景、感情语气、语言特色来处理。并且可根据朗读作品的体裁来掌握语速。比如记叙文中,记事要读得快些,记言要读得慢些。

1. 决定语速的因素

(1) 不同场面。

急剧变化发展的场面宜用快读;平静、严肃的场面宜用慢读。

(2) 不同心情。

紧张、焦急、慌乱、热烈、欢畅的心情应快读;沉重、悲痛、缅怀、悼念、失望的心情应慢读。

(3) 不同谈话方式。

辩论、争吵、急呼应快读;闲谈应慢读。

(4) 不同叙述方式。

作者的抨击、斥责、控诉、雄辩应快读;一般的记叙、说明、追忆应慢读。

(5) 不同人物性格。

年轻、机警、泼辣的人物的言语、动作应快读;年老、稳重、迟钝的人物的言语应用慢读。

2. 朗读速度的转换

朗读文章不可能从头到尾始终采用一成不变的速度。朗读者要根据作品的情感起伏和事物的发展变化随时调整自己的朗读速度。这种在朗读过程中实现朗读速度的转换是取得朗读成功的重要环节。但要注意读得快时,要保证吐字清晰,不要因为读得快了而出现"吃字"现象;读得慢时,要保证声音明朗实在,不要因为读得慢了而听起来拖沓松垮。朗读时做到"快而不乱,慢而不拖"。例如:

海在我们的脚下沉吟着,诗人一般。那声音仿佛是朦胧的月光和玫瑰的晨雾一般。又像是情人的密语那样芳醇;低低地,轻轻地,像微风拂过琴弦;像落花飘零在水上。

海睡熟了。

大小的岛拥抱着,偎依着,也静静地恍惚入了梦乡。

星星在头上眨着慵懒的眼睑,也像要睡了。

许久许久,我俩也像入睡了似的,停止了一切的思念和情绪。

不晓得过了多少时候,远寺的钟声突然惊醒了海的酣梦,它恼怒似的激起波浪的兴奋,渐渐向我们脚下的岩石掀过来,发出汩汩的声音,像是谁在海底吐着气,海面的银光跟着晃动起来,银龙样的。接着我们脚下的岩石就像铃子、铙钹、钟鼓在奏鸣着,而且声音愈响愈大起来。

没有风。海自己醒了。喘着气,转侧着,打着呵欠,伸着懒腰,抹着眼睛。因为岛屿挡住了它的转动,它狠狠地用脚踢着,用手推着,用牙咬着。它一刻比一刻兴奋,一刻比一刻用劲。岩石也仿佛渐渐战栗,发出抵抗的嗥叫,击碎了海的鳞甲,片片飞散。

海终于愤怒了。它咆哮着,猛烈地冲向岸边袭击过来,冲进了岩石的罅隙里,又拨刺着岩石的壁垒。

音响就越大了。战鼓声、金锣声、呐喊声、叫号声、啼哭声、马蹄声、车轮声、机翼声，掺杂在一起，像千军万马混战了起来。

银光消失了。海水疯狂地汹涌着，吞没了远近大小的岛屿。它从我们的脚下扑了过来，响雷般地怒吼着，一阵阵地将满含着血腥的浪花溅在我们的身上。

急剧变化发展的场面宜用快读；平静、严肃的场面宜用慢读。这段描写应实现速度由慢向快转换。

（七）语调

在汉语中，字有字调，句有句调。我们通常称字调为声调，是指音节的高低升降。而句调是指语句的高低升降，我们也称之为语调。句调是贯穿整个句干的，只是在句末音节上表现得特别明显。例如：

这是一百万元。（一手交钱，一手交货，司空见惯）

这是一百万元！（强调金额很大）

这是一百万元！（后悔，不该错过赚大钱的机会）

这是一百万元？（惊讶，怎么这么多）

这是一百万元？（怀疑，不相信有这么多）

这是一百万元？（喜悦，为一下子有这么多钱而高兴）

由上可见，同一语句往往因为语调升降处理不一样，而能表达出多种多样的意思。应试者在朗读时，如能注意语调的升降变化，语音就有了动听的腔调，听起来便具有音乐美，也就能够更细致地表达不同的思想感情。语调变化多端，主要有以下几种：

1. 高升调

高升调多在疑问句、反诘句、短促的命令句，或者是表示愤怒、紧张、警告、号召的句子里使用。朗读时，注意前低后高、语气上扬。例如：

"难道你就非认定是我打的玻璃？"

2. 降抑调

降抑调一般用在感叹句、祈使句或表示坚决、自信、赞扬、祝愿等感情的句子里。表达沉痛、悲愤的感情，一般也用这种语调。朗读时，注意语调逐渐由高降低，末字低而短。例如：

"我们的理想一定能实现。"

3. 平直调

平直调一般多用在叙述、说明或表示迟疑、思索、冷淡、追忆、悼念等的句子里。朗读时始终平直舒缓，没有显著的高低变化。例如：

"毛泽东永远活在我们心中。"

4. 曲折调

曲折调用于表示特殊的感情，如讽刺、讥笑、夸张、强调、双关、特别惊异等句子里。朗读时由高而低后又高，把句子中某些特殊的音节特别加重加高或拖长，形成一种升降曲折的变化。例如：

"好个国民党的友邦人士！是些什么东西！"

四、不同体裁的朗读技巧

（一）记叙文作品朗读

记叙文作品常常是通过对人物、事件的具体叙述，或赞扬某种品质，或肯定某种行为，或表达某种认识等。记叙文往往是以一个事件的经过贯穿全文，朗读时，就要根据故事情节的变化，而不断变换着朗读基调，一般这类文章的字里行间都流露出作者对事物的爱、憎情感，朗读时，也可以作者的情感为依据，而确定朗读情节，可采用急促、快节奏的基调朗读。如《卖火柴的小女孩》是一篇以事记人的文章，开头的几大段都是叙述，这几段文字都可采用一般情节的平实和缓慢的朗读基调朗读。

（二）散文作品朗读

散文作品在普通话考试中的比例是很大的，在练习朗读时可着重多练抒情散文作品。作者在作品中用直接抒情的方法表达自己的感情。朗读这样的语句需要特别注意强调。作者在作品中通过叙事、写景、状物或议论表达思想情感。这就需要我们在深入理解、感受作品的基础上，体会和表现字里行间蕴含的思想感情。但要注意散文"形散而神不散"的特点，把握住全篇起统帅作用的主要感情线索基调。比如朱自清的《背影》一文是一篇回忆性抒情散文，作品的动人之处在于凝练和精美。作品中作者与父亲之间的对话只有四次，但话短情深，含有丰富的潜台词。第一句儿子劝父亲不必送时，他说："不要紧，他们去不好！"实际是担心茶房不周到。第二句是到了车站，儿子劝父亲回去，他说："我买几个橘子。你就在此地，不要走动。"实际是怕儿子上车饥渴。第三句是买橘子回来走下车时，"我走了，到那边来信。"实际是关心儿子沿途安全。第四句是走了几步后回头说："进去吧，里头没人。"实际是担心行礼丢失。全文以背影为线索，深刻表现了父子之间的爱。

（三）说明文作品朗读

说明文具有条理清楚，结构严谨的特点。在朗读时不应像朗读记叙文、寓言等文章那样投入一定的情感。说明文的朗读基调应较平实，在语速、停顿等方面可以用叙述的语气把文章读的正确，强调课文中所介绍事物的特点。

（四）议论文作品朗读

在朗读议论文时，朗读者要根据其严密的逻辑性和很强的说理性的特点，一般采用严肃、认真、坚定有力的朗读基调。一些杂文，也常采用轻蔑、嘲讽的语言基调朗读。议论文，无论是立论，还是驳论，都强烈地表达作者的爱憎分明的思想观点和情感，朗读者也可据此来确定基调，以及朗读语气的轻重、缓急。

黑龙江省普通话测试指定朗读的文章共有40篇。在测试时，由应试人自己抽取出一篇文章来朗读。由于应试人无法预测到自己会抽取到哪一篇文章，所以事先要对这40篇文章做到了如指掌。如：平、翘舌音、前后鼻音、轻声、儿化、上声的变调、"一"、"不"的变调，语气词"啊"的变化，还有语气的处理问题，等等。如果有条件，可以听录音跟着朗读，最好把自己的朗读练习录下来，跟录音朗读进行比较，仔细听辨。

除了测试前要认真做好必要的准备外，朗读时，应试者不能结结巴巴，要流畅地读下来。因为一结巴就可能听上去语句不连贯，就有读破句的感觉。所以在测试时要控制自己，不要害怕，减小心理压力。

还有些应试人在普通话测试过程中，比较关注测试员的表情和动作，以为可以通过测试员的反应来猜出自己的测试成绩。所以一边读文章，一边在注意着测试员。其实朗读应该是专心致志的，一心两用是不可能读好文章的。所以，在朗读时一定要一心一意，读好自己的测试文章就行了。

添字、减字、改字是否会扣分

在测试时一定要记住：文章是作者写的，朗读者是不能随意变动的。不能添字、减字或改换其中的字、词。这样做都会被扣分的，因为你没有"忠于"原作。

在准备朗读时就必须看清楚，仔细读，不要随意加减字词，自作主张。如果测试前准备不够充分，很怕自己读错，最简单的办法就是用手去点着字读。

如果已经准备得很充分了，就可以很从容地读，不要着急，语速不要很快，不要去赶着读，越读越快，在语音上就容易出错。

知道自己读错了能否重读

在测试时，经常会碰到这样一些情况：有些应试者为了读的更加标准，所以把自认为读得不太好的、不够标准的字、词重新读一遍。这样做的动机和出发点虽然是好的，但一旦你回过去重新读，就会被扣掉分，而且扣得比只错一个字更多。因为这样一来，整个语句就会不连贯，要表达的思想感情也就无法发挥出来了。

在普通话水平测试时，应试人其实就是演员，测试员就是你的听众。你必须让句子说完整，让人能理解整个句子的语意。所以如果读错了，就让它去，只管往下读，绝对不要回过去读。

第二节　普通话朗读综合训练

一、单项训练

单项训练是分别进行停连、重音、语调和语速的训练。朗读者要在对文字材料进行深入理解、分析、找到具体感受，明确朗读的目的，准确把握好基调的基础上进行。同时，还必须认准每个字、词的读音，用比较标准的普通话朗读。

（1）试用不同的停顿区别下列句子的不同语意。

① A. 学习文件　　　　　　B. 学习/讨论

② A. 读了/一篇课文　　　　B. 读了一遍/课文

③ A. 反对/目无纪律的行为　B. 反对目无纪律的/意见

（2）根据括号内所给的提示，试判断下列语句的重音位置。

① 我知道你爱看小说。（别以为我不知道）

我知道你爱看小说。（爱不爱看诗歌我不知道）

② 要想从我这里发财，你们想错了。（方志敏《清贫》）

③ 下午，他拣好了几件东西：两条长桌，四个椅子，一副香炉和烛台，一杆台秤。（鲁迅《故乡》）

④ 不单是懂得希腊就行了，还要懂得中国；不但要懂得外国革命史，还要懂得中国革命史；不但要懂得中国的今天，还要懂得中国的昨天和前天。（毛泽东《改造我们的学习》）

（3）试体会下面两段话的语速有何不同。

① ……她猛然喊了一声。脖子上的钻石项链没有了。

她丈夫已经脱了一半衣服，就问："什么事情？"

她吓昏了，转身向着他说：

"我……我……我丢了伏来士洁太太的项链了。"

他惊慌失措地直起身子，说：

"什么！……怎么啦？……哪儿会有这样的事！"

他们在长衣裙褶里，大衣褶里寻找，在所有口袋里寻找，竟没有找到。

他问："你能够保证离开舞会的时候它还在吗？"

"是的，在部里的走廊上我还摸过它呢。"

"但是，如果是在街上丢的，我们总得听见声响。一定是丢在车里了。"

"是的，很可能。你记得车的号码吗？"

"不记得。你呢，你没注意吗？"

"没有。"

他们惊惶地面面相觑……（莫泊桑《项链》）

② 在一个深夜里，我站在客栈的院子中，周围是堆着破烂的什物；人们都睡觉了，连我的女人和孩子。我沉重地感到我失去了很好的朋友，中国失掉了很好的青年，我在悲愤中沉静下去了，然而积习却从沉静中抬起头来，凑成了这样的几句：

惯于长夜过春时，挈妇将雏鬓有丝。梦里依稀慈母泪，城头变幻大王旗。忍看朋辈成新鬼，怒向刀丛觅小诗。吟罢低眉无写处，月光如水照缁衣。（鲁迅《为了忘却的纪念》）

（4）朗读下列句子，体会应采用什么语调？

①"还小呢，刚刚能走路，就能跨台阶？"路旁一位头发花白的老奶奶啧了啧嘴说，"做大人的要帮他一把。"

② 人生会有多少个第一次啊！

③ 在我依稀记事的时候，家中很穷，一个月难得吃上一次鱼肉。

④ 哎！我可怜的玛蒂尔德！可是我那一串是假的，至多值五百法郎！……

二、综合训练

综合训练比单项训练复杂，难度大，因为它训练的内容不是作品的某一片段，而是完整的一篇作品。拿到一篇作品，要对作品的内容、思想感情了解得一清二楚；感受必须具体、真切；朗读的目的和基调要十分明确；停顿的位置和时间要把握好；重音要找准；语气、语调和语速的确定要恰如其分；作品的体裁特点要抓住；字、词、句的读音要标准。然后才可以练习朗读。普通话考试过程中，朗读篇目基本上多以记叙文、散文为主。故不再多做其他文体的练习。

1.《春》朗读分析

盼望着，盼望着，东风来了，春天的脚步近了。

一切都像刚睡醒的样子，欣欣然张开了眼。山朗润起来了，水涨起来了，太阳的脸红起来了。

小草偷偷地从土里钻出来，嫩嫩的，绿绿的。园子里，田野里，瞧去，一大片一大片满是的。坐着，躺着，打两个滚，踢几脚球，赛几趟跑，捉几回迷藏。风轻悄悄的，草软绵绵的。

桃树、杏树、梨树，你不让我，我不让你，都开满了花赶趟儿。红的像火，粉的像霞，白的像雪。花里带着甜味儿，闭了眼，树上仿佛已经满是桃儿、杏儿、梨儿！花下成千成百的蜜蜂嗡嗡地闹着，大小的蝴蝶飞来飞去。野花遍地是：杂样儿，有名字的，没名字的，散在草丛里像眼睛，像星星，还眨呀眨的。

"吹面不寒杨柳风"，不错的，像母亲的手抚摸着你。风里带来些新翻的泥土气息，混着青草味儿，还有各种花的香，都在微微润湿的空气里酝酿。鸟儿将巢安在繁花嫩叶当中，高兴起来了，呼朋引伴地卖弄清脆的喉咙，唱出宛转的曲子，跟轻风流水应和着。牛背上牧童的短笛，这时候也成天嘹亮地响着。

雨是最寻常的，一下就是两三天。可别恼。看，像牛毛，像花针，像细丝，密密地斜织着，人家屋顶上全笼着一层薄烟。树叶儿却绿得发亮，小草儿也青得逼你的眼。傍晚时候，上灯了，一点点黄晕的光，烘托出一片安静而和平的夜。在乡下，小路上，石桥边，有撑起伞慢慢走着的人；地里还有工作的农民，披着蓑，戴着笠。他们的房屋，稀稀疏疏的，在雨里静默着。

天上风筝渐渐多了，地上孩子也多了。城里乡下，家家户户，老老小小，也赶趟儿似的，一个个都出来了。舒活舒活筋骨，抖擞抖擞精神，各做各的一份儿事去。"一年之计在于春"，刚起头儿，有的是工夫，有的是希望。

春天像刚落地的娃娃，从头到脚都是新的，它生长着。

春天像小姑娘，花枝招展的，笑着，走着。

春天像健壮的青年，有铁一般的胳膊和腰脚，领着我们上前去。

朗读指导

《春》是一篇优美的散文，作者抓住了春天景物的主要特征，绘出了一幅幅动人的春景。文章处处充满着轻松、明快的气息，应带着欣喜的语气去读，语调上扬。整体节奏为轻快型，中间又有舒缓型交错，形成文章节奏回环往复的特点。

盼望着，盼望着，东风来了，春天的脚步近了。

这一段是对盼春的描写，是舒缓型节奏，为下文轻快型节奏做铺垫。此时人们热切地盼望春天的到来。"盼望着，盼望着"这一反复手法的运用，将渴望的心情描写得淋漓尽致，朗读的时候要注意把握这两个小短句的层次性，中间不停顿，就情感而言，应一次比一次强烈，语调上扬。"东风来了"表明春天已近，"春天的脚步"后面用一个强调性停顿，拟人的手法表明春天确实到了，读出对春天到来的欣喜之情。

一切都像刚睡醒的样子，欣欣然张开了眼，山/朗润起来了，水/涨起来了，太阳的脸/红起来了。

这一段是对春天总体景象的勾勒，也是绘春的开始，应用轻快型节奏。

"刚睡醒""张开"为强调性重音，概括写出春回大地、万物复苏的动态景象。"朗润""涨""红"为强调性重音，具体写了春天"山""水""太阳"的动感和色彩。

小草/偷偷地从土里钻出来，嫩嫩的，绿绿的。园子里，田野里，瞧去，一大片一大片/满是的。坐着，躺着，打两个滚，踢几脚球，赛几趟跑，捉几回迷藏。风轻悄悄的，草软绵绵的。

绘春图首先从草写起，节奏为舒缓型与轻快型交错。"偷偷地""钻"为强调性重音，写出了春天小草顽强的生命力，又带着可爱的神态。"嫩嫩的""绿绿的"为比喻性重音，写出小草生长的清新可爱。"一大片一大片满是的"，"满"读时气息饱满，体会小草迅速蔓延的情景。"坐着，躺着"是一组，中速，"打两个滚，踢几脚球，赛几趟跑，捉几回迷藏"是一组，节奏变得欢快了，读出人们在春景中尽情欢乐的情景。"风轻悄悄的，草软绵绵的"，节奏应放慢，好像人们被这美好的春景陶醉了。

桃树、杏树、梨树，你不让我，我不让你，都开满了花赶趟儿。红的像火，粉的像霞，白的像雪。花里带着甜味儿；闭了眼，树上仿佛已经满是桃儿、杏儿、梨儿。花下成千成百的蜜蜂/嗡嗡地闹着，大小的蝴蝶飞来飞去。野花遍地是：杂样儿，有名字的，没名字的，散在草丛里像眼睛，像星星，还眨呀眨的。

这是一副绝妙的春花图，整段节奏为轻快型。"桃树、杏树、梨树，你不让我，我不让你，都开满了花赶趟儿。"

拟人的写法，道出了春天蓬勃发展的力量，抓住拟人的双方加以强调，用轻快型节奏最合适不过。"红的像火，粉的像霞，白的像雪"中间不停顿，读出花儿闹春的气氛来。"满是""闹""飞来飞去"，是联想到的图景，应把声音拉出去，把握住声音的虚实结合。最后又写春虫，把花香具体化，形象化了。野花的描写，"像眼睛，像星星"，中间不停顿，突出了杂、多，更是万紫千红。野花本是静止的，作者化静为动，平添几分情趣。

"吹面不寒杨柳风"，不错的，像母亲的手抚摸着你。风里带来些新翻的泥土的气息，混着青草味儿，还有各种花的香，都在微微润湿的空气里酝酿。鸟儿将巢安在繁花嫩叶当中，高兴起来了，呼朋引伴地卖弄清脆的喉咙，唱出宛转的曲子，跟轻风流水应和着。牛背上牧童的短笛，这时候也成天嘹亮地响着。

绘春的第三个步骤是春风图，节奏为轻快型中交织着舒缓型。风本无形，作者却用自己的笔抓住了春风中事物的特点，以此来描绘无形的春风。"抚摸"是触觉的感受，为重音轻读，读出春风的温柔。接下来一句，写了芳香、土气、青草，这是嗅觉的感受，用抒情的色彩，舒缓的语气读。接下来鸟语、笛韵互相应和，读时突出听觉方面的感受。要找到鸟儿、短笛在风中穿透的感觉，有一种在远处听的感觉。

雨/是最寻常的，一下/就是三两天。可别恼。看，像牛毛，像花针，像细丝，密密地斜织着，人家屋顶上/全笼着一层薄烟。树叶儿/却绿得发亮，小草儿/也青得逼你的眼。傍晚时候，上灯了，一点点黄晕的光，烘托出/一片安静而和平的夜。在乡下，小路上，石桥边，有撑起伞/慢慢走着的人，地里还有/工作的农民，披着蓑/戴着笠。他们的房屋，稀稀疏疏的，在雨里静默着。

绘春的第四个步骤是春雨图，节奏为轻快型与舒缓型交错，为下一段作铺垫。"最寻常"强调春雨连绵不断。"别恼"是转折性重音，然后向你具体介绍春雨的特色。"像牛毛，像花针，像细丝"，三个比喻从小到大，声音的走势由低到高。读时用气声托出，体会烟雨迷蒙那种情景。"绿""逼"为情感性重音，写出了雨中空气的清新。接着又展现了一幅雨夜图，节奏变得舒缓，"慢慢""静默"应重音轻读，要突出人们在雨中的惬意。

天上风筝渐渐多了，地上孩子也多了。城里乡下，家家户户，老老小小，也赶趟儿似的，一个个都出来了。舒活舒活筋骨，抖擞抖擞精神，各做各的一份儿事去。"一年之计在于春"，刚起头儿，有的是工夫，有的是希望。

最后描绘的是迎春图，节奏为轻快型，程度稍中。两个"多"字，一个比一个读得重，传达出孩子们的无限喜悦之情。接下来写所有人的活动，节奏更加轻快了，春天给所有人带来了青春活力。两个"有的"的重读，强调春天带给人们的无限美好希望。

春天像刚落地的娃娃，从头到脚都是新的，它生长着。

春天像小姑娘，花枝招展的，笑着，走着。

春天像健壮的青年，有铁一般的胳膊和腰脚，领着我们上前/去。

这是文章的第三个部分——颂春，是在以上各段具体记述的基础上对春的歌颂，节奏为轻快型。三个排比句，概括春天的风貌，进一步点明题旨。语气色彩应是逐渐加重，程度依次为轻、中、重。"新的，它生长着"要模仿小孩，读得声音清脆；"笑着，走着"应该适当拉长，展现小姑娘的"花枝招展"；"上前去"应一字一顿，气息饱满，坚定有力，表达了自己要珍惜大好春光，努力"上前去"的心情。

2. 《白杨礼赞》朗读分析

白杨树实在不是平凡的，我赞美白杨树！

当汽车在望不到边际的高原上奔驰，扑入你的视野的，是黄绿错综的一条大毯子；黄的，那是土，未开垦的处女土，几百万年前由伟大的自然力所堆积成功的黄土高原的外壳；绿的呢，是人类劳力战胜自然的成果，是麦田，和风吹送，翻起了一轮一轮的绿波——这时你会真心佩服昔人所造的两个字"麦浪"，若不是妙手偶得，便确是经过锤炼的语言的精华。黄与绿主宰着，无边无垠，坦荡如砥，这时如果不是宛若并肩的远山的连峰提醒了你（这些山峰凭你的肉眼来判断，就知道是在你脚底下的），你会忘记了汽车是在高原上行驶，这时你涌起来的感想也许是"雄壮"，也许是"伟大"，诸如此类的形容词，然而同时你的眼睛也许觉得有点倦怠，你对当前的"雄壮"或"伟大"闭了眼，而另一种味儿在你心头潜滋暗长了——"单调"！可不是，单调，有一点儿罢？

然而刹那间，要是你猛抬眼看见了前面远远地有一排，——不，或者甚至只是三五株，一二株，傲然地耸立，像哨兵似的树木的话，那你的恹恹欲睡的情绪又将如何？我那时是惊奇地叫了一声的！

那是力争上游的一种树，笔直的干，笔直的枝。它的干呢，通常是丈把高，像加以人工似的，一丈以内，绝无旁枝；它所有的桠枝呢，一律向上，而且紧紧靠拢，也像是加以人工似的，成为一束，绝无横斜逸出；它的宽大的叶子也是片片向上，几乎没有斜生的，更不用说倒垂了；它的皮，光滑而有银色的晕圈，微微泛出淡青色。这是虽在北方的风雪的压迫下却保持着倔强挺立的一种树！哪怕只有碗来粗细罢，它却努力向上发展，高到丈许，两丈，参天耸立，不折不挠，对抗着西北风。

这就是白杨树，西北极普通的一种树，然而绝不是平凡的树！

它没有婆娑的姿态，没有屈曲盘旋的虬枝，也许你要说它不美丽，如果美是专指"婆娑"或"横斜逸出"之类而言，那么白杨树算不得树中的好女子；但是它却是伟岸，正直，朴质，严肃，也不缺乏温和，更不用提它的坚强不屈与挺拔，它是树中的伟丈夫！当你在积雪初融的高原上走过，看见平坦的大地上傲然挺立这么一株或一排白杨树，难道你就只觉得树只是树，难道你就不想到它的朴质，严肃，坚强不屈，至少也象征了北方的农民；难道你竟一点儿也不联想到，在敌后的广大土地上，到处有坚强不屈，就像这白杨树一样傲然挺立的守卫他们家乡的哨兵！难道你又不更远一点想到这样枝枝叶叶靠紧团结，力求上进的白杨树，宛然象征了今天在华北平原纵横决荡用血写出新中国历史的那种精神和意志。

白杨不是平凡的树。它在西北极普遍，不被人重视，就跟北方农民相似；它有极强的生命力，磨折不了，压迫不倒，也跟北方的农民相似。我赞美白杨树，就因为它不但象征了北方的农民，尤其象征了今天我们民族解放斗争中所不可缺的朴质，坚强，以及力求上进的精神。

让那些看不起民众，贱视民众，顽固的倒退的人们去赞美那贵族化的楠木（那也是直挺秀颀的），去鄙视这极常见，极易生长的白杨吧，但是我要高声赞美白杨树！

朗读指导

文章写于抗日战争最艰苦的时期，这篇散文最早发表于1941年3月10日的《文艺阵地》月刊。一方面，日本侵略者对解放区进行着大规模的扫荡；另一方面，国民党发动了皖南事变，开始了疯狂的反共浪潮。1940年，茅盾在延安几个月，亲身感受到北方人民在中国共产党的领导下，坚强不屈，团结伟大的抗日精神。由于当时国民党文化管制很严，于是茅盾选择了象征手法。

通过对黄土高原上白杨树的热情赞美，讴歌了朴质、坚强、力争上游的民族精神。全文基调热情赞扬，节奏高亢，朗读时应注意以下几点。

（1）抓住感受，再现形象。

这是一篇叙述、议论与抒情紧密结合的散文。文章以叙述、描写为基础作用于读者视觉感官，以诗意的抒情与哲理性议论扣动读者的心弦。描写则形神兼备，议论则精辟透剔，抒情则热烈激荡。尤其是文章中直接作用于读者的视觉感官的形象比较多，只有把这些形象感受找到，抓住，并带着自己的听众随着你的思想感情一起运动、变化，才能为后面的议论、抒情打好基础。比如：在荒野上黄绿错综的大毯子是什么样的？白杨树的叶、干、枝又是什么样的？在这些形象感很强的语句上要加强感受。

（2）弄清背景，揭示主题。

《白杨礼赞》运用的主要是象征手法。文章中也多处运用"象征着"一词昭示作家的意图。为什么一定要使用这种象征的手法呢？在朗读之前，我们需要了解一下《白杨礼赞》的创作背景，文章的发表时间是在皖南事变后不久的重庆，那时国民党的文化管治很严，直接歌颂抗日军民的文章根本不能发表，于是茅盾就选择了这种象征的手法，并深刻地挖掘了描写客体白杨树及其共同象征寓意之间的"形似"与"神似"的关系。在描写中力求以形似而求神似，并着重在神似上下了大功夫。这就在白杨树及其象征着的"抗日军民"之间搭起了一架自然畅通、顺利过渡的桥梁。使以后的联想手法的运用有所附丽，使立意和主题的深化与开拓有了扎实的根基。

这里写的"形"还是白杨树的"形"，这里写的"神"也是白杨树的"神"。但是，这已经不完全是树的客观"神韵"的客观反映，而是开始渗进了作家的理想化的主观感受了。朗读的时候，一定要把握作者有话要说的主观感受，并把这个感受表达清楚。对于文章主要语句，要下重力气进行表达。比如开篇首句"白杨树实在不是平凡的，我赞美白杨树"一句就稍作变换用了五次。每一次的表达有什么变化？对比一下，不同的强调会表示什么样的语气，如："我赞美白杨树"，"我赞美白杨树"和"我要高声赞美白杨树"这三句在语气上有什么不同？

白杨树实在不是平凡的，我赞美白杨树！

采取欲扬先抑的手法，以含蓄深沉的语调，不可过于激昂。"实在""赞美"两处重读，点明主题。

当汽车在望不到边际的高原上奔驰，扑入你的视野的，是黄绿错综的一条大毯子；黄的，那是土，未开垦的处女土，几百万年前由伟大的自然力所堆积成功的黄土高原的外壳；绿的呢，是人类劳力战胜自然的成果，是麦田，和风吹送，翻起了一轮一轮的绿波——这时你会真心佩服昔人所造的两个字"麦浪"，若不是妙手偶得，便确是经过锤炼的语言的精华。黄与绿主宰着，无边无垠，坦荡如砥，这时如果不是宛若并肩的远山的连峰提醒了你（这些山峰凭你的肉眼来判断，就知道是在你脚底下的），你会忘记了汽车是在高原上行驶，这时你涌起来的感想也许是"雄壮"，也许是"伟大"，诸如此类的形容词，然而同时你的眼睛也许觉得有点倦怠，你对当前的"雄壮"或"伟大"闭了眼，而另一种味儿在你心头潜滋暗长了——"单调"！可不是，单调，有一点儿罢？

这是一段起到铺垫、衬托作用的文字，是为推出下边白杨树形象设的伏笔。领会作者的原意在这里很重要。通过对黄土高原"黄""绿"两色的对比重读，突出"绿"色。接下来，很自然地歌颂了人类战胜自然力的伟大，因此重读"雄壮""伟大"紧接着语调一转，"倦怠""单调"是反义性重音，为后面白杨树的伟岸埋下伏笔。

然而刹那间，要是你猛抬眼看见了前面远远地有一排，——不，或者甚至只是三五株，一二株，傲然地耸立，像哨兵似的树木的话，那你的恹恹欲睡的情绪又将如何？我那时是惊奇地叫了一声的！

"然而刹那间"一改舒缓的节奏，语气开始上扬，节奏开始紧张起来。通过这样的叙述，使"无边无垠，坦荡如砥"的黄土高原上的白杨树形象格外挺拔。

这就是白杨树，西北极普通的一种树，然而绝不是平凡的树！

直抒胸臆，以豪迈赞扬的语气读出。通过前面的扎实描写，白杨树的形象已经鲜明，所以这里重音应放在"白杨树"上"极普通""实在不是"一组看似矛盾的重音，为下文的叙述奠定基调。

那是力争上游的一种树，笔直的干，笔直的枝。它的干呢，通常是丈把高，像是加以人工似的，一丈以内，绝无旁枝；它所有的桠枝呢，一律向上，而且紧紧靠拢，也像是加以人工似的，成为一束，绝无横斜逸出；它的宽大的叶子也是片片向上，几乎没有斜生的，更不用说倒垂了；它的皮，光滑而有银色的晕圈，微微泛出淡青色。这是虽在北方的风雪的压迫下却保持着倔强挺立的一种树！哪怕只有碗来粗细罢，它却努力向上发展，高到丈许，两丈，参天耸立，不折不挠，对抗着西北风。

这段写白杨树的形状，语气应高亢。通过写白杨树的干、枝、叶、皮，突出它的"一律向上""紧紧靠拢""片片向上"的精神。重读"倔强挺立"、"不折不挠""对抗着西北风"，突出白杨树的不平凡。

这就是白杨树，西北极普通的一种树，然而绝不是平凡的树！

看似重复，实际上起承上启下的作用。"极普通"、"绝不是"语气更加坚定，顺利实现节奏的转换。

它没有婆娑的姿态，没有屈曲盘旋的虬枝，也许你要说它不美丽，——如果美是专指"婆娑"或"横斜逸出"之类而言，那么白杨树算不得树中的好女子；但是它却是伟岸，正直，朴质，严肃，也不缺乏温和，更不用提它的坚强不屈与挺拔，它是树中的伟丈夫！当你在积雪初融的高原上走过，看见平坦的大地上傲然挺立这么一株或一排白杨树，难道你就只觉得树只是树，难道你就不想到它的朴质，严肃，坚强不屈，至少也象征了北方的农民；难道你竟一点儿也不联想到，在敌后的广大土地上，到处有坚强不屈，就像这白杨树一样傲然挺立的守卫他们家乡的哨兵！难道你又不更远一点想到这样枝枝叶叶靠紧团结，力求上进的白杨树，宛然象征了今天在华北平原纵横决荡用血写出新中国历史的那种精神和意志。

白杨不是平凡的树。它在西北极普遍，不被人重视，就跟北方农民相似；它有极强的生命力，磨折不了，压迫不倒，也跟北方的农民相似。我赞美白杨树，就因为它不但象征了北方的农民，尤其象征了今天我们民族解放斗争中所不可缺的朴质，坚强，以及力求上进的精神。

这段写白杨树的品行，语气坚定高亢。需要注意的是，对于分号前面的内容应读得稍轻，把强调的重音落在白杨树的品质上。四个"难道"的反问句，语气越来越强，节奏越来越快。

让那些看不起民众，贱视民众，顽固的倒退的人们去赞美那贵族化的楠木（那也是直挺秀颀的），去鄙视这极常见，极易生长的白杨罢，但是我要高声赞美白杨树！

最后一段，否定的语气，从侧面表明了作者要"高声赞美白杨树"。

3.《第一场雪》朗读分析

这是入冬以来，胶东半岛上第一场雪。

雪纷纷扬扬，下得很大。开始还伴着一阵儿小雨，不久就只见大片大片的雪花，从彤云密布的天空中飘落下来。地面上一会儿就白了。冬天的山村，到了夜里就万籁俱寂，只听得雪花簌簌地不断往下落，树木的枯枝被雪压断了，偶尔咯吱一声响。

大雪整整下了一夜。今天早晨，天放晴了，太阳出来了。推开门一看，嗬！好大的雪啊！山川、河流、树木、房屋，全都罩上了一层厚厚的雪，万里江山，变成了粉妆玉砌的世界。落光了叶子的柳树上挂满了毛茸茸亮晶晶的银条儿；而那些冬夏常青的松树和柏树上，则挂满了蓬松松沉甸甸的雪球儿。一阵风吹来，树枝轻轻地摇晃，美丽的银条儿和雪球儿簌簌地落下来，玉屑似的雪末儿随风飘扬，映着清晨的阳光，显出一道道五光十色的彩虹。

大街上的积雪足有一尺多深，人踩上去，脚底下发出咯吱咯吱的响声。一群群孩子在雪地里堆雪人，掷雪球，那欢乐的叫喊声，把树枝上的雪都震落下来。

俗话说，"瑞雪兆丰年"。这个话有充分的科学根据，并不是一句迷信的成语。寒冬大雪，可以冻死一部分越冬的害虫；融化了的水渗进土层深处，又能供应庄稼生长的需要。我相信这一场十分及时的大雪，一定会促进明年春季作物，尤其是小麦的丰收。有经验的老农把雪比作是"麦子的棉被"。冬天"棉被"盖得越厚，明春麦子就长得越好，所以又有这样一句谚语："冬天麦盖三层被，来年枕着馒头睡。"

我想，这就是人们为什么把及时的大雪称为"瑞雪"的道理吧。

朗读指导

这是一篇写景的散文，通过描写胶东半岛上第一场雪以及由此带来的欢乐，引出对雪的议论。读的时候，应该树立生动的视觉形象，把握文章喜悦、轻盈的基调。

这是入冬以来，胶东半岛上第一场雪。

开篇点题，用叙述的语气，重读"第一场雪"。

雪纷纷扬扬，下得很大。开始还伴着一阵儿小雨，不久就只见大片大片的雪花，从彤云密布的天空中飘落下来。地面上一会儿就白了。冬天的山村，到了夜里就万籁俱寂，只听得雪花簌簌地不断往下落，树木的枯枝被雪压断了，偶尔咯吱一声响。

这段写下雪的情景，读时注意节奏的跳跃性。"雪纷纷扬扬"，仿佛看到了雪花随风漫天飞舞的情景，"雪"后停顿，后面四字先降后升，要读出抑扬顿挫的音乐美来。"一阵儿""大片大片"的重读，突出雪越下越大，这里节奏的跳跃性很大。接下来，描述了雪夜的"万籁俱寂"，重音轻读，"簌簌""咯吱"等拟声词，更加反衬出雪夜的寂静。读的时候，语速放缓，语气中充满一种俏皮的味道。

大雪整整下了一夜。今天早晨，天放晴了，太阳出来了。推开门一看，嚯！好大的雪啊！山川、河流、树木、房屋，全都罩上了一层厚厚的雪，万里江山，变成了粉妆玉砌的世界。落光了叶子的柳树上挂满了毛茸茸亮晶晶的银条儿；而那些冬夏常青的松树和柏树上，则挂满了蓬松松沉甸甸的雪球儿。一阵风吹来，树枝轻轻地摇晃，美丽的银条儿和雪球儿簌簌地落下来，玉屑似的雪末儿随风飘扬，映着清晨的阳光，显出一道道五光十色的彩虹。

这段写雪后的美景，用欣喜的音调来读。"整整"的重读，强调雪下的时间之长。"出来"读出喜悦的语气。"嚯！好大的雪啊！"连续两个感叹句，尤其能表达作者的喜悦的心情。"嚯"叹词，读得高而平，"好"起调较低，"大的"语调由顶点降到最低点，"啊"稍延长，语调上扬。"粉妆玉砌"比喻性重音，"毛茸茸亮晶晶""蓬松松沉甸甸"重叠词的运用，读出节奏的跳跃感来。加上儿化音，带有几许可爱的色彩。而接下来一句，更使雪景的美充满灵动气息。"轻轻地摇晃""随风飘扬"节奏舒缓，语气轻盈。"五光十色的彩虹"比喻性重音，写出了雪的色彩美。

大街上的积雪足有一尺多深，人踩上去，脚底下发出咯吱咯吱的响声。一群群孩子在雪地里堆雪人，掷雪球，那欢乐的叫喊声，把树枝上的雪都震落下来了。

这段写雪后人们的活动，节奏轻快。前面一句，速度稍慢，"咯吱咯吱"不只是脚踩在雪地上的声音，更是人们舒畅心情的外露。后面的一句，节奏加快，最后一个逗号不停顿，更能突出孩子们玩的高兴。

俗话说，"瑞雪兆丰年"。这个话有充分的科学根据，并不是一句迷信的成语。寒冬大雪，可以冻死一部分越冬的害虫；融化了的水渗进土层深处，又能供应庄稼生长的需要。我相信这一场十分及时的大雪，一定会促进明年春季作物，尤其是小麦的丰收。有经验的老农把雪比作是"麦子的棉被"。冬天"棉被"盖得越厚，明春麦子就长得越好，所以又有这样一句谚语："冬天麦盖三层被，来年枕着馒头睡。"

这段是对瑞雪所发的议论，读时语速放慢，语气平实。"并不是"肯定性重音，"冻死""促进"呼应性重音，具体说明瑞雪的价值。"一定""尤其"再次肯定第一场雪的价值。接下来的几句，应读得俏皮活泼些，可在"被""馒头"处停顿，加以强调。

我想，这就是人们为什么把及时的大雪称为"瑞雪"的道理吧。

最后一段，自然地道出了自己的真实的感受。朗读时应气徐声柔，语调稍扬。

三、独立训练

1.《老木匠的竹笛》，作者：何为

训练说明：本篇作品在练习时注意要做到用普通话朗读，口齿清楚、声音响亮、停顿适当、语气连贯、语调自然、表情达意、速度适中、完美和谐,领会主旨。

训练提示:这是一个带有传奇色彩的小故事,讲述了一个伟大的人民音乐家——聂耳的音乐启蒙故事。在这个故事中有一对人物是故事的核心:他们是一个老木匠和一个小男孩儿,连接这两个人的纽带不是别的东西,而是那嘹亮的、悠扬的笛声。朗读时要注意捕捉形象方面的感受。朗读时,要让这些画面活起来,这样朗读的时候才能做到具体而生动。

听,笛声又响起来了。

那个快乐的老木匠就住在聂守信(聂耳的原名)家的隔壁——"成春堂"药号贴邻的木工作坊里。那可赞美的好邻居!他不只善于用笨重的木料制作种种精巧的桌子椅子或是其他生活用具,使孩子高兴的是,他还能吹一口婉转动听的好笛子!木工和竹笛,这两者之间只要一种本领就足以使一个不满十岁的孩子感到迷惑或羡慕,何况这个老木匠一人兼有这样两种惊人的本领!

笛声嘹亮,悠扬,激越。小小的笛孔里飞出一串串迷人的笛韵。一圈圈笛韵的涟漪就在这条静静的甬道街荡漾,消失在染满胭脂色夕阳的街道尽头。

聂守信不由得出神了。

每天这个时候,老人做完了一天的工作,就坐在工场一角,用他那一双全是厚茧的粗糙的手——可又是那么灵巧的手呵——拿起笛子呜呜地吹响。

呵,笛声为什么这样优美?老师傅你为什么吹得这样动人心弦?

笛声如同一只无形的不可抗拒的手,向孩子招引。只要听见笛子清越的吹响,聂守信就情不自禁地循声走向老木匠那里。

于是在木工厂门口,就会出现一个小小的脸庞,满脸渴慕的神气,一双聪颖的发亮的眼睛,像是要寻找什么童话中的秘密。

灰暗的尘埃浮动的小作坊。孩子看见:在堆积如山的刨花、木屑和碎木料中间,淡淡的落日余晖照亮一个满头霜雪的老人,照亮他那一支因为年长日久变了色的笛子。就是这一支细细的毫不显眼的笛子,当它在老木匠手里吹奏起来的时候,忽然变成了魔笛一般,那几乎是神奇的。

那是多么好多么叫人心爱的一支笛子呵!简直就是一只有灵性的小鸟,一只能歌唱的小鸟——歌唱太阳、微风和清晨——它时而像在无限清幽的深谷里啼啭;时而又在春天的林木深处喧噪;时而又变为成群鸟雀的啁啾声。是的,鸟儿怎样唱歌,老木匠的笛子也怎样歌唱。呵!要是他也能学会吹奏笛子该有多好!

对,一定要学会吹笛子!

有一天,聂守信在"成春堂"楼上做完了当天的学校作业呆呆出神。因为没有听到老木匠的笛声,茫然若有所失。难道老师傅今天有什么重要的事出门去了吗?还是自己刚才忙着做功课没有听到笛声呢?可爱的小鸟怎么今天不唱歌儿了?

孩子急急下楼,到了隔壁的工场间,原来老师傅正忙着赶做一件大家伙,照例工作不告一段落,他是不愿中途歇下来的。老人全神贯注,仿佛在专心致志地创造一件贵重的产品,以致有人在门口带着询问的眼光定定地凝视着他,也丝毫没有觉察到。

　　孩子没有作声。看见老师傅忙得满头大汗,也就从旁眼快手灵地帮助做些零活,把一件件工具递给他。老木匠是个沉默的人,乍一看,甚至使人感到他是严厉的,然而在稍长时间的共同劳动里,这两个年龄相差几乎达半个世纪的邻居之间产生了一种莫逆的友谊。

　　老人和孩子的友谊很快发展了。友谊的媒介是劳动和音乐。不久,聂守信从老木匠那里学会了笛子的吹奏法,自己也购置了一支苏笛,不但可以跟老师傅的笛声媲美,而且还学会了怎样眯起一只眼睛,谛视刚刚创过的木条侧面的垂直线是否平直。这两种本领可以同时学会的!

　　谢谢你——第一个老师!

　　2. 《济南的冬天》,作者:老舍

　　训练说明:本篇作品在练习时注意要做到用普通话朗读、口齿清楚、声音响亮、停顿适当、语气连贯、语调自然、表情达意、速度适中、完美和谐,领会主旨。

　　训练提示:这篇文章节奏舒缓。作者以对济南十分深厚的爱,写出了这篇清新、淡雅的文字。在这篇文章中,语言的运用十分纯熟,比如长、短句在文中的配合使用"对于一个在北平住惯的人,像我,冬天要是不刮风,便觉得是奇迹;济南的冬天是没有风声的。对于一个刚由伦敦回来的人,像我,冬天要能看得见日光,便觉得是怪事;济南的冬天是响晴的。自然,在热带的地方,日光是永远那么毒,响亮的天气,反有点叫人害怕"。使得文章节奏的变化十分自然和谐,长句读起来像小桥流水,而短句如"像我、像我"的重复,"自然"等词的有规律的出现,十分自然地形成了节奏的回环往复之势,听起来毫不造作,浑然天成。朗读中注意体会作者的这些匠心所在。

　　对于一个在北平住惯的人,像我,冬天要是不刮风,便觉得是奇迹;济南的冬天是没有风声的。对于一个刚由伦敦回来的人,像我,冬天要能看得见日光,便觉得是怪事;济南的冬天是响晴的。自然,在热带的地方,日光是永远那么毒,响亮的天气,反有点叫人害怕。可是,在北中国的冬天,而能有温晴的天气,济南真得算个宝地。

　　假若单单是有阳光,那也算不了出奇。请闭上眼睛想:一个老城,有山有水,全在天底下晒着阳光,暖和安适地睡着,只等春风来把它们唤醒,这是不是个理想的境界?小山整把济南围了个圈儿,只有北边缺着点口儿。这一圈小山在冬天特别可爱,好像是把济南放在一个小摇篮里,它们安静不动地低声地说:"你们放心吧,这儿准保暖和。"真的,济南的人们在冬天是面上含笑的。他们一看那些小山,心中便觉得有了着落,有了依靠。他们由天上看到山上,便不知不觉地想起:"明天也许就是春天了吧?这样的温暖,今天夜里山草也许就绿起来了吧?"就是这点幻想不能一时实现,他们也并不着急,因为有这样慈善的冬天,干啥还希望别的呢!

　　最妙的是下点小雪呀。看吧,山上的矮松越发的青黑,树尖上顶着一臂地白花,好像日本看护妇。山尖全白了,给蓝天壤上一道银边。山坡上,有的地方雪厚点,有的地方草色还露着；这样，一道儿白，一道儿暗黄，给山们穿上一件带水纹的花衣；看着看着，这件花衣好像被风儿吹动，叫你希望看见一点更美的山的肌肤。等快回落的时候，微黄的阳光斜射在山腰上，那点薄雪好像忽然害了羞，微微露出点粉色。就是下小雪吧，济南是受不住大雪的，那些小山太秀气！

　　古老的济南，城里那么狭窄，城外又那么宽敞，山坡上卧着些小村庄，小村庄的房顶上卧着点雪，对，这是张小水墨画，也许是唐代的名手画的吧。

　　那水呢，不但不结冰，倒反在绿萍上冒着点热气，水藻真绿，把终年贮蓄的绿色全拿出来了。天儿越晴，水藻越绿，就凭这些绿的精神，水也不忍得冻上，况且那些长枝的垂柳还要在水里照个影儿呢！看吧，由澄清的河水慢慢往上看吧，空中，天上，自上而下全是那么清亮，那么蓝汪汪的，空灵的蓝水晶。这块水晶里，包着红屋顶，黄草山，小团花的小灰色树影；这就是冬天的济南。

第七章

普通话说话训练

 本章内容提要

❖ 普通话话题说话技巧；
❖ 普通话话题说话综合训练。

普通话水平测试中的"话题说话"，不同于日常生活中的谈话，它是应试人的单向说话。《普通话水平测试实施纲要》明确规定，测试说话的目的在于"测查应试人在没有文字凭借的情况下说普通话的水平，重点测查语音标准程度、词汇语法规范程度和自然流畅程度"，它的全部测试内容都是以口头方式进行的，主要是通过主试人的听觉感知与心理度量，对应试人的普通话能力水平进行评定，因此，不可避免地带有一定的主观性和模糊性。测试中，要最大限度地减少这种主观性对应试者成绩的影响，就一定要掌握"命题说话"的应试技巧，有针对性地进行准备和强化训练。

第一节 普通话话题说话技巧

话题说话考查的是应试人在没有文字材料依托的情况下，语音、词汇、语法的规范程度以及自然、流畅的水平，这不单单是对应试人语言水平的考验，也是对应试人心理素质的考验。同时，由于命题说话的话题主要都是从《普通话水平测试话题》中选取，本身就具有一定的不确定性，再加上在整个说话的过程中应试人还要注意不能有背稿、离题或说话难以继续等问题，就使得话题说话难上加难了。

一、普通话水平测试常用话题

（1）我的愿望（或梦想、理想）。
（2）我的学习生活。
（3）我尊敬（熟悉）的人（或我的父亲、母亲）。
（4）我喜爱的动物（或植物）。

(5) 童年的记忆。

(6) 我喜爱的职业。

(7) 我喜欢的一个故事。

(8) 我很感兴趣的一件事。

(9) 难忘的旅行。

(10) 我的朋友。

(11) 我的家庭。

(12) 我喜爱的文学（或其他）艺术形式。

(13) 谈谈卫生与健康。

(14) 我的业余生活。

(15) 我喜欢的季节（或天气）。

(16) 学习普通话的体会。

(17) 谈谈服饰。

(18) 我的假日生活。

(19) 我的成长之路。

(20) 谈谈科技发展与社会生活。

(21) 我知道的风俗。

(22) 我和体育。

(23) 我的家乡（或熟悉的地方）。

(24) 谈谈美食（或喜欢的一种食品、一道菜）。

(25) 我喜欢的节日。

(26) 我所在的集体（学校、机关、公司等）。

(27) 谈谈社会公德（或职业道德）。

(28) 谈谈个人修养。

(29) 谈谈孝敬老人。

(30) 我喜欢的明星（或其他知名人士）。

(31) 我喜欢的一首歌。

(32) 给我深刻印象的一部电影（或电视剧）。

(33) 我喜爱的书刊。

(34) 谈谈对环境保护的认识。

(35) 我向往的地方。

(36) 购物（消费）的感受。

(37) 我的学习经历。

(38) 我和电脑。

(39) 我是这样的一个人。

(40) 谈谈你是怎样面对成功和失败的。
(41) 谈谈父母与孩子的关系。
(42) 谈谈做人要诚、做事要实。
(43) 谈谈学历与能力。
(44) 谈谈个人的习惯与修养。
(45) 对我影响最大的一个人。
(46) 当考试来临时。
(47) 我看网络。
(48) 我看语言美。
(49) 谦虚是一种美德。
(50) 如何提高学习的兴趣。
(51) 怎样才能做好一件事。
(52) 说说专业与职业的关系。
(53) 如何才能做一个对社会有意义的人。
(54) 家务事趣谈。
(55) 我看邻里关系。
(56) 我看商品质量。
(57) 我对一种职业的看法。
(58) 谈谈金融危机对大学生就业的影响。
(59) 谈谈生活环境对人的影响。
(60) 一句格言给我的启示（或我喜欢的一句话）。

二、普通话水平测试话题的分类方略

对以上话题按照应试人说话的角度、内容进行合并、分类（参见表7-1），分类之后的题目，应试人既可以从介绍、说明的角度去谈，也可以从叙述、描写的角度来说，还可以在介绍说明或叙述描写中穿插议论，一切都可以随说话角度的不同和应试者的语言表达习惯自己确定。

表7-1 话题说话分类参考表

记叙描述类	记人物	我的家庭 我熟悉的一个人 我所在的集体 ……
	记事件	生活中的一件事 童年的记忆 ……

续表

记叙描述类	记生活	我的兴趣、爱好 我的业余生活 家乡的气候（或风光、风俗） ……
	记所爱	我喜爱的一本书 我喜爱的一种动物（植物） 我喜爱的一种体育运动 给我印象深刻的一首歌（或是一部影视作品） 我最喜欢的一道菜 ……
议论评述类	论人	我看邻里关系 怎样与人相处 ……
	论事	谈谈电视节目 家务事趣谈 我对某种社会现象的看法 怎样才能学好普通话 我看商品质量 ……
说明介绍类		名胜古迹介绍 风俗小吃介绍 食品、药品功能说明介绍 ……

以上分类只是根据应试者的述说角度进行的一个大致分类，并不是非常完全、严格、科学的分类，应试者在进行话题训练的时候，可以按照自己的语言习惯和叙述、评说角度进行调整，说时可以以议为主，也可以以叙为主，还可以夹叙夹议，不必完全拘泥一种形式。

三、普通话话题说话中的常见问题

在普通话水平测试的话题说话环节，经常出现的问题，主要包括以下3个方面。

（一）无话可说

日常生活中的交流都是在具体语境下进行，双向或多向进行，谈话具体，互相启发，话题可以源源不断。而在普通话水平测试中进行的谈话是单向交流，一个题目说3分钟，对于平时没有进行过专门语言训练的人来说，是有很大难度的，容易产生一时语塞、大脑空白的情况，从而使谈话无法继续，分析其中的原因，主要的问题还是平时积累不够，或是由怯场心理导致的。

（二）有话可说，但说得不规范

话题说话主要考察的是语音、词汇、语法的规范程度。受方音的影响，每个人在口语表达时都或多或少残留着方音的错误或缺陷，短时间内很难克服。第一分钟可能很标准，第二分钟就开始出现问题了，第三分钟就完全控制不住了，产生这个问题的原因，主要就是平时练习的时间不够，或是练习方法不够科学、系统。

话题说话：我的业余爱好（二级乙等）
网址：http://www.pthxx.com/05zl/voice/1j-04.html

（三）既有话可说，又规范标准，但不够清晰流畅

一板一眼像背稿子，生硬死板，有固定强调；有时停顿、更正、磕磕绊绊太多；音节脱落，吃字连字，不连贯，不顺畅，出现这样的情况，还是应试者的心理状态不够稳定，或是发音的方法和语言表达能力的问题。

话题说话：我的业余爱好（二级甲等）
网址：http://www.pthxx.com/05zl/voice/1j-04.html

要解决以上的问题，首先要深入了解口语表达的特点，把它和日常交际语言、朗读及背诵等书面语言区分开来；其次，要加强内在语言的组织能力、编码能力和外在语言的有声传达能力，力争在短时间内迅速组织好说话的内容并很好地表达出来；最后，还要把握好应试的心理状态，调控情绪，以最佳状态求得最好表现。

四、普通话水平测试"命题说话"的基本要求

说话不仅是对应试人语言水平的考查，同时，也是对应试人心理素质、逻辑思维能力和语言表达能力的考验。由于"话题说话"是在没有文字凭借的情况下，把思维的内部语言转化为自然、准确、流畅的外部语言，所以，应试者说话也要达到一定的标准和规范要求，概括起来说，主要有以下几点。

（一）语音要标准

话题说话的测试重点在于语音。语音面貌的好坏，直接关系到整个测试得分的高低。语音准确，即声、韵、调不能出现失误，无系统的方音错误，无方音尾巴，变调、轻声、儿化均按普通话训练所述要求去说。尤其要注意克服平翘舌之间，n 与 l、f 与 h、前后鼻韵母不分等现象。

（二）词汇、语法要规范

《普通话水平测试实施纲要》规定，"说话"时，词汇、语法规范。因此，测试中，应试人一定要注意口语词和书面词的区别，克服方言语调，避免使用方言词汇。

口语词和书面语词的界限不易分清。一般说来，口语词指日常说话用得多的词，书面语词指书面上用得多的词。口语词和书面语词相比，有其独自的特点，应试者需要多加练习，细心揣摩。在说话过程中，必须克服方言的影响，摒弃方言词汇，说话中特别要注意克服方言语气。如"那邦"（那边），"不老盖"（膝盖儿），"中"、"管"（好、行）、"疵毛"（差劲）等。应试人由于平时说惯了方言，再加上心情紧张，仓促之中往往出现来不及进行信号转换的情况，方言词汇或方言语法在测试中不小心就会显现出来，因而在平时训练中要努力克服。

（三）语句要自然流畅、口语化

这是说话过程当中一个非常重要的环节。说话就是口语表达，口语化的语言具有它自身的特点。一是在用词方面，少用书面语，尽可能选用口头使用的词语，这样一方面可以去除背稿子的嫌疑，另一方面也能很好地增加说话的自然程度和语言表达的亲切感，达到一种朴实无华的语音效果；二是在造句方面，注意多用短句、散句、无主句、省略句、独词句等自然句，少用长句、整句、成分臃肿的句子和重复句；三是在语调和语速方面，停顿、重音、快慢、升降等都应呈现日常口语时的自然状态，说话过程中，要保持正常的语速，正常语速大约 240 个音节/分钟。当然，这也不是一成不变的，要随具体的语境自然变化。除此之外，我们还要注意一个问题，就是说话虽然就是口语表达，但口语表达并不等于口语本身。我们口头说话，要使用语言材料，但是说话的效果并不是这些语言材料的总和。口头说的话应该是十分生动的，它和说话的环境、说话人的感情、说话的目的和动机都有很大的关系，进行说话准备时，不要把说话材料写成书面材料，因为写出来的东西往往都会忽略或是改变口语表达的特点，从而出现在"话题说话"环节，我们最不愿意看到的"背书腔"。

（四）严格遵守说话时间，不能"半途而废"

说话往往心情一紧张，感觉无话可说，说不到 3 分钟，就再也说不下去了。你不妨采用以下方法：一是延富构思法。尽量争取一点时间，在不让人感到"矫情"的前提下，适度延富，将思维散点连缀成篇，或扩句成篇，使自己的说话内容逐渐充实丰富，使表达的感情逐渐充沛、饱满。二是富含例证法。纯粹理论性的东西，逻辑性要求较高，用词也很严格，又不易展开，因而思之维艰。如果你选择举例，则可以从苦苦思索中解脱出来，因为故事、经验很容易复述；在绘声绘色的举例中，你的紧张情绪会渐渐消失，话题会越说越顺。生动的故事能打动听者，引起人们的注意，促进沟通。

（五）要有轻松自如的心态

单项说话是一项比较宽松的口头语言考试，因此，说话时它既不要求像演讲那样慷慨激昂，又不要求像朗诵那样声情并茂，也不要求像论辩那样词锋锐利，而是要求应试者用轻松自如的心态，口语化的语言，紧紧围绕说话题目，好像面对着老朋友聊天一样展开话题。

（六）要学会随机应变

在测试中，如发现自己准备的腹稿有不妥之处或准备的素材一时忘记，要随时调整，普通话水平测试中的有些话题在内容上是可以相互借鉴的，只要事先对话题的内容进行一番仔细的分析整合，准备一个基本内容就可以涵盖好几个题目，说话时只需说几句扣题的开场白，然后巧妙地转入自己准备的内容就行了。要善于随机应变，不要死记硬背，不必拘泥于事先准备好的材料。

话题说话：我的业余爱好（一级甲等）

网址：http://www.pthxx.com/05zl/voice/1j-04.html

五、普通话水平测试"命题说话"的准备技巧

这里所说的准备分为两种：一种是平时准备，一种是受测前的临场准备。平时准备即在测试前利用相对比较充裕的时间（几天、几十天或一个月）的准备，由于时间充裕，应试人可对测试实施纲要的要求、内容的特点及说话题目进行深思熟虑，认真推敲。平时准备的好坏是测试成功与否的关键。临场准备是指在受测前10分钟所做的准备。由于时间仓促，只能做粗略准备，因而也最容易出现问题。但无论是平时准备，还是临场准备，都必须经过分析说话题目、确定说话类型、精心选择材料、理清表达思路、整理定型、反复训练等几个阶段。

（一）分析说话题目

分析说话题目与作文审题没什么差别。分析说话题目是说话的第一步，说话首先要确定

说什么，围绕什么中心来说。

1. 分析话题要抓题眼

比如"我的兴趣爱好"这个题目，题眼是"爱好"。"爱好"即是自己喜欢的事儿，因此，说话时就要说自己对某事物如何具有浓厚的兴趣，并积极参加活动。

2. 分析话题立意要高

比如"难忘的一件事"，这一话题，无论说什么事，都应该激励或告诫人们如何正确为人处事，立志敬业，崇尚真善美的高尚境界，摒弃那些低俗的假恶丑的东西。

（二）合理确定说话类型

《普通话水平测试话题》中的说话测试话题概括起来说，不外乎记叙描述、议论评说和说明介绍三大类，内容都与自己的日常生活有关，应试人可以按照这样的分类，从不同的角度、不同侧面进行叙述、议论或说明，这样就能有效地节省时间，提高训练效率和训练水平。

（三）精心选择材料

测试说话题目，涉及的范围跟我们每个人的生活都密切相关，每个题目都应该有话可讲，人人都应该有话可说。但因为是正式测试，而非日常聊天，这些看似简单的题目，很多人又觉得无话可说，这就需要对自己生活的各个方面作一下回顾。挑选那些自己熟悉的、最能说明问题、具有代表性的材料加以述说、介绍或论说。选材，可以是自己亲自经历的，也可以是自己耳闻目睹的，有的甚至是自己合情合理想像的。只要思路开阔，就能有无尽的素材，娓娓道来。不过，这里提醒应试人的是，在准备话题内容时，尽量不要涉及那些有可能激起情绪强烈波动的内容（比如失去亲人、家庭变故等），以免仅仅由于情绪的原因而导致说话不流畅，而大大影响测试成绩。

另外，要找准话题的切入点，将生疏的题目化为熟悉的题目，设法将大题化为小题。比如"我对某一社会现象的看法"，"社会现象"十分复杂，有正面的，也有反面的；有政治经济的，也有百姓生活的；有宏观的，也有微观的。应试人可以选取经常发生在身边的事情。比如赡养老人问题、劳动就业问题、商品质量问题、环境污染问题、勤俭节约问题、交通安全问题或社会腐败问题等，这些都是一种社会现象，你可以从某一点切入，把抽象的题目化为具体的题目，就会有话可说了。

（四）理清表达思路

话题说话，是测试应试人使用普通话的准确度和流畅度。测试中的说话并不完全是口头作文，更不是即兴演讲，对于词语、结构没有过高要求，只要语句通顺流畅，词汇语法规范，语音正确无误即可。但在测试中，有些应试人往往说得很凌乱，东拉西扯，一盘散沙，使听者不知所云。先说什么，后说什么，哪些详说，哪些略说，应试人在测试前就应该把素材按某条思路串起来，要便于记忆，说着顺口，让测试员听着顺耳。当然，这也不是一蹴而就的事情，一定要按照科学的训练方法，不断地进行练习，尤其是对于说话的逻辑顺序要多加练习。

（五）整理定型

材料结构大致定好以后，最好列出说话提纲或整理成书面材料，然后进行修改，修改时一是要看所选材料是否紧扣中心。二是要审查用词是否规范，表意是否准确通俗、浅易明白，句式是否简短、流畅上口，要修改掉华丽、生僻、拗口的词语。三是根据自己的方言特点，把那些拿不准或容易读错的字词，逐个查字典定音、定调，并反复进行口头练习，强化记忆。

（六）反复训练

整理好说话内容，审词定音后，并不是万事大吉，一切都没有问题了。还要不辞劳苦地反复训练。一是把那些失误频率较高的字音熟练准确掌握。二是把已准备好的书面材料抛开，化为发自肺腑的口头语言自然表述，切记不要带着朗诵、背诵或演讲的腔调。三是语速不要过快或过慢，音量也不可过强或过弱。如果说话速度太快，语音错误、方言词语、方言语法、病句就会在不经意之间随口道出；如果说话速度太慢，就会出现内容拖沓，断断续续，影响说话的流畅度。四是避免口头禅。口语化表达要求简洁、明快，口头禅不仅会带出大量无用的信息，还会使句子支离破碎，严重影响语音的完整性和词语使用的准确度。五是坚持科学的训练方法。训练的时候可以用录音的方法练习说话，录一遍，听一遍，检查纠正之后再录一遍……，这样练下来，说话的效果肯定会越来越好。

总之，不管用什么方法或技巧准备话题，都必须把握住普通话语言的标准度、词汇语法的规范度和言语的流畅度这三个要素，训练的时候也一定要牢牢抓住3个方面，这是进行普通话说话训练的基础。

普通话水平测试用的话题大多是在《普通话水平测试话题》中选取，同时，根据不同地域的特点，不同地区的普通话水平测试机构还会随机灵活地增加一些当地风土人情方面的话题进行测试，如河南地区的语言测试机构经常会在普通话水平测试中增加一些当地旅游景点介绍的话题，甘肃地区经常会在普通话水平测试中增加一些关于方言辩证和语音演变的话题。综合几年来的普通话水平测试话题选用和不同地区话题增加的情况，将话题分类汇总如下：

【练一练】

1. 三名同学一组，分别按照各自的想法，充分酝酿说话题目和说话内容，并将各自的命题说话题目写在纸上，互相调换，拿到说话题目的同学准备5分钟，然后按照说话题目不间断地说3分钟，说完后由确定题目的同学进行点评和指导。

2. 三名同学一组，分别诵读不同的文稿（字数超过3 000字），然后在另外两名同学的监督下，对诵读文稿进行口述，口述时间不能少于3分钟，口述结束后，由同学比照原文进行点评。

第二节 普通话话题说话综合训练

本节将第一节中列出的普通话水平测试话题，按照记叙描述类、议论评述类和说明介绍类进行分类，并进行赏析和训练。

（一）记叙类话题模拟训练

记叙类话题涉及的大多都是自己熟悉的人、事、物等，一般的叙述思路大致是：想说谁（说什么）—为什么这么说—好的例子—表明自己的态度。

1. 记人物

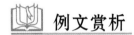 例文赏析

我熟悉的一个人

说到我熟悉的人，我想说一说我的爸爸。他是一位勤劳、忠厚、老实的人，没有什么特殊的职业，靠种田来维持我们一家人的生活。他的一生很平凡，然而他的一言一行却无时不在影响着我，那种勤劳俭朴的习惯，一丝不苟的做事态度和任劳任怨的工作精神，都深深地印在了我的心里。

爸爸出生在一个贫困的家庭里，家中兄弟姐妹五口人，他排行老二，他的个子不高不矮，体形匀称，上过高中，由于受家庭条件的影响，没有再接受更高层次的教育，留在家中干起了农活。从我记事起，爸爸就没有正儿八经地休息过，总是从早忙到晚，即便是在三伏天或是雨雪天气里，他也会像往常一样忙里忙外，不肯休息。

爸爸还是一个对子女非常严厉的人。记得在我读初中的时候，由于贪玩，作业经常不能够及时地完成，这总会引起爸爸的不悦，还会时不时地挨顿揍。当时，爸爸对我说得最多的话就是："你这孩子怎么总是这样？屡教不改！你就不能让我省省心，唉！"这声"恨铁不成钢"的叹息，让我至今记忆犹新，其中饱含了父亲深深的爱。

种庄稼是靠天吃饭的，有一年，雨水不怎么好，田里和庄稼没有什么好收成，靠田地来维持生计非常艰难，那个时候，别人家也同样非常困难，没有人能够帮助我们。爸爸为了不让我们受苦挨饿，开始外出寻找生计。爸爸通过朋友的帮忙，到县城里的一个沙子厂挑沙子，我们深知挑沙子的不容易，且那时工钱也不高，一天的工钱大概也就30块钱左右，但尽管如此，爸爸还是非常珍惜这份工作，每天按时按点地到沙子场上班。用他自己的话

说，就是自己要尽到一个做父亲的责任，要通过自己的劳动，让子女过得好一些，至于自己的苦和累，那根本算不了什么。

这就是我的爸爸，一个为了家庭，为了自己的孩子甘愿付出一切的人，我深爱着我的爸爸。

点评：

这是一篇比较成功的说话，内容丰富，思路清晰，既说出了要说谁，也说出了为什么这样说，最后还点明了说话者自己的态度。更为难得的是，在整个说话中，充满了对父亲的敬重和感激之情，也很好地表现出了一位父亲对家庭、对子女浓浓的爱，感人至深。

从语言表达技巧上看，这篇说话也是很成功的。语言简洁、流畅生动、情真意切。在整个说话的篇幅中，无难句、病句，较多地使用了短句，且语言通俗易懂，无生涩、牵强附会之词，让听者闻之动容。

【练一练】

（1）训练目标

熟练运用即兴表达的构思技巧，掌握人物类话题的即兴表达需要。

（2）训练方法

① 以学习小组为单位，进行即兴说话训练；

② 同学轮流抽签进行训练，大家互相讲评，每组评出一名最佳说话者。

（3）训练材料（每小组可任选一个话题）

① 我的家庭。

② 我熟悉的一个人。

③ 我尊敬的一个人。

④ 我的朋友。

⑤ 我是这样一个人。

⑥ 我所在的集体。

⑦ 我喜欢的明星。

2. 记事件

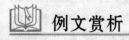

例文赏析

童年的记忆

每个人都有自己的童年，也都有自己童年生活中快乐的记忆，尤其是长大成人后，童年的记忆更是让人回味无穷。在我的记忆里，童年生活中最甜蜜的事，可能就是吃"冰棍"和"冰激凌"了。

我从小出生在一个充满爱的家庭里,尽管在农村,却是家人的掌上明珠。那时候,夏天是我最喜欢过的,因为我可以一整天都吃冰棍与冰激凌。村子里那时没有冷饮店,有的只是小贩用自行车推着叫卖冰棍。破旧的自行车后面是一个大木箱,箱子有好几层,外面一层还裹着棉花毯子,最里层才是最诱惑我的冰棍与冰激凌。每天那些小贩用小木块敲着木箱四处叫卖着,而我每天都会坐在大门口等着每一个路过的冰棍小贩,吵闹奶奶给我买冰棍和冰激凌吃,因为我家在当地是属于有点钱的那种人家,所以奶奶就在我哭闹的进攻下给我买。记得有一天,我一共吃了15根冰棍,至今碰上村里的人,他们还会时不时地提及我的"光荣历史"!那时普通的冰棍只要5分钱一根,奶油的也只要1毛钱,最奢侈的冰激凌是1.5元一杯。就这样,在我儿时的每个夏天,我基本上都是在冰棍小贩的叫卖声和品尝冰棍与冰激凌的甜蜜中度过的。想想那时的日子,我真的很幸福。在蜜罐中泡着长大,尽情地享受着我的快乐童年。

转眼,二十几个春秋过去了,尽管现在的冰激凌花色很多,我想吃就可以吃到不同种类。可奇怪的是,我总是找不到童年的那种味道,那时的味道是真正的纯真与甘甜。

点评:

整篇说话体现了童年记忆中最让人难忘的片段,对童年生活中吃冰棍与冰激凌的各个细节,都有很详细的描述,确是有感而发,那种让人难忘的甜蜜,至今仍然让人垂涎三尺。

从语言表达技巧来看,整篇说话流畅自然,口语特点明显,但却缺少了对品尝过程的描述,稍显不足,要是能够增加一些说话主体品尝冰棍与冰激凌过程的描写,尤其是对那种冰凉与甘甜的描写,则全篇说话就会更加生动,有血有肉了。

【练一练】

(1) 训练目标

熟练运用即兴表达的构思技巧,掌握事件类话题的即兴表达需要。

(2) 训练方法

① 每学习小组选出一名代表,进行即兴说话训练。

② 各小组进行打分,评出最佳说话者。

(3) 训练材料(可任选一个话题)

① 生活中的一件事。

② 童年的记忆。

③ 我很感兴趣的一件事。

④ 如何才能做好一件事。

⑤ 家务事趣谈。

3. 记生活

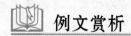例文赏析

我的业余生活

　　我的业余生活，大多是读书、写作。我喜欢读书和写作。每天吃完午饭，家人都休息了，我就翻出各种各样的书来读，有学校图书馆借来的，有自己花钱买的，可谓来源颇广。这些书中，有教人如何维护自尊的《简·爱》，有展现当代学者风采的《百家讲坛》，还有如何培养和增强学习兴趣的。世界名著固然精彩，包罗万象的杂志也令人爱不释手，我看属于我们的《中国青年》，看描写我们的《金色年华》，提高、丰富文学阅历和写作水平的《读者文摘》、《散文诗》等。

　　一本好书在手，一切烦恼都抛于脑后。每当读过一本好书，总是希望有人与我分享。每到周末无事的时候，与同学、朋友评议一下中国四大名著的文学价值，谈论柯林斯的成名之作《白衣女人》，析《红与黑》在文学史上的地位，各抒己见，侃侃而谈，神采飞扬。古语说：书中自有黄金屋，书中自有颜如玉。但我读书既不求黄金屋，也不为颜如玉，我求的是知识，用它来开阔我的视野，武装我的头脑，充实我的精神世界。在书中我找到了现实生活中许多问题的答案，在书中看到了人间的欢乐与苦难，在书中窥测到人的崇高与卑劣……我爱书，正是因为它早已成为我的知己。

　　写作，是一种很好的锻炼思维的方式，也是一种提升思想的过程。于是闲暇时就写上一点随感、读后感的，偶尔也会吟上几句诗，这不仅增强了我的文学底蕴，也让我有了更多的与朋友和写作爱好者的交流机会，丰富了我的生活，开阔了我的视野。

　　我的业余生活尽管略显单调，但总的来说，还是多姿多彩的，它给我带来了无穷的乐趣。

　　点评：

　　应当说，这是一篇非常不错的说话。整篇说话将应试者的业余生活表述得非常清楚，既说出了业余生活的主要内容，也说出了读书与写作的好处，有理有据，行文流畅，堪称佳作。

　　从语言的表达技巧来看，这篇说话词语的使用偏重于书面性的多了一些，可能会增加说话者的说话难度，但如果注意说话时的语调和语速，效果也应该会不错的。这篇说话要求说话人有良好的语言和文学修养，具有极强的打腹稿和谋篇布局的能力，并且有丰富的当众说话的经验，能做到这一点，绝非一日之工，平时一定要多积累、多练习。

【练一练】
（1）训练目标

熟练运用即兴表达的构思技巧，掌握生活类话题的即兴表达需要。

（2）训练方法

① 以学习小组为单位，进行即兴说话训练。

② 同学轮流抽签进行训练，大家互相讲评，每组评出一名最佳说话者。

（3）训练材料（每小组可任选一个话题）

① 我的兴趣、爱好。

② 我的学习生活。

③ 我的业余生活。

④ 难忘的旅行。

⑤ 我的假日生活。

4. 记所爱

例文赏析

我喜欢的一本书

　　我从小就爱读书。对我影响最深刻的是奥斯特洛夫斯基的《钢铁是怎样炼成的》。书中的主要人物保尔·柯察金，是一个自由主义者，他经历了磨难，带着伤痕，冒着枪林弹雨，受着病痛的折磨，最后成为一名共产主义战士。在长期的革命斗争中，他的身体遭受到了严重的损伤，不能继续进行革命工作，可他还是排除了各种艰难险阻，克服重重困难，进行了小说创作。

　　后来，保尔因双目失明受到了更大的伤害，停止了创作，几乎自杀，但他经过自我斗争，以坚强的毅力战胜了自我，终于完成了这部书的创作。他那种克服困难、坚强不屈、勇于与疾病作斗争的精神，他那见义勇为、知难而上、百折不挠的精神，让我记忆犹新，深深地储存在我的脑海里，成为我战胜困难、战胜自我的精神力量。

　　每当我遇到困难的时候，保尔·柯察金的形象就在我脑海里显现，给我增添了无穷的勇气；当我遇到挫折时，保尔·柯察金那英勇顽强、钢铁般的意志，让我受到鼓舞，受到激励，重新扬起生活的风帆；当我遇到坎坷时，保尔·柯察金战胜疾病、英勇顽强的精神，就像是一盏明灯，让我看到弱小的自己，为自己的懦弱而无地自容。

　　保尔·柯察金就像一面旗帜，高高飘扬，时刻激励我奋发图强，以积极向上的精神状态刻苦钻研，克难攻坚，在工作与学习中攻克了一座座堡垒，消灭了一个个拦路虎，夺取了一个又一个胜利，为自己的幸福生活开辟了一片新天地。

保尔，他是激励人们奋进的化身，是鼓励人们战胜自我的力量源泉，是号召人们奋发有为的一面旗帜。这部好书，将永远激励人们战胜困难，从一个胜利走向另一个胜利，实现人生价值、完善自我！

点评：这篇说话的立意非常好，话题说话的结构安排得也非常合理，以小说主要人物保尔·柯察金的生活经历和自强不息的奋斗历程为线索，结合自己生活的实际，系统地说明了我喜欢《钢铁是怎样炼成的》这本书的原因。

从语言表达技巧看，这篇说话当中蕴含的感情基调较为激昂，说话者不容易把握，但就整篇说话的内容来看，却不失为一篇好的说话题材。

【练一练】

（1）训练目标

掌握话题的即兴表达技巧，提高话题说话能力。

（2）训练方法

① 以学习小组为单位，进行即兴说话训练。

② 同学轮流抽签进行训练，大家互相讲评，每组评出一名最佳说话者。

（3）训练材料（每小组可任选一个话题）

① 我喜爱的一本书。

② 我喜爱的一种动物（植物）。

③ 我喜爱的一种体育运动。

④ 给我印象深刻的一首歌（或是一部影视作品）。

⑤ 我最喜欢的一道菜。

（二）议论评述类话题结构模式

此类话题略有难度，对说话者的思维、概括和说理能力都有很高的要求，单就其话题说话的内容来看，结构模式大体是：表明观点—阐述论据—举例—再次说明自己的观点。

1. 论人

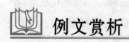
例文赏析

如何做一个对社会有用的人

如何做一个对社会有用的人？这是一个很难回答的问题。自古以来，人们无时无刻不在谈论它，却一直没有形成一个统一的标准，未能达成共识，可谓仁者见仁，智者见智。

我想，做一个对社会有用的人，首先需要的是一颗赤诚的爱国心。治国、齐身、平天下需要的是一种博大的爱，这种爱源于对国家生死存亡极度的关注和高度的责任感，源于对人民百姓生活异常的重视和紧迫的使命感,这种爱博大而精深,雄浑而深远,它早已超越了家的界限,达到了一个很深的深度。做有损于国家形象的事,不是爱国;做有损于人民利益的事,不是爱国;唯恐天下不乱,也不是爱国;出卖国家利益主权,更不是爱国。我们难以想像一个毫不爱国的人如何做一个对社会有用的人,如何担负祖国和人民交给他的每项任务。

只有一颗赤诚的爱国心也还是不够的,若没有必要的行动将它化作具体的东西,那便毫无意义可言,最真的决心也丧失了其行动的意义,空想者永远不会成就任务和事业。有了爱国心之后,就要想尽一切办法,尽自己最大的努力去干一些实事,一些能服务于国家经济建设、服务于人民生活水平提高的事情。我认为,倘能做到这样,那就是对爱国情一个较大的升华了,至于到底这种实事的贡献有多大,成效有多大,就应该从另一个方面评定了。就像中国历史上有名的爱国人士文天祥,满怀一腔爱国情,并能将这种感情化为实际行动,大刀阔斧地干起来,尽管最后并未取得多大成效,以失败而告终,可我们说他是一个大英雄,一个对社会有用的人。

要做一个对社会有用的人,在我看来,除了应具备上述条件之外,还必须从个人的自身修养做起,即一定要尽可能提高自己的各项能力和整体综合素质。在可能给社会创造价值的基础上尽可能地提高价值的净含量,要时刻想到社会发展的最后目标是消除贫困,达到共同富裕,建设共产主义社会。因此每个人都应该站在一个相当的高度永远都不满足,真正地做一个对社会有用的人。

点评:

这篇说话的题目相对较难,组织材料对应试者来说是一个很大的考验,单就这篇说话来说,主题相对较为突出,用词严谨,感情深沉,系统地阐述出了做一个对社会有用的人应该具备的条件。

从语言表达技巧上来看,这篇说话也属于不太容易把握的一类题材,由于说话者论述的角度相对较高,且选择的例子缺乏一定的普遍性,结尾部分的词语烘托,更使这篇说话上升了一个层次,所以,应试者如果想说好这篇说话题材,必须反复练习,全面把握。

【练一练】

(1) 训练目标

掌握议论类话题的即兴表达需要,提高话题说话水平。

(2) 训练方法

① 以学习小组为单位,进行即兴说话训练。

② 同学轮流抽签进行训练,大家互相讲评,每组评出一名最佳说话者。

(3) 训练材料(每小组可任选一个话题)

① 我看邻里关系。

② 怎样与人相处。

2. 论事

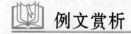 例文赏析

怎样才能学好普通话

  普通话是以北京语音为标准音，以北方方言为基础方言，以典范的现代白话文著作为语法规范的现代汉民族共同语，是我们日常交流沟通的工具。我认为学好普通话很重要，尤其对于当代大学生来说，学好普通话，用好普通话更是非常重要的。试想一下，如果你有一口流利的普通话，那么必然会为你的求职和工作提供很多的帮助。普通话已然成了我们必备的技能。

  要学好普通话我觉得应该注意以下几个方面。

  第一，掌握拼音字母的发音部位和发音规则，平常多加练习反复推敲。尤其对平舌与翘舌，前鼻音和后鼻音要引起格外注意，这是山西同学经常容易搞混的地方。

  第二，平常可以多收看新闻类电视节目，努力发现和纠正自己在发音上的缺陷。

  第三，应该养成经常翻阅字典的习惯，尤其对于自己拿不准的读音要认真对待，切勿放过。

  第四，应该坚持用普通话进行日常交际。在具体语言环境中体会、培养正确的语感，提高自己的普通话水平。

  我觉得学习普通话并不是一个非常困难的事。因为它并不是什么脑力活动。只要多听、多说，相信人人都会讲一口流利的普通话。通过几年的普通话学习，自我感觉普通话水平有所提高，实实在在感受到一种成就感，虽然这本身就是我们应该做到的。而另一方面作为一个中国人讲一口流利的普通话，本身也是一种乐趣。难道不是吗？

  点评：

  这篇说话的内容很好，是一篇非常成功的说话。有理有据，论述得非常具体、透彻，尤为难能可贵的是，这篇说话能够将学好普通话与当代大学生的求职和工作联系在一起，容易引起大家的共鸣。对于学好普通话应该注意的问题，论述也非常到位，学好普通话就要多听、多说。话题说话的结尾更是别具一格，通过说好普通话正反两方面的对比，将学好普通话的必要性非常突出地表现了出来。

  从语言表达技巧来看，这篇说话也较容易上口，通篇无难词、难句，说明大于陈述，便于说话者掌握，只是结尾反问句的说话语速和语气，需要说话者认真地加以揣摩。

  （1）训练目标

  熟练运用即兴表达的构思技巧，掌握论事类话题的即兴表达技巧。

  （2）训练方法

  ① 以学习小组为单位，进行即兴说话训练；

② 同学轮流抽签进行训练，大家互相讲评，每组评出一名最佳说话者。
（3）训练材料（每小组可任选一个话题）
① 谈谈电视节目。
② 家务事趣谈。
③ 我对某种社会现象的看法。
④ 怎样才能学好普通话。
⑤ 我看商品质量。
⑥ 我看网络。
⑦ 我看语言美。
⑧ 谈谈金融危机对大学生就业的影响。
⑨ 谈谈生活环境对人的影响。

（三）说明介绍类话题结构模式

说明介绍类话题的结构模式通常是：是什么（是谁或是什么样的）—表现在哪几个方面—每个方面是怎样的—自己的观点。

例文赏析

风俗小吃介绍——羊肉馅饼

羊肉馅饼已有100多年的历史，它的特点是皮薄馅大，食过之后唇齿留香，且老少皆宜。羊肉馅饼的做法其实也不是特别难，下面我就简单地介绍一下羊肉馅饼的做法。

第一步，要准备好肥羊肉500克，上等面粉750克，洗干净的白菜1.25千克，姜末10克，精盐15克，葱末50克，花椒水50克，黄酱100克，花生油100克和麻油100克。原料备好后，就要开始羊肉馅饼的具体制作了。先将羊肉剁碎，加入黄酱、姜末、花椒水、盐搅拌均匀，同时撒上葱末，淋上麻油拌匀。然后将白菜切碎，挤去水分，同拌好的碎羊肉放在一起拌成馅。第二步，就要放入花椒水了，花椒水是用花椒、大茴香加开水泡成，有去除羊肉膻味的作用。如果以开水250克为标准，约需花椒、大茴香各5克泡呈黄色，冷却后即可使用。第三步在面粉中加入温水约330克，将面粉和成软面，饧约半个小时，然后将它放在撒有干面粉的案板上搓成长条，摘成30个面团，并一个个按扁。最后，要在每块面剂上放馅约50克，揭起四周把馅包起来，再在手心上一转封好口，摘去收口处的面头，揿成圆饼，随即将圆饼放在刷有花生油的热铛上烙熟即成。

做好的羊肉馅饼色泽金黄，皮薄绵软，油润香嫩，实在是不可多得的美味小吃呀！

点评：这篇说话通过对羊肉馅饼的特点和做法的具体描述，将羊肉馅饼这种风俗小吃全方位地向大家作了介绍，说话内容详细，用法、数量准确，做法具体，同时，对羊肉馅饼的美味极尽赞美之辞，说得很有效果。

从语言表达技巧来看，这篇说话数量词使用较多，且数量过于精确，对说话者来说，不太好把握，也不易赢得主试人的认可，这也是这篇说话的最大缺点，如果将这篇说话的数量词变换一种角度说，说出来的效果可能就会好很多了。

（1）训练目标

熟练运用即兴表达的构思技巧，掌握说明类话题的即兴表达需要。

（2）训练方法

① 以学习小组为单位，进行即兴说话训练。

② 同学轮流抽签进行训练，大家互相讲评，每组评出一名最佳说话者。

（3）训练材料（每小组可任选一个话题）

① 名胜古迹介绍。

② 风俗小吃介绍。

③ 食品、药品功能说明介绍。

④ 家乡的气候（或风光、风俗）。

以上的话题说话例子都来自普通话水平应试者的说话录音，除了纠正一些明显的语法错误和删除了一些啰嗦的语句外，没有进行大的改动，基本上保留了说话的原生态。这也体现了我们对作者和客观事实的尊重。上面提供的说话的基本结构的参考模式，只是根据以往的说话实例，简单地总结，并不是完全、准确的结构模式，如果你的口头表达力较强，也有能力针对每个话题，灵活、生动地进行表述，那就可以根据话题的要求，自行发挥，从而真正体会到说话的乐趣。

读一读

1. 我的一个梦想

很早的时候，我就有一个深藏心底的梦想：到大连一游。去年的暑假，我的愿望终于实现了。我们一家三口到大连潇洒了一回。

大连城市不是很大，从市中心到城市边缘也只需二十来分钟时间，这也给我们的旅行带来了很多方便，我们根本不用赶时间，早上迟迟地起床，美美地吃了早餐，再不紧不慢地出发就可以了。

大连汽车多，说到交通工具，有两种值得一提：一是有轨电车，二是小火车。

大连山多，地势起伏，有时汽车会很奇怪地绕开街道爬上一个很陡很高的上坡，然后再从依然很高很陡的坡上俯冲下来，当我还沉浸在那种极爽的感觉中的时候，我发现汽车又到了另外一条街上了。坐在车上，我轻松地欣赏着路边美丽的景致，整洁的街道，高大而别致的建筑，穿着考究又个性化极强的人们，还有街道边的绿树红花，这些真让我耳目一新，俨然有一种身在大都市的感觉。

大连最让我羡慕的是各式各样美丽的服装。真羡慕生活在大连的人们可以紧随世界服装潮流，不像我们还跟着香港、广东赶。

大连最让我心动的是各种风味的美食，台湾咖喱饭、广东扒鸡、四川麻辣烫等，想起来在大连还吃了一样东西，潮州的一种什么饼，烤出来的，中间有鸡蛋，还有碎肉，味道还不错。

大连最漂亮的是美丽的夜景，晚上是一个灯的世界，五颜六色，霓虹闪烁。我最喜欢一家商场前面的两棵被彩灯环绕的松树了，忍不住跟它们合了个影。

4天的大连之旅，差不多逛遍了大连城。星海公园、胜利广场、海之韵广场、动物园、国际博览中心，还有最大的商场……每个地方都那么美，都那么叫人流连忘返。

总之，这个暑假我们全家都非常愉快，我们过了一个非常充实而又意义的假日。我的梦想实现了。

2. 我 的 母 亲

我的母亲是一位典型的农村妇女，今年54岁了。她是我外婆的长女，等她到上学年龄时，正是外婆家最繁忙的时候。大人们要到生产大队里去劳动，她的主要任务是看管好5个年幼的弟妹。她只上了两年学，就一边帮家里劳动，一边照管弟妹了。她17岁就嫁给了我父亲。

父亲是一位教师，常在学校里，家里的大小事情几乎都由母亲操劳支撑着。母亲在家既要照顾老人，又要哺育子女，整天忙里忙外，起早摸黑，任劳任怨，但她从不叫一声苦、喊一声累。

改革开放以后，中国农村发生了天翻地覆的变化。在农村最突出的表现是，落实了"家庭联产承包责任制"，这乐坏了母亲，在她的带领下，我们家的责任田种得很好，不再像以前生产队里年年要"超支"、年年吃不饱了。母亲说"只要这政策不变，我再苦再累也甘愿"。

母亲也很关心我的学习。我学习上只要有少许的进步，母亲总是把这高兴的心情转变成她更出色地劳动的动力。当我学习上遇到困难了，母亲从不责怪我，而是引导我不要像她一样没文化只能干粗活，要像父亲一样多用功读书，将来找个好的工作。

1986年我考上了大学，已经长大了，母亲却仍然像关心小孩似的关心着我。有一次，我闹了病，单纯的我如实地把实情告诉了家里，母亲急得连夜从200里外的家乡赶到了我的学校，最后仅是虚惊一场，连我们班主任也感叹我们母子亲情感人至深。如今，我即将大学毕业，走上工作岗位，岁月的变化和经历的增加，让我更加深刻地感受到了母亲对我的爱。

她的爱是那样的崇高,那样的伟大。我要永远赞美和敬爱她!

3. 我 的 家 乡

我的家乡在河北。自改革开放以来,河北省发生了翻天覆地的变化,使她逐渐改变了旧面貌,走上了健康发展的轨道。

河北,这块美丽而富饶,繁荣而昌盛的土地上,居住着6 000多万人口。在这个拥有11个地级市的大省中,有着灿烂而辉煌的历史。雄伟壮观的万里长城可以说首屈一指,它可是在世界历史上的一个伟大的奇迹;承德的避暑山庄,中外闻名。多少外国人纷纷慕名而来,来观赏这"世界文化的遗产",来观赏我国现存最大的皇家园林;横跨赵县洨河上的赵州桥,技术高超,做工精湛,堪称一绝,是世界上最为古老的圆弧式拱桥。河北的自然风光优美,旅游胜地甚多,如星罗棋布一般夺目,令人向往。单说那山,就让你流连忘返!兴隆的雾灵山,景色独特,如同仙境一般;赞皇的嶂石岩,匠心独运,如同天壁隔日;昌黎的碣石山,青山巅连,巍峨屹立,如屏似障,此外还有井径的苍岩山,石家庄的仙台山……数不胜数,是人们旅游、观光、度假的好去处。(河北,人才辈出,养育了很多伟大的人物和文化名人!从古至今,由扁鹊(战国名医)到今天抗击"非典"的白衣天使;由曹雪芹到蔡楠;由祖冲之到张广厚……) 河北是一个革命遗迹和爱国主义教育基地众多的省份,从李大钊故居、革命圣地西柏坡、清苑冉庄地道战遗址、八路军一二九师司令部旧址和将军岭(陵)等爱国主义教育基地中,可以领略河北在中国近现代史中的重要地位。

我爱我的家乡——河北,爱这块希望的田野!

4. 我熟悉的地方

我熟悉的地方是我的母校。每个人都有自己的母校,每个人都对自己的母校留有一丝记忆。

记得那天,我的母亲告诉我,明天就是你上学的日子。怀着既激动又神秘的心情,我走进了我的母校——长兴乡小学,开始在知识的海洋里畅游。在小学的这6年时间里,我从一个不懂事的孩子,到能够掌握一定文化知识的小学毕业生,我的老师们费了多少心血呀!人们都知道,小学是基础,不管将来要从事什么职业,一切基础都是小学打下的。当我逐渐走向社会的时候,我发现,母校给我的是如此之多,令我难以忘怀而终身受用不尽!

忘不了,操场上,同学们围坐一处,手拉手儿齐心"吼"出"团结就是力量"!忘不了,在课堂上,那一位位辛勤睿智的教师;忘不了,同学们直抒胸臆或辩论交流,在看似漫无边际的你言我语中,撞击出了思想的火花,滋生出了兄弟姐妹般的情谊!

虽然这么多年过去了,但母校的模样记忆犹新。小学所教过我的老师,我还能清楚地记得他们的名字。那几位老师,把全部的心血都投入到我们这些既可爱又调皮;既聪明又好学；既懂事又惹祸；既可气又好笑的孩子们身上。今天，我们取得的成绩，和他们当年的辛勤耕耘是分不开的。我要真诚地说一声：谢谢我的老师！谢谢我的母校！

长兴乡小学是我熟悉的地方，也是我永远不能忘记的地方。

5. 我喜爱的一种艺术形式

我喜欢对联。对联是一种独特的文学艺术形式，它始于五代，盛于明清，迄今已有一千多年的历史。早在秦汉以前，我国民间过年就有悬挂桃符的习俗。所谓桃符，就是把传说中的降鬼大神"神荼"和"郁垒"的名字，分别书写在两块桃木板上，悬挂在门的左右，以驱鬼压邪。这种习俗持续了一千多年，到了五代，人们才开始把联语题在桃木板上。五代末年，我国才出现最早的一副春联。宋代以后，民间新年悬挂春联已经相当普遍，王安石诗中"千门万户曈曈日，总把新桃换旧符"之句，就是当时盛况的真实写照。

一直到了明代，人们才开始用红纸代替桃木板，出现了我们今天所见的春联。随着各国文化交流的发展，对联还传入越南、朝鲜、日本、新加坡等国。这些国家至今也还保留着贴对联的风俗。

对联是由律诗的对偶句发展而来的，它保留着律诗的某些特点。古人把吟诗作对相提并论，在一定程度上反映了两者之间的关系。对联一般说来比诗更为精炼，句式也较灵活，可长可短，伸缩自如。在我国古建筑中，甚至还有多达数百字的长联。对联无论是咏物言志，还是写景抒情，都要求作者有较高的概括力与驾驭文字的本领，才可能以寥寥数语，做到文情并茂，神形兼备，给人以思想和艺术美的感受。

那么怎样作对联呢？①上下联的字数必须相等，不能用重复字。②上联的末一句必须是仄声，下一联的末一字必须是平声。③上下联的句式必须一致。④上下联的平仄要相对立，上联要用平声字的地方，下联就得用仄声字，反过来也一样。⑤上下联意思可以相近或相反，可以只说一事，也不妨分说两事。这是中华书局《文史知识》编辑部归纳的作对联的规律。

6. 谈谈卫生与健康

下面我就谈谈"卫生与健康"的知识。

其实卫生是处处都必须注意的，在路边、大街上、小巷中，在那些不讲卫生的小摊小贩的摊子上，经常做一些油饼、羊肉串之类的食品，你可千万不能去买，谁知道他们这些东西是用什么做的，吃了容易生病，甚至造成腹泻、头晕之类的症状。饭前便后要洗手，这也是讲卫生的行为。

说到健康，也许有人会说："吃多了东西也就健康了吧！"其实健康并不在于多吃东西，你还需要常运动、多喝水，每天定量吃饭，按时睡觉等，这样才能做到健康。我在报纸上看到过多吃水果、蔬菜、多补充维生素，这样对身体大有好处。

卫生与健康是紧密相连的。不讲卫生不仅使身体容易生病，有时连你宝贵的双眼也会受到侵袭。当你接触过钱、霉旧的书之类的东西，你可千万不要去揉眼睛，否则，沾在你手上的细菌就会跑进眼睛，这样会使你患上沙眼，导致视力下降。

为了有个健康的好身体，平时我们要养成良好的卫生习惯。良好的卫生习惯不是抽象的概念，而是表现为一点一滴的生活小事。比如，要保持个人清洁卫生，衣服要勤换洗，勤洗澡，勤剪指甲；饭前便后要洗手；经常打扫环境卫生；适当参加体育锻炼，增强身体免疫力。

7. 我喜欢的季节

一年四季，春夏秋冬，各有所长，都有人爱。我最喜欢的季节是冬季。有人说冬天太冷，会冻伤人的心灵；有人说冬天太静，压抑人的心情；也有人说冬天太冷酷，扼制着生命的激情。那么我要说：请你用心去感受一下冬天，冬天也具有情趣和意趣，并非无聊与冷酷。她虽然冷，但却不乏热情；她虽然静，却不那么沉默；她虽然冷酷，却也少不了温馨。

一种事物给人的感受总是多重性的，我看到了冬天的另一面。当你看到冬季里那悄悄钻出的小草，当你看到冬季里傲然的腊梅，看到冬季里那玩雪溜冰的孩子们，你会觉得冬季给予了我们一个完全不同的世界，她是那么的和谐，那么的奇妙。她会让你脱离尘世的一切烦恼，虽然少了一份姹紫嫣红。她会让你静静地思考一些平时不愿思考的东西，虽然失去了一些灯红酒绿。她会让你去面对一些平日里不想面对的东西，虽然少了一份愉悦。

当太阳在浓雾中缓缓升起，雾却变得稀薄，麦苗上的浓霜也不见了踪影，只留下一颗颗泛着光芒的水珠。你不觉得冬天很可爱吗？冬天，是那么的美，那么的静。她无时无刻不在用自己的生命来培养着你，滋润着你。她无时无刻不在向你倾诉着自己对生命的理解。我敢保证只要你用心去感受，用心去倾听，你会越来越喜欢她。

8. 谈谈服饰

看着大街上来来往往的人们都有着共同的特点，就是穿着很时尚，服饰随着时代的不同而变化多异，服饰也要与时俱进。

满清时代大马褂成了人们的便装，不管是富有还是贫穷都穿长袍，他们的区别在于富有的人用绫罗绸缎缝制衣服，贫穷的人则用粗布剪裁衣服。20世纪80年代初期年轻人穿起了喇叭裤，不管是男女都穿上了颜色不同的裤子！那时裤子的喇叭越大显得越时尚，这都是年轻人所为！

现在我们想购买服饰而进商场后第一个感觉就是眼花缭乱。因为大多服饰颜色各异、款式新颖，很适合现在的年轻人。曾经人们的温饱是个问题时，大家从不考虑服饰。衣着打扮对他们来说是次要的,所以服饰上有补丁是很平常的事情。可现在不同了,年轻人讲究的是'另类',是'个性'。把'补丁'看成了一种艺术,看成了一种个性。把很好的衣服专门打上补丁,你们说怪不怪呢?

每个人都有个人的穿法,因为每个人的气质都不同。有的人看上去极为严肃,这样他们应当穿得端庄才合适;有的人看上去很温和、温柔,这样他们应当穿得典雅才合适。随着人们的眼光提高,服饰也在日新月异地变化着。

随着时代服饰不断变化,服饰会还古吗?会变成什么样子?谁也说不清楚!只有时间时代的前进才能证明服饰的变化,因为服饰是跟随时代更换的。

9. 谈谈孝敬老人

有一次我从电视节目中看到:一个上小学的小女孩儿,她的妈妈病卧床多年,小女孩儿承担起了全部家务,每天买菜、做饭、收拾房间,为母亲擦洗身体。因为家里生活十分困难,她养成了省吃俭用的习惯。在这种情况下,她每天还能按时到校上课,勤奋苦读,还担任学生干部,成为了三好学生、十佳少年。

看着这样的报道,面对这样有孝心的孩子,你有什么感想呢?在我们身边有没有不懂得孝敬父母、尊敬长辈的例子?有些学生一回到家就成了饭来张口,衣来伸手的小"皇帝",有的还动不动就和自己的父母、爷爷奶奶大呼小叫的。谁孝敬谁甚至出现了颠倒的现象,难怪有人半认真半开玩笑地说:"孝子,孝子,孝敬儿子。"

那么我们要怎么做呢?我觉得应该听从长辈的教诲,不应随便顶撞,有不同想法应讲道理;严格要求自己,体谅长辈的艰辛,尽可能少让长辈为自己操心;还应该为父母分忧解难,在父母生病时,在父母有困难时,尽力去关心照顾父母、协助父母;更应该刻苦学习,努力求知,让父母少为自己的学习担忧;另外,应该在外出求学的生活中,自己照顾好自己,注意安全。

总之,真正的孝心要体现在言行上。"百善孝为先"一个不懂得孝敬老人的人,谁相信他将来会是一个合格的社会公民呢?

10. 谈谈个人修养

一个人的修养很重要,时时刻刻都写在你的脸上、嘴上、手上、脚上,写在你每天的一举一动上。我很喜欢善良的人,与人为善一直以来都是中华民族的美德,善有善报,恶有恶报已经家喻户晓、人人皆知了。我努力做一个善良的人,也一直告诉女儿一定要做一个善良的人,这样你才会受到大家的欢迎。

个人修养会影响到整个社会的精神面貌,记得有一次我给姐姐在市场里买了一件毛衣,颜色鲜艳,款式也很特别,姐姐很喜欢,家人也觉得很漂亮,但是穿到晚上脱下衣服的时候就发现了问题，毛衣上的颜色都已经粘到姐姐的皮肤上，姐姐不停地说痒，脖子上的皮肤也已经发红。怎么会这样？我真的很生气，一来责怪自己贪便宜，二来担心姐姐会生气。当我把衣服浸到脸盆里的时候，水一下子就变红了，我想无疑是衣服的缘故了，我马上把这件衣服给扔了。当时我就在想，生产这些服装的厂家公德心何在，善良之心哪儿去了，他们难道没有自己的孩子吗，难道就没有最基本的个人修养吗，在生产的时候就没有考虑到衣服对人体能够产生的危害吗？这些商人拿着昧着良心赚来的钱，心里难道没有一丝的内疚吗？因此我觉得，我们生活在商品社会里，作为一个社会人，个人的修养很重要。如果全社会的人都拥有一颗善良的心，那么我们人类该会是多么的和谐与快乐。

社会主义精神文明的原则，要求我们都要做高素质的人，我们决不能做华而不实、损他坑人的事情。我们应该讲点信誉，讲点良心，讲点社会公德，不断地提高我们自己的个人修养！

11. 我最喜欢的一道菜

常言道：民以食为天。对于美食我没特意的研究，但平时我喜欢做菜，我的拿手菜是"菠菜拌粉丝"。配料很简单，有菠菜、粉丝，另需一些小调料。取半斤菠菜洗净，切成一寸长；粉丝二两用水泡软，也切成一寸长；把四五个香菇和一小撮虾米，泡软剁碎；另将一根青葱切成末。做法是：在锅内放清水，煮开后下菠菜烫熟，捞起装盘放进冰箱冷却。再将粉丝放入烫菠菜的开水中煮熟，捞起加一点油和鲜酱油拌一下，以免结团。将凉后的菠菜和粉丝拌和，再加鲜酱油调至咸淡适中。锅里放少许油，将香菇和虾米末炒熟，起锅前放入葱末。然后将这些料倒入菠菜粉丝内拌匀，淋上一些芝麻油即成。

这是一道凉拌菜，别看材料简单，做法也不难，却是十分可口。每当请朋友来家做客，这道菜都是极受欢迎的，常常等不到下面的菜上桌，就被一扫而光了。我不得不提醒客人，留着一点肚子装别的菜。

做菜的窍门有不少，其中一个我觉得很重要，就是材料的搭配。单拌粉丝和单拌菠菜我全试过，都不怎么样，两样合在一起，口感才好。香菇和虾米在一起也能产生特殊味道。我现在做菜很少用味精，而是通过菜料搭配提鲜生味。

我做的菜虽不是什么美味佳肴，但也十分可口。

12. 我喜欢的节日

每年农历八月十五日，是传统的中秋佳节。这时是一年秋季的中期，所以被称为中秋。中秋也称仲秋，又叫作"月夕"，"八月节"。此夜，人们仰望天空如玉如盘的朗朗明月，自然会期盼家人团聚。远在他乡的游子，也借此寄托自己对故乡和亲人的思念之情。所以，中秋又称"团圆节"。

我国在古代就有"秋暮夕月"的习俗。夕月，即祭拜月神。到了周代，每逢中秋夜都要举行迎寒和祭月。设大香案，摆上月饼、西瓜、苹果、红枣等祭品，在月下，将月亮神像放在月亮的那个方向，全家人依次拜祭月亮，然后由当家主妇切吃团圆月饼。在唐代，中秋赏月、玩月颇为盛行。在北宋京师，八月十五夜，满城人家，不论贫富老小，都要穿上成人的衣服，焚香拜月说出心愿，祈求月亮神的保佑。南宋，民间以月饼相赠，取团圆之义。明清以来，中秋节的风俗更加盛行；许多地方形成了烧斗香、树中秋、点塔灯、放天灯、走月亮、舞火龙等特殊风俗。

今天，月下游玩的习俗，已远没有旧时盛行。但设宴赏月仍很盛行，人们把酒问月，庆贺美好的生活，或祝远方的亲人健康快乐。中秋节的习俗很多，形式也各不相同，但都寄托着人们对生活无限的热爱和对美好生活的向往。

这就是我喜欢的节日，中秋节。

13. 我喜爱的体育运动

在为数甚众的体育运动中，我喜爱的运动是篮球。

个头不高的我喜欢上篮球是非常偶然的。那是初中二年级时，同学们打球因缺少一名队员，便邀请我参加，我答应了。在这之前我从来没有摸过篮球。不过，说也奇怪，那次打篮球我连连投中，我和同学们玩得非常高兴！由那次的投球开始，我就真正地喜欢上了篮球这项体育运动。在以后的日子中，我渐渐地知道了有关篮球这项体育运动的知识。比如说，篮球运动是以投篮为中心，以得分多少决定胜负的集体竞赛性的运动。还有什么是三步上篮啊、打手犯规啊、三分球啊，投篮最好用压腕的方法等一些有关篮球方面的知识。另外，我还知道篮球是在1891年由美国的一名体育教师，根据民间流传的"投进篮子的球"的游戏发明的。因为我对篮球运动的喜爱，使我又懂了许多以前我从未知道、从未体验过的事情。另外有一点也很重要，就是在打篮球的过程中，不可避免地会有一些碰撞，大家要学会容忍、谦让，这也是篮球的规则之一，就如同我们的生活一样，要真诚面对，心胸开阔，与人为善。

14. 我和电视

随着社会的发展，人们的生活水平日益提高，各式各样的现代化家电进入千家万户。从父亲兴高采烈地把电视机扛回家的那一刻起，我就和电视结下了不解之缘。

由于科学技术的不断提高，电视机也不断地变花样，先有黑白电视机，接着是彩色电视机；频道也由原来的广西、广东两个频道，到现在能收看十几个频道；节目也不断地在翻新，越来越精彩了；开播的时间也长了，由原来午夜12点钟就说再见，到现在可以一天24小时收看。电视这个既能说话，又有影像的东西，深深地吸引我，快乐时伴着我，忧伤时也伴着我；白天看，晚上看。电视对我的帮助可大了，体育频道使我懂得了很多体育知识，文艺晚会提高了我的欣赏水平，新闻联播使我了解了国内外发生的重大事情。漫步广西、游戏天地、世界博览，让我了解了各族人民的风土人情，知道了祖国的大好河山，电视带给我的好处太多太多了。电视，丰富了我的课余生活，增长了我的见识，开拓了我的视野，给我指明了奋斗目标，坚定了我的生活信念。

通过电视，我看清了人世间的真善美、假丑恶，明白了爱心世界里充满阳光，也清楚了许多人情世故，懂得了该如何待人、处世。电视，是我亲密的朋友。

15. 怎样与同事相处

要想与同事友好相处，使大家拥有一个宽松、融洽的人际氛围，我想要注意以下几个方面：

首先，要以诚相待。古人说"精诚所至，金石为开"。可见，真诚地与人相处，其威力多大呀，所以，只有真诚待人，别人才会真诚待你。如果你待人虚伪，经常闪烁其词或谎言连篇，就会失信于人，你的交际形象也会因此而大打折扣。记得科学家达尔文在接受作家哈尔顿的采访时，表现得非常坦率真诚。哈尔顿问："您的主要缺点是什么？"达尔文回答说："不懂数学和新的语言，缺乏观察力，不善逻辑思维。"哈尔顿又问："你的治学态度是什么？"达尔文答："很用功，但没有掌握学习方法。"多么坦率的语言，人们并没有因为达尔文毫无掩饰地在人前袒露其缺点而小看他，反而由于他的坦率真诚而更加尊重他。

其次，要以礼待人。文明礼貌是我们中华民族的优良传统，而且它也是衡量一个人的文化道德修养的一把标尺。如果我们在与同学或同事相处时，能以礼相待的话，相信你的人际关系一定会日趋融洽。比如，日常生活发生的鸡毛蒜皮的摩擦，如果你能奉上一句："对不起，我失礼了！"定会让你那降身之祸一化了之；还有，在同学或同事为你解了燃眉之急时，如果你能脱口一句："谢谢！"相信你会因此而多得一个良师益友。

最后，还要以宽容待人。常言说得好"退即是进，失就是得"，这句话充分说明，人际交往中的宽容其实就是给自己开辟了一条阳关大道。你待人宽容，与人为善，别人就会从内心接纳你，你的人格魅力就会对他人产生强烈的吸引力。

因此，在与人交往中切记：真诚、礼貌、宽容。那么，我们就可以生活在和谐的环境中，我们的世界也会充满爱心和微笑。

16. 给我留下深刻印象的一部电影

在看过的众多电影中，给我留下深刻印象的只有一部，那就是美国电影——《泰坦尼克号》。

这部电影主要讲的是在19世纪末英国的一对青年男女的爱情故事。故事发生在大海上的一艘船上，电影的整个画面，看起来显得特别的壮阔、雄伟，又因故事发生的过程而显得悲壮。导演巧妙地运用了一条项链——海洋之心来贯穿全剧；以船与冰山的相撞，预示了主人公杰克与露丝的爱情悲剧。

　　主人公杰克本是个贫穷却又放荡不羁的青年，对一切事都是顺其自然。却因在泰坦尼克号船上认识了贵族后裔露丝小姐而变得成熟、沉稳。杰克与露丝之间演绎了一场轰轰烈烈的爱情故事。他们两人在船头上"飞"的那个镜头，令人难以忘怀，他们是那么地投入，那样地深情，恍如天地间的事物此刻已不复存，唯有他们两人。船与冰山相撞之后，杰克与露丝都把生的希望留给对方。他们之间经历了无数次的生死考验，最后落到大海中，杰克为了让露丝能好好地活下去，怎么也不愿上那块能救他命的木板，并且要露丝发誓：无论如何，要好好地活下去。因为杰克知道，那块木板是绝对承受不了两人的重量，上去了，只会使两人都没命的，况且，他还知道，冰冷的海水已把他的身体冻得发麻了，他自己快不行了。为了心爱的人，他毅然地选择了死。当露丝把已死去的杰克从木板上扳开时，杰克沉入了海底，我的心顿时跟着往下一沉，结束了，一切都结束了，这场天地也为之动容的爱情就这样结束了，我虽然还不懂得真正的爱情为何物，但我却真的被感动了。

　　在影片中，最最使我感动的，是船与冰山相撞后，人们惊慌、恐惧地忙着逃跑时，却有几个奏乐者在那里镇定自如地为人们奏着优美动听的音乐。难道他们不怕死吗？不是的，因为他们只是想在最后的时刻里，为人们再次献上他们的一点心意——音乐。这个场面太感人了。感谢导演，是他让这么一个小小的不起眼而又令人深思的镜头，发挥了这么大的作用。

　　这部电影上映后，连获7项奥斯卡奖。人们对影片的评价众说纷纭。我认为，这部电影故事的巧合性是最吸引人的，另外，演员们的高超演技，也令我大为叹服。《泰坦尼克号》真不愧为一部好电影。

17. 我最喜欢的一首歌

　　"这是心的呼唤，这是爱的奉献，死神也望而却步，生命之花处处开遍……"你听过这首歌吗？它就是我最喜欢的一首歌——《爱的奉献》。

　　记得第一次唱这首歌是在小学四年级，全校开展"学雷锋，做好事"活动。我们班全体同学，在一个明媚的星期天到离校很远的张大叔家里，献上我们的一片爱心，大家可积极啦，帮他砍柴、担水、扫地，还哼着歌哩！和我一起扫院子的是活泼爱动的李小燕同学，她嘴里一直哼着一支我不知名的歌，出于好奇，在休息的时候，我就缠着她教我，渐渐地，我学会了并且第一次唱了这曲《爱的奉献》。

　　从那以后，我就迷恋起这首歌来，查字典理解不懂的词语，还买了一本日记本，用红笔记谱，蓝笔记词，规规矩矩地抄下来了呢！这首歌也伴随着我走过了小学、中学，直至大学。

　　进入大学，这首歌已在我脑中深深扎根。每次见到一些尊老爱幼，助人为乐的人或听到一些被社会所赞扬、传颂的事,我心里就有一种冲动,好想高歌一曲,用我心中的这首歌,去颂扬、赞美一大群新时期的"活雷锋"。

当我自己亲自体验这种感觉,并高唱这首歌时,你可以想像,我的心情是何等激动!

那是在大地回春的三月,我们全体师生敲锣打鼓,排着整齐的队伍,去敬老院看望那些曾经为社会辛劳一生,鞠躬尽瘁的老人们。当我们怀着无比崇敬的心情,献上全校师生醇醇的祝愿和一点小小的心意时,老人们感动得热泪盈眶,连声道谢。在这种气氛中,不知是哪一个班的同学首先唱起了我最熟悉的这一首歌,歌声嘹亮、令人振奋。动人的旋律,自然从心里溢出,源源流淌,会唱的,不会唱的,都显得那么神往。我的心弦被深深地拨动了。在我们的国家里,哪里没有回荡这样的一首歌呢?

"啊!只要人人都献出一点爱,世界将变成美好的人间……"这歌声,将在世界的每个城市、乡村生根开花,传遍每个角落。这首歌,永远是我一生最爱听,也是我最爱唱的歌。

18. 我喜欢的明星

水木年华是我非常喜欢的组合,他们创作的歌曲就宛如一掬清泉,流过我的心田,令我感受那淡淡的伤感、静谧与清幽。

他们是一群有追求的清华学生,他们代表了当代大学生的心声,有一些叛逆,有一点幼稚,有一丝忧郁,更多的是在不断地成长,不断地成熟。他们的乐曲流淌着一缕哀思,犹如一杯茉莉花茶,永远飘着幽谷的神秘。

他们的成名作是《一生有你》。记得我们上高三的时候,大家都很忙,很累,很郁闷,而这首歌的流行犹如清风浮过水面,激起层层波澜。我们讨厌应试教育,我们憎恨考试,我们期盼毕业,却舍不得分离。于是,每当下课了,阳台上总是飘进歌声"多少人曾在我生命中来了又还,可知一生有你我都陪在你身边……"

我最喜欢的是《天使街》。歌曲开始由问答的形式进入,跟着平缓的音律的滑动,就感觉自己不自觉地走进另一个空间——天使在大街上快乐地画着画……这时你似乎已经忘记了自己的伤心和烦恼,跟着天使快乐着。接着高潮迭起,天使告诉我们:"流泪也是一种幸福,我却体会不出……"是啊,快乐和痛苦本来就是在一起的,我们有时候会选择逃避,为什么呢,我们应该学着坚强!痛苦是一种别样的幸福,一种成长的付出,一种蜕变的痛。我们总要长大的!

19. 我看语言美

语言,是人与人之间进行思想沟通的一种手段。随着社会的发展,语言,已经成为一个人学识、风度的标志。一个人,他的学识、风度如何,从他的言谈举止就可以反映出来。那么,什么语言才是美的语言呢?我是这样认为的:

首先，语言要准确，就是读音要准确。为什么说美的语言首先的要求就是读音准确呢？因为我们国家是个多民族国家，每个民族都有不同的语言文化。各民族之间的交流主要就是靠普通话，如果你的语音不准，那么其他民族的人就听不懂你的话，就无法进行交流，这在交际当中也就谈不上美了。比如说，我曾经听到过这样一个相声，有一个外地人，来到一家旅店，他对服务员说："我要水饺（睡觉）。"服务员听不懂他的话，以为他要吃饭，就对他说："这里是旅店不是饭店。"你看，这不闹出了笑话，可见，如果在交流当中语言不准，就不能够进行很好的交流。因此，语言也就谈不上美了。

再一点，语言还要得体，在不同的场合，要注意到当时的环境以及对象，比如说，你去安慰一位高考落榜的朋友，你就不能反反复复地指责他不争气，这种试题你也不会做吗？等等。将来我们对学生进行批评教育时，也要注意使用得体的语言，否则会伤害学生的自尊心，做老师的要特别注意语言的使用。

总之，语言美起码就要有以上的标准，一是语言要准确；二是语言要得体，只有做到这两点，我觉得语言才能谈得上美。

20. 谦虚是一种美德

谦虚是一种美德，是一种难能可贵的品德。

自古以来，我国人民就有谦虚的美德，人们有许多这方面的格言警句启迪后人。如"谦受益，满招损"，"谦虚使人进步，骄傲使人落后"，"虚心竹有低头叶，傲骨梅无仰面花"，"百尺竿头，还要更进一步！"

事实上也是如此，没有一个人能够有骄傲的资本，因为任何一个人，即使他在某一方面的造诣很深，也不能够说他已经彻底精通，彻底研究全了。"生命有限，知识无穷"，任何一门学问都是无穷无尽的海洋，都是无边无际的天空……所以，谁也不能够认为自己已经达到了最高境界而停步不前、而趾高气扬。如果是那样的话，则必将很快被同行赶上、很快被后人超过。

爱因斯坦是20世纪世界上最伟大的科学家之一，他的相对论以及他在物理学界的其他方面的研究成果，留给我们的是一笔取之不尽、用之不竭的财富。然而，就是像他这样，他还是在有生之年中不断地在学习、研究，活到老，学到老。

有人去问爱因斯坦，说："您老可谓是物理学界的空前绝后了，何必还要孜孜不倦地学习呢？何不舒舒服服地休息呢？"爱因斯坦并没有立即回答他这个问题。而是找来一支笔、一张纸，在纸上画上一个大圆和一个小圆，对那位年轻人说："在目前情况下，在物理学这个领域里可能是我比你懂得略多一些。正如你所知的是这个小圆，我所知的是这个大圆，然而整个物理学知识是无边无际的。对于小圆，它的周长小，即与未知领域的接触面小，他感受到自己的未知少；而大圆与外界接触的这一周长大，所以更感到自己未知的东西多，会更加努力地去探索。"

是啊！多么好的一个比喻，多么深刻的一番阐述！

我们每个人都要养成一个"虚怀若谷"的胸怀，都要有一种"谦虚谨慎、戒骄戒躁"的精神。用我们有限的生命时间去探求更多的知识空间吧！

21. 我心目中的教师职业

教师是太阳底下最崇高、最光辉的职业。之所以说是"最崇高"、"最光辉"，就是因为教师是"人类灵魂的工程师"。建造一座房子或桥梁，我们称他为建筑工程师；设计工厂的合理流程，我们称他为工业工程师；研究更好地养花种花、美化环境，我们称他为园艺工程师。然而教师却是灵魂的工程师，那就意味着是塑造人类的思想、建设人们的精神世界，是精神文明的设计者和创造者，是精神花园里的一个园丁。

"师者，所以传道、授业、解惑也。"传播人生道理，讲授专业知识，解除心中困惑等，这些都是一个教师所要做的事。在这个过程中，等于说是把知识的火炬一代一代地传递下去。所以，在我认为，教师更像一个接力赛的队员。这个接力赛的总长度是人类的整个时间长河，前有古人，后有来者，悠悠无尽头。整个接力赛的队员主要由一代一代的教师组成，一代相当于一棒。历史赋予我们特定的一程，我们从上一代手中接过知识接力棒，然后跟时间赛跑，直至跑完我们这一段，把接力棒传递给下一代的人。一棒一棒，无穷无尽。在这个过程中，应该有三种情况：

一是没有按要求传到或是传错了、传丢了等，这是混者。浑水摸鱼、滥竽充数而误人子弟者即是。

二是刚刚符合要求传出，这是庸者，平庸无进而得过且过者即是。

三是不但按要求传到，而且加进了自己的内力和内功，使知识接力棒本身越来越新、越来越有用，这是智者。创造发明，做出贡献，人类一定要记住他。我想，我绝不能做阿混，至少要平庸，然后追求智！当然要达到智，需要付出艰苦卓绝的努力。首先必须有一颗爱心，然后是练好教师的各类基本功，如语言、写作、书写、板画、计算机（时间有多余，再讲几个要点）等，再是不断学习，终生学习，不断充实自己，不断完善自己，争取有所创造，有所贡献！

让教师这个职业带给人们更多的真知，让我的生命燃烧得更有意义吧！

22. 我喜欢的一个故事

在我的脑海中，记忆最深刻的故事要数《向日葵的故事》了。

在很久很久以前，天上有一个心地善良的老大爷，他就是我们现在所说的太阳公公。

有生以来，为了拯救万物，为了保证人们能够安居乐业，太阳公公无时无刻不在燃烧着自己，他日行万里，把光和热送遍千家万户，但他从不叫一声苦。

一万年过去了,又一万年过去了。

随着时间的流逝,太阳公公的身体日渐衰老,眼睛不太好使了,不能独立工作了,他多么想找一个车夫来帮个忙呀!

他找呀找呀,终于打听到在某个山沟里有一个小伙子,勤劳、憨厚、身强力壮。嘿!是开车的好帮手。

于是,太阳公公便来到山沟里的这个人家。这个人家只有两个人:一个是这小伙子,另一个是他的妹妹。原来,他们的父母很早就去世了。太阳公公讲明了来意,小伙子开始有点犹豫不决。他想:如果自己一走,妹妹怎么办?更何况妹妹还小,谁能照顾她?这时妹妹飞也似地奔回屋里,小羊辫一甩,"哥哥,你去吧!别牵挂我,我以后也要同你一样,为人民造福呢!"哥哥的心被小妹妹的话打动了。太阳公公也激动得流下了热泪。于是,哥哥恋恋不舍地告别了可爱的小妹妹,启程了。小妹妹高兴地跳呀,跳呀,她为自己有这样一位好哥哥而感到自豪。

自从哥哥走后,小妹妹除了读书外还独立操持家务。忙里忙外,可她心里高兴、欢喜。每天早上,她总要去海边望望哥哥。

她亲眼看到哥哥不辞劳累地拉着太阳公公疾走如飞,把光和热送到人间,她会心地笑了。

几年过去了,几十年过去了,哥哥一直没有再回到这里看望妹妹,因为他没有一点空闲时间,但做妹妹的从来也没有一句怨言。

就这样,她送走了一个个日起日落,又迎来了一个个日落日起。从春到夏,从秋到冬,过了不知多少年,也不知在海边看了多少回。后来,那姑娘竟变成了一棵神奇的植物,高高的个儿,圆圆的脸蛋,碧绿的叶子,金黄的发辫,早上朝东,中午朝南,傍晚朝西。一直望着太阳,笑嘻嘻地。

于是,大家就给她起了个名字叫"向日葵"。

23. 我感兴趣的一件事

在我的生活中,有很多事是我喜欢做的,但我最感兴趣的一件事还是爬山。我之所以喜欢爬山,是有原因的,说起来,还有一段故事呢!

从小,我就体弱多病,身体瘦小,经常被别人拿来做笑料,他们经常开玩笑地说:"一刮风就不见你了!"六岁那年,我开始读小学了,二年级第二学期的时候,我们班组织同学们去郊外爬山。那座山很高很陡,我一看就害怕了。毕竟是第一次嘛!开始爬山了,我跟着同学们爬呀爬,还没爬到半山腰,我的腿就不听使唤了,看着同学们个个爬得那样起劲,当时我急得哭了,同学们转过头对我说:"还没爬到半山腰你就爬不动了,真没用!"当时我觉得很惭愧,恨不得找个地洞钻进去!这时班主任走过来对我说:"小华,别哭!来,老师拉你一把!"就这样,班主任拉着我慢慢地继续前进了。好不容易到了山顶,我累得满头大汗,我真恨自己没用,不但没帮老师反而拖累了老师。接着活动开始了,老师说:"爬山不但可以锻炼身体,而且还能锻炼自己的意志!"当时老师说了很多,我都深深地记在了心里。

从那以后,我一有空就去爬山。爬山不仅可以锻炼我的身体,而且还受益匪浅。爬山的时候,除了可以欣赏风景外,我还在山上收集了许多珍贵的花草树木,认识了很多昆虫,对我的学习有很大的帮助,使我从中感受到爬山的好处。

有时也与亲朋好友共同领略那山顶不同方位的风光。有一回爬山,同去的还有两位同伴,每人背一个水壶一袋面包,早上8时出发了,一路观赏着路旁的稻田、树林、房屋、竹林,感受着野外清新怡人的田间气息,兴奋地赶路。来到山顶,放眼一望,整座城市尽收眼底,近处是一片新开发区,幢幢高楼大厦林立其中,造型各异,装饰物品种多样,远看如花的海洋。楼与楼之间错落有序地布满了井然有序的大道,汽车不断地在楼间来回穿梭,一片繁忙景象。

24. 自然环境和我

工业的发展给人类带来生活上和经济上的突飞猛进,使人们不再咀嚼昔日生活的苦涩。然而,也许美的东西都要留下些惆怅让人去想,人们不难看到,那高耸的烟囱恰如《天方夜谭》中的"魔瓶",肆无忌惮地吐着滚滚浓烟笼罩着整个天空,而机器运转的巨大声响该是自然界优美的旋律中最不和谐的一个强音充斥着人的耳朵,废水废渣与废气连同产品一起出厂,于是,花草失去了湿润,河水不再清澈,花香为烟雾冲淡,鸟鸣被噪声淹没,健康的身体变得瘦弱,愉快的心情变得烦躁!

废气使净洁的大气层变得焦头烂额,万劫不复,抑郁更是一把寒光闪闪的利刀,在圣洁的自然界划下血淋淋的伤口,废气增多导致酸雨普遍。物种衰减不说,仅仅二氧化碳增多产生的温室效应就会使全球每年平均气温增高2-3摄氏度,因此,科学家不无悲哀地预言:地球温度升高,将使海水膨胀和冰山消融而造成海面上升,将使居住在距海岸线60公里内占1/3的人口受到威胁,许多城市和港口将遭受灭顶之灾,而氟氯烃气体增多,将使地球的保护伞吸收紫外线的臭氧层惨遭破坏,其危害也许无法设想。

20年前,联合国在瑞典首都斯德哥尔摩召开会议,专门对环境保护问题发表了《人类宣言》,提出一个响遍全世界的口号:"地球只有一个",这不仅是历史和现实对人类的告诫,而且是人类面对这个残缺的大自然发出的理性的呼喊!

"自然是伟大的,人类是伟大的,然而充满了崇高精神的人类活动,乃是伟大之中尤其伟大者。"然而人类在征服和改造自然,构建自己文明伟大的同时,也不要忘了人类作为地球、作为自然界的一部分所应负的责任……让保护环境、争取世界和平成为人类拥护的热点,携起手来保护人们唯一的家园!

25. 我看商品质量

我一直认为,一件商品质量的好坏,是衡量这件商品价值的标尺。

在日常生活中,我对商品的选择,是比较挑剔的,但有一条,就是,我会选择质量好的商品,价钱是另一回事,当然买到既实用又经济的商品是再好不过了。

一件商品质量好,让我们买时称心,用时放心,那这商品的价值也就体现出来了。在今天,人们追求生活质量的同时,更讲究商品的质量和使用价值,正如人们常说的一句话:好的东西,谁都想要!

但随着市场上对商品的需求量不断增加,一些满脑子生意经的商家们,在生产商品的过程中,"偷工减料"成为其中最重要的环节,导致在市场上出售的商品让消费者辨不清真伪。

一件商品的质量,会影响到消费者的正常生活秩序,影响到消费者的身心健康,所以,现在全国掀起一股"打假"风,这也给商家们吹去一股冷风,说到此,不由得想起一件事。

去年刚入冬,我和母亲到市场上买了台热水器,我们选择了一台"红樱桃"牌子的,买时商家滔滔不绝地介绍了它的出厂商与合作商,让我们心动,他说,今天他卖了三四台,这台热水器质量有保证而且保修一年,我们相信了那商家,以563元成交了。买回热水器的头几天,使用还是比较顺利的,但第8天使用时,它就不能着火,我们一家围着它弄了半天,找不出个毛病来。

我们把它拆了,拿到出售商处,保修是保修了,可一回家使用,就是断断续续地出现毛病,我们全家怀疑这台热水器的质量,猜想使用不到一年,它就会成为破烂。

我想,对于这种情况,在众多的家庭里肯定有不少。

那如何买到质量好的商品呢?就需要我们慧眼识珠了,可是最重要的就是,我们希望:商家们生产质量好的商品,让我们使用商品时称心放心!

26. 购物(消费)的感受

买衣服就得逛街。走进那些卖衣服的商店你的第一感觉就是那些衣服奇形怪状,非常另类。一问原因,老板答,现在流行啊,年轻人都喜欢。这才明白,奇装异服已成为一种流行,一种时尚。曾经人们的温饱问题还没有解决时,对衣着打扮的要求并不高,所以衣服上有个补丁是很平常的事情,可现在不同了,年轻人讲究的是'另类'是'个性'。把'补丁'看成了一门艺术,看成了一种个性。把好好的衣服专门打上补丁,你们说怪不怪呢?每个人都有自己的穿法,因为每个人的气质都不同,有的人看上去极为严肃,那么他们就应当穿得端庄;有的人看上去很温和,那么他就应当穿得典雅才好看。至于我个人呢,因为我喜欢运动,所以常买些运动类的衣服。这种衣服穿着舒服,做事也方便。曾试着买过裙子,但始终穿不习惯，穿着裙子，你就得迈小步，因为要有点淑女的样子。而我是那种上楼梯都喜欢两节两节走的人，所以穿裙子非常不习惯，太压抑了。而运动装就不同了，舒展自由，没有一点束缚。

除了衣服奇形怪状之外，衣服的价钱也越来越高。现在的人们似乎都形成了一种怪圈，那就是买衣服一定得买名牌，买那种非常贵的，也不考虑自己穿起来到底得不得体，价钱总是第一位。似乎买衣服挑贵的，已经成为一种身份的象征，一种有钱的显示。所以，攀比的心态也越来越明显。

所以大家买衣服不要赶潮流，因为那也许不适合你的性格，也不要总和别人比价钱，那样会形成一种攀比的恶风，对人对己都没有好处。

27. 我喜爱的一种小动物

猫是我最喜爱的一种小动物。我喜爱猫的原因不单只是因为它长得可爱，常逗人欢喜给生活带来乐趣，而且更大程度上是因为它是一名出色的捕鼠能手。

猫和虎同属一科，它们的长相相似。尽管大小悬殊，但猫却具有虎的种种优点。强健的四肢使它有极快的奔跑速度。脚上的爪子使它不但能在平地上疾走如飞，而且能沿墙壁上房，爬树，追捕老鼠。脚底下的肉垫，使它走起路来悄然无声，能偷偷地接近老鼠，轻而易举地把它抓住。猫还具有一些虎所不能与之相比的优点：猫的眼睛可神了，即使在伸手不见五指的黑夜里，也能看清楚东西，再狡猾的老鼠也逃不过它的眼睛。它的耳朵非常灵活，能够随意转向声音的来处，只要有声音，哪怕是极小的，它也能及时分辨。猫的胡须很长，感觉十分灵敏，能够测量各种洞口的大小。这样一来，老鼠一旦遇见了猫，便注定是难逃一死了。

猫还很会撒娇，你在桌上静静地看书或做作业时，它会悄悄地来到你的脚边钻来钻去，还喵喵地不停叫几下，有时还会爬到书桌的另一面，扑在那里眯着双眼，静静地陪着你阅读书本，你每每会伸出手来，抚它一下，猫很可爱也懂得人性。

我很喜欢猫这种小动物。

28. 我的家庭

我的家庭是一个很普通的家庭。爷爷、爸爸、妈妈都是农民，我们相处得很好，很和谐。今年我爷爷已经九十多岁了，但他精神很好，经常看书，他16岁就开始学裁缝，并且学得很好，在我们那里，他是很出名的，有很多徒弟，还经常向我们说起他年轻时的一些趣事，有的使我佩服得五体投地。我爸爸受我爷爷的影响，也会裁缝，由于各种原因现在他不做了。我的妈妈是一位典型农村妇女。她小时候的生活很不幸，外公早逝，外婆改嫁，在这种家庭背景下，生活中的酸甜苦辣都尝过了，她经常向我们提起她小时候的生活，教育我们要珍惜生活，教我们要学会自己照顾自己，从她那里我学到了书里学不到的东西。她的勤劳、善良、宽容、心灵手巧，都给我们学到了，在我的读书生活中，不管遇到什么困难一般都会自己处理，要做一位像我妈妈一样的人。姐姐她们经常回我们家，当大家聚在一起的时候，我们家非常热闹，小孩、大人、老人都谈得很有趣、充满着笑声、充满着爱。

　　这就是我的家庭。

29. 我所在的集体

　　我所在的班集体是一个充满活力、团结互助、温暖快乐的大家庭。

　　我们的班集体是团结的，学校每学期都分年级开展体育比赛活动。有篮球赛、排球赛、足球赛、羽毛球赛等。无论是哪项比赛，只要有我们班参加的，都会看到我们班男女同学在赛场旁观看，做拉拉队，队员们下场休息马上会有同学递给一瓶矿泉水、递上擦汗的毛巾。正因为场外同学的团结一致，鼓舞了赛场里的队员们，每次比赛，我们班的男女队总会获得奖状。男同学还多次得了篮球赛的冠军。当然，取得比赛的胜利，很大程度上决定于队员们的球技，但如果不能团结一致，赛场内的队员们彼此有矛盾，不互相配合，胜利的结果能得到吗？所以，班集体团结的力量是巨大的，而我们班的团结友好是取得每次胜利的一个保障。

　　团结、和谐、友爱的班集体风气，还让每位同学的心里都感到踏实、温暖，哪位同学有自己不能解决的问题，他（她）首先想到的是班集体，找同学们帮助共同解决。哪位同学有了困难，首先向他（她）伸出支持之手的是我们自己班的同学，哪位同学的成绩落后了，班里的同学就组织大家帮他（她）把学习赶上。

　　总之，我们班是一个充满活力，团结、互爱、互助、温暖快乐的大家庭。我爱我们的这个大集体。

30. 一句格言给我的启示

　　艺术大师徐悲鸿曾说过这么一句格言："人不可有傲气，但不可无傲骨。"道出了一个深刻的人生哲理。

　　在一个人顺利或成功时，傲气就常常随之而生，有了傲气的人，自命不凡，以为自己聪明能干，高于别人一等，于是目空一切，这必将注定他今后的失败。当成功时，赞扬、过誉之词迎面而来，往往使自己过高估计自己，从而产生傲气，而它一旦产生就使人头脑昏昏然，辨不清是非曲直，更听不进批评的意见，这也必然导致事业的失败，所以，"人不可有傲气"，这就要求我们在顺境中保持清醒的头脑，在成绩面前要检查自己的不足之处，只有正确估价自己，才能不断取得进步。

　　但在"无傲气"的同时，必须"有傲骨"。也就是必须有志气，有信心，人往往在失败和挫折面前灰心丧气,并把原因归为"自己天赋不足",从而"破罐子破摔",从此一蹶不振。因为失败了,冷眼、讽刺就会随之而来,这也会使人丧失锐气和进取心,这就要"有傲骨","说我落后,我承认,但我不甘心,我找原因再努力,一定会赶上你。"要有这样的雄心与信心。新中国建立后,由于几次失误,使我国生产力水平远远落后于一些发达国家。但中国人有骨气,有信心,现在不是以很快的速度发展起来了吗?只要有骨气,有信心,不断探索,不懈努力,还有什么事情做不好呢?

  这句格言使我懂得了,做人要做这样的人:既不自高自大,也不妄自菲薄,既能在赞誉面前低头检查不足之处,也能在冷眼前昂首挺胸、阔步向前。

  朋友,请记住:"人不可有傲气,但不可无傲骨。"任何困难都挡不住我们前进的脚步!

第八章

普通话水平测试模拟训练

 本章内容提要

❖ 普通话水平测试基础知识；
❖ 普通话水平测试应试技巧；
❖ 普通话水平测试模拟训练。

第一节 普通话水平测试基础知识

1994年10月，国家教委、国家语委、广播电影电视部联合发出《关于开展普通话水平测试工作的决定》，启动了普通话水平测试工作。普通话水平测试首开国家通用语言口语等级考试先河，使科学地衡量普通话应用水平成为现实。普通话水平测试不是普通话系统知识的考试，不是文化水平的考核，也不是口才的评估，而是对应试人运用普通话所达到的标准、流利程度的检测和评定。15年来，经过广大语言文字工作者的努力，我国已经建设起覆盖全国的比较完整的普通话水平测试工作网络，拥有40 000多名测试员。普通话水平测试已经成为推广普及普通话工作的重要组成部分，产生了广泛的社会影响，在推广普及国家通用语言、增强全民语言规范意识、提高国民文化素质方面发挥了积极的推动作用。普通话水平测试开展15年来，我国共有近2 000万名教师、播音员、节目主持人、国家公务员和公共服务行业员工获得了普通话等级证书。普通话水平测试在港澳地区也得到广泛认可，接受测试的港澳各界人士目前已超过3万人次。

一、普通话水平测试的名称、性质、方式

1. 名称

测试全称为"普通话水平测试"（PUTONGHA SHUIPING CESHI，缩写为PSC）。

2. 性质

普通话水平测试是对应试人运用普通话的规范程度的口语考试。普通话水平测试在我国首开汉语标准语口语考试先河，使科学地衡量普通话水平成为可能，是促进国家通用语言普

及与提高的创新性手段,是使推广普通话工作深入开展、逐步走向科学化、规范化、制度化的重要举措。

(1) 普通话水平测试的法定性。普通话水平测试是《中华人民共和国国家通用语言文字法》所规定的,是政府语言文字管理机构的法定职责,讲普通话是公民的权利和义务,对于播音员、节目主持人和影视话剧演员、教师、国家机关公务人员等人员来说,具有一定的强制性。

(2) 普通话水平测试的权威性。普通话水平测试是一种国家考试,其考试性质具有权威性;是由经政府有关部门批准或授权的测试机构实施的,其实施机构具有权威性;是对受测者普通话水平唯一有效的等级认定,其测试结果具有权威性。

(3) 普通话水平测试的实效性。普通话水平测试是社会资格认证考试的一种,与律师资格、法官资格、会计资格等社会资格认证考试一样,其资格证书是社会成员从事某种职业如播音员、主持人、教师等所必需的先决条件。

3. 方式

普通话水平测试以口试方式进行,现阶段分为人工拟卷普通话水平测试和计算机辅助普通话水平测试两种方式。人工拟卷普通话水平测试由普通话水平测试员进行测评,计算机辅助普通话水平测试系统主要是对考生测试的前三项内容进行计算机自动评测,第四项人工进行评分,从而使测试更加客观,并且提高了测试效率。两种方式的具体情况将在普通话水平测试规程中进行详细介绍。

二、普通话水平测试的对象和等级要求

1. 普通话水平测试的对象

根据《国家通用语言文字法》和《国家普通话水平测试管理规定》,1954年1月1日以后出生的下列人员应接受测试:

(1) 教师和申请教师资格的人;

(2) 广播电台、电视台的播音员、节目主持人;

(3) 从事电影、电视剧、话剧表演和影视配音的专业人员;

(4) 国家机关工作人员;

(5) 师范类专业、播音与主持艺术专业、影视话剧表演专业及其他与口语表达密切相关的专业的学生;

(6) 行业主管部门规定的其他应该接受测试的人员;

(7) 在高等学校注册的港、澳、台学生和外国留学生可自愿申请接受测试。

社会自愿参加测试的人员不受限制。

2. 普通话水平测试的等级要求

普通话水平测试的对象和等级要求

测试对象	等级要求
教师和申请教师资格的人	一般不低于二级乙等。语文科教师不低于二级甲等，教授现代汉语语音课（含对外汉语）的教师不低于一级乙等
广播电台、电视台的播音员、节目主持人	省级（以上）台达到一级甲等；市级台不低于一级乙等；县级台不低于二级甲等
影视话剧演员（含配音演员）	不低于一级乙等
国家机关工作人员	不低于三级甲等
师范类学生、其他与口语表达密切相关的专业的学生	一般不低于二级乙等；中文专业不低于二级甲等
播音与主持艺术专业、影视话剧表演专业	不低于一级乙等
行业主管部门规定的其他应该接受测试的人员	执行行业主管部门的规定要求（如铁路系统的站、车广播员不低于二级甲等）

三、普通话水平测试的内容和范围

普通话水平测试的内容包括普通话语音、词汇和语法。

普通话水平测试的范围是国家测试机构编制的《普通话水平测试用普通话词语表》、《普通话水平测试用普通话与方言词语对照表》、《普通话水平测试用普通话与方言常见语法差异对照表》、《普通话水平测试用朗读作品》、《普通话水平测试用话题》。

四、普通话水平测试试卷构成和评分

1. 普通话水平测试试卷内容

试卷包括5个组成部分，满分为100分。

（1）读单音节字词（100个音节，不含轻声、儿化音节），限时3.5分钟，共10分。

目的：测查应试人声母、韵母、声调读音的标准程度。

要求：

① 100个音节中，70%选自《普通话水平测试用普通话词语表》"表一"，30%选自"表二"；

② 100个音节中，每个声母出现次数一般不少于3次，每个韵母出现次数一般不少于2次，4个声调出现次数大致均衡；

③ 音节的排列要避免同一测试要素连续出现。

评分如下：

① 语音错误，每个音节扣0.1分。

② 语音缺陷，每个音节扣0.05分。

③ 超时1分钟以内，扣0.5分；超时1分钟以上（含1分钟），扣1分。

听一听

播放普通话水平测试读单音节部分的录音，可以选择不同等级的测试录音，以便学生进行对比学习。

网址：http://www.pthxx.com/05zl/voice/1j-01.htm

读单字100个：

怒	襟	你	葱	耗	渣	眺	私	用	凹（凹陷）
慨	棉	饵	促	烘	纹	摘	疗	硬	说（说谎）
跨	品	购	僵	唤	习	湃	往	税	捂（捂着）
快	掐	笨	剖	赛	宣	费	铁	炮（炮弹）	担（担心）
表	腔	火	噔	虐	捣	阀	昆	拗（拗不过）	雨（雨水）
劣	染	最	鼓	脖	惨	留	哑	片（片刻）	得（得到）
履	让	瓜	笋	纠	毛	洲	熔	上（上级）	准（准确）
鸥	贬	舱	馆	冤	雄	蛆	明	分（分辨）	别（区别）
蜜	吃	括	翁	绕	栓	逛	傻	宁（宁静）	血（吐血）
涩	闯	默	醇	怎	屉	则	训	给（给以）	横（一横）

（2）读多音节词语（100个音节），限时2.5分钟，共20分。

目的：测查应试人声母、韵母、声调和变调、轻声、儿化读音的标准程度。

要求：

① 词语的70%选自《普通话水平测试用普通话词语表》"表一"，30%选自"表二"；

② 声母、韵母、声调出现的次数与读单音节字词的要求相同；

③ 上声与上声相连的词语不少于3个，上声与非上声相连的词语不少于4个，轻声不少于3个，儿化不少于4个（应为不同的儿化韵母）；

④ 词语的排列要避免同一测试要素连续出现。

评分如下。

① 语音错误，每个音节扣 0.2 分。

② 语音缺陷，每个音节扣 0.1 分。

③ 超时 1 分钟以内，扣 0.5 分；超时 1 分钟以上（含 1 分钟），扣 1 分。

播放普通话水平测试读双音节部分的录音，可以选择不同等级的测试录音，以便学生进行对比学习。

网址：http：//www.pthxx.com/05zl/voice/1j-02.html

读词语：

库存	打算	首先	规律	偶尔	空想	底座	单调
精简	暑期	军阀	逛荡	正中	下水（下水船）	篮球
事物	成套	一股脑儿	努力	豆芽儿	我们	推进
干活	偏偏	平川	产量	占有	甲鱼	枪子儿	保温
通知	必然	长者	逢迎	吩咐	校徽	人儿	皮匠
堵塞	原来	难得	飘扬	普行	日前	口号	牺牲
准备	牛排	沿海	危机

（3）选择判断，限时 3 分钟，共 10 分。

① 词语判断（10 组）。

目的：测查应试人掌握普通话词语的规范程度。

要求：根据《普通话水平测试用普通话与方言词语对照表》，列举 10 组普通话与方言意义相对应但说法不同的词语，由应试人判断并读出普通话的词语。

评分：判断错误，每组扣 0.25 分。

② 量词、名词搭配（10 组）。

目的：测查应试人掌握普通话量词和名词搭配的规范程度。

要求：根据《普通话水平测试用普通话与方言常见语法差异对照表》，列举 10 个名词和若干量词，由应试人搭配并读出符合普通话规范的 10 组名量短语。

评分：搭配错误，每组扣 0.5 分。

③ 语序或表达形式判断（5 组）。

目的：测查应试人掌握普通话语法的规范程度。

要求：根据《普通话水平测试用普通话与方言常见语法差异对照表》，列举 5 组普通话和方言意义相对应，但语序或表达习惯不同的短语或短句，由应试人判断并读出符合普通话语法规范的表达形式。

评分：判断错误，每组扣0.5分。

选择判断合计超时1分钟以内，扣0.5分；超时1分钟以上（含1分钟），扣1分。答题时语音错误，每个音节扣0.1分，如判断错误已经扣分，不重复扣分。

各省、自治区、直辖市语言文字工作部门可以根据测试对象或本地区的实际情况，决定是否免测"选择判断"测试项。

（1）从每组词中选出普通话的词语。
① 日里 日时 白天 日中 日头
② 鼻 鼻子 鼻公 鼻哥 鼻头
③ 冰箸 棒冰 雪条 冰棍儿
④ 唔爱 勿要 不要 唔要
⑤ 苍蝇 乌蝇 胡蝇 蚨蝇
⑥ 屎窖 屎坑 厕所 粪坑厝
⑦ 吹牛 吹大炮 车大炮
⑧ 银纸 纸票 钞票 铜钿 纸字
⑨ 卵糕 鸡卵糕 蛋糕
⑩ 丢失 螺脱 唔见

（2）正确搭配下面的量词和名词。
住宅
裤子
白菜
学校
竹竿
钥匙
毛巾
剪刀
柳树
冰棍儿
（例如：一条_____鱼）

（3）指出每组符合普通话的说法。
① 给本书我。/给我一本书。/把本书我。
② 别客气，你走头先。/别客气，你走先。/别客气，你先走。
③ 他比我高。/他高过我。/他比我过高。

④ 这事我晓不得。／这事我知不道。／这事我不知道。
⑤ 你有吃过饭没有？／你吃过饭没有？

（4）朗读短文（1篇，400个音节），限时4分钟，共30分。

目的：测查应试人使用普通话朗读书面作品的水平。在测查声母、韵母、声调读音标准程度的同时，重点测查连读音变、停连、语调以及流畅程度。

要求：
① 短文从《普通话水平测试用朗读作品》中选取；
② 评分以朗读作品的前400个音节（不含标点符号和括注的音节）为限。

评分如下：
① 每错1个音节，扣0.1分；漏读或增读1个音节，扣0.1分。声母或韵母的系统性语音缺陷，视程度扣0.5分、1分。
② 语调偏误，视程度扣0.5分、1分、2分。
③ 停连不当，视程度扣0.5分、1分、2分。
④ 朗读不流畅（包括回读），视程度扣0.5分、1分、2分。
⑤ 超时扣1分。

可以选择不同等级的测试录音，以便学生进行对比学习。
网址：http：//www.pthxx.com/05zl/voice/1j-03.html
朗读

作品45号《荔枝蜜》

今年四月，我到广东从化温泉小住了几天。那里四围是山，环抱着一潭春水。那又浓又翠的景色，简直是一幅青绿山水画。刚去的当晚是个阴天，偶尔倚着①楼窗一望，奇怪啊②，怎么③楼前凭空涌起那么④多黑黝黝⑤的小山，一重⑥一重的，起伏不断？记得楼前是一片园林，不是山。这到底是什么⑦幻景呢？赶到天明一看，忍不住笑了。原来是满野的荔枝树，一棵连一棵，每棵的叶子都密得不透缝，黑夜看去，可不就像小山似的⑧！荔枝也许是世上最鲜最美的水果。苏东坡写过这样的诗句："日啖⑨荔枝三百颗，不辞长⑩作岭南人。"可见荔枝的妙处。偏偏我来得不是时候⑪，荔枝刚开花。满树浅黄色的小花，并不出众。新发的嫩叶⑫，颜色淡红，比花倒还中看⑬些。从开花到果子成熟，大约得⑭三个月，看来我是等不及在这儿⑮吃鲜荔枝了。吃鲜荔枝蜜，倒是时候。有人也许没听说过这稀罕物儿⑯吧?从化的荔枝树多得像汪洋大海，开花时节，那蜜蜂满野嘤嘤嗡嗡，忙得忘记早晚。荔枝蜜的特点是成色纯，养分多。住在温泉的人多半喜欢吃这种蜜，滋养身体。热心肠的同志送给我两瓶。一开瓶子塞儿⑰，就是那么一股甜香；调⑱上半杯一喝，甜香里带着//股清气，很有点⑲鲜荔枝的味儿⑳。喝着这样的好蜜，你会觉得生活都是甜的呢。我不觉动了情，想去看看㉑一向不大喜欢㉒的蜜蜂。荔枝林深处，隐隐露出一角白屋，那是温泉公社的养蜂场，却取了个有趣的名儿㉓，叫"养蜂大厦㉔"。一走近"大厦"，只见成群结队的蜜蜂出出进进，飞去飞来，那沸沸扬扬的情景会使你想，说不定蜜蜂也在赶着建设什么新生活呢。

（杨朔《荔枝蜜》，初中语文第二册，共537字）

语音提示：

① 倚着 yǐ zhe；　② 啊 ya；　③ 怎么 zěnme；　④ 那么 nùme；　⑤ 黑黝黝 hēiyōuyōu；
⑥ 一重 yīchóng；　⑦ 什么 shénme；　⑧ 似的 shìde；　⑨ 啖 dàn；　⑩ 长 cháng；
⑪ 时候 shíhou；　⑫ 嫩叶 nènyè；　⑬ 中看 zhōngkàn；　⑭ 得 děi；　⑮ 这儿 zhèr；
⑯ 物儿 wùr；　⑰ 塞儿 sāir；　⑱ 调 tiáo；　⑲ 点 diǎnr；　⑳ 味儿 wèir。

（5）命题说话，限时3分钟，共30分。

目的：测查应试人在无文字凭借的情况下说普通话的水平，重点测查语音标准程度、词汇语法规范程度和自然流畅程度。

要求：

① 说话话题从《普通话水平测试用话题》中选取，由应试人从给定的两个话题中选定1个话题，连续说一段话；

② 应试人单向说话，如发现应试人有明显背稿、离题、说话难以继续等表现时，主试人应及时提示或引导。

评分如下。

① 语音标准程度，共20分。分以下六档。

一档：语音标准，或极少有失误，扣0分、0.5分、1分。

二档：语音错误在10次以下，有方音但不明显，扣1.5分、2分。

三档：语音错误在10次以下，但方音比较明显；或语音错误在10～15次之间，有方音但不明显，扣3～4分。

四档：语音错误在10～15次之间，方音比较明显，扣5分、6分。

五档：语音错误超过15次，方音明显，扣7分、8分、9分。

六档：语音错误多，方音重，扣10分、11分、12分。

② 词汇语法规范程度，共5分。分以下三档。

一档：词汇、语法规范，扣0分。

二档：词汇、语法偶有不规范的情况，扣0.5分、1分。

三档：词汇、语法屡有不规范的情况，扣2分、3分。

③ 自然流畅程度，共5分。分以下三档。

一档：语言自然流畅，扣0分。
二档：语言基本流畅，口语化较差，有背稿子的现象，扣0.5分、1分。
三档：语言不连贯，语调生硬，扣2分、3分。

说话不足3分钟，酌情扣分：缺时1分钟以内（含1分钟），扣1分、2分、3分；缺时1分钟以上，扣4分、5分、6分；说话不满30秒（含30秒），本测试项成绩计为0分。

各省、自治区、直辖市语言文字工作部门如免测"选择判断"测试项，"命题说话"测试项的分值由30分调整为40分。评分档次不变，具体分值调整如下。

① 语音标准程度的分值，由20分调整为25分。
一档：扣0分、1分、2分。
二档：扣3分、4分。
三档：扣5分、6分。
四档：扣7分、8分。
五档：扣9分、10分、11分。
六档：扣12分、13分、14分。

② 词汇语法规范程度的分值，由5分调整为10分。
一档：扣0分。
二档：扣1分、2分。
三档：扣3分、4分。

③ 自然流畅程度，仍为5分，各档分值不变。

可以选择不同等级的测试录音，以便学生进行对比学习。
网址：http：//www.pthxx.com/05zl/voice/1j-04.html
话题说话：我的业余爱好

2. 普通话水平测试试卷的类型
按照测试对象的不同分为Ⅰ型和Ⅱ型两类。
Ⅰ型卷　主要供通过汉语水平考试（HSK）申请进行普通话水平测试的外籍或外族人员使用。
命题范围如下。
（1）单音节字词和双音节词语都从《普通话水平测试大纲》第二部分的"表一"选编，其中带两个星号的字词占60%，带一个星号的字词占40%。测试范围只限于"表一"。
（2）选择判断包括以下3个方面。
① 根据《普通话水平测试大纲》第三部分，选列10组普通话与方言说法不同的词语，

由应试者判断哪种说法是普通话的词语。

②根据《普通话水平测试大纲》第四部分，抽选5个量词，同时列出可以与之搭配的10个名词，由应试者现场组合。

③根据《普通话水平测试大纲》第四部分，组织5组普通话与方言在语序或表达方式上不一致的短语或短句，由应试者判定符合普通话语法规范的形式。

(3) 朗读材料的投签限制在40个之内，依字数的多少减去字数较多的10篇。

(4) 话题说话以100个话题为参考选题。

Ⅱ型卷　供使用Ⅰ型卷人员以外的应试人员使用。Ⅱ型卷的出题范围如下。

(1) 单音节字词和双音节词语按比例分别从《普通话水平测试大纲》第二部分的"表一"和"表二"选编。选自"表一"占70%，其中带两个星号的占40%，带一个星号的占30%；选自"表二"的占30%。

(2) 选择判断题同Ⅰ型卷。

(3) 朗读材料（1～60号）全部投签。

(4) 话题说话以100个话题为参考选题。

五、普通话水平测试等级标准

国家语委普通话培训测试中心《普通话水平测试实施办法（试行）》第四条规定："普通话水平划分为三级六等，级和等实行量化评分。"其中一级为标准级或高级，可称为标准的普通话；二级是中级，可称为比较标准的普通话；三级是初级，可称为一般水平的普通话。每个级别内划分为甲、乙两个等级。三级六等的具体要求和标准如下。

(1) 一级。

①甲等：97分及其以上，为一级甲等。

朗读和自由交谈时，语音标准，词汇、语法正确无误，语调自然，表达流畅。测试总失分率在3%以内。

②乙等：92分及其以上但不足97分，为一级乙等。

朗读和自由交谈时，语音标准，词汇、语法正确无误，语调自然，表达流畅。偶然有字音、字调失误。测试总失分率在8%以内。

(2) 二级。

①甲等：87分及其以上但不足92分，为二级甲等。

朗读和自由交谈时，声调发音基本标准，语调自然，表达流畅。少数难点音（平翘舌音、前后鼻尾音、边鼻音等）有时出现失误。词汇、语法极少有误。测试总失分率在13%以内。

②乙等：80分及其以上但不足87分，为二级乙等。

朗读和自由交谈时，个别调值不准，声韵母发音有不到位现象。难点音（平翘舌音、前后鼻尾音、边鼻音、送气不送气、保留浊塞音、浊塞擦音、复韵母单音化等）

失误较多。方言语调不明显。有使用方言词、方言语法的情况。测试总失分率在20%以内。

(3) 三级。

① 甲等：70分及其以上但不足80分，为三级甲等。

朗读和自由交谈时，声韵母发音失误较多，难点音超出常见范围，声调调值不准。方言语调较明显。词汇偶有失误。测试总失分率在30%以内。

② 乙等：60分及其以上但不足70分，为三级乙等。

朗读和自由交谈时，声韵调发音失误多，方音特征突出。方言语调明显。词汇、语法失误较多。外地人听其谈话有听不懂的情况。测试总失分率在40%以内。

普通话水平测试等级表如表8－1所示。

表8－1　普通话水平测试等级表

等级	等次	得分	水平
一级	甲等	97～100	标准的普通话，语音、词汇、语法极少出错
	乙等	92～96.9	
二级	甲等	87～91.9	比较标准的普通话，方言不重，词汇、语法较少出错
	乙等	80～86.9	
三级	甲等	70～79.9	不标准的普通话，不同方言区的人能听懂
	乙等	60～69.9	

六、普通话水平测试规程

(一) 人工拟卷普通话水平测试规程

1. 报名

(1) 申请接受普通话水平测试（以下简称"测试"）的人员，持有效身份证件在指定的测试机构报名（亦可由所在单位集体报名）。

(2) 接受报名的测试机构负责安排测试的时间和地点。

2. 考场

(3) 测试机构负责安排考场。每个考场应有专人负责。考场应具备测试室、备测室、候测室以及必要的工作条件，整洁肃静，标志明显，在醒目处应张贴应试须知事项。

(4) 每间测试室只能安排1个测试组进行测试，每个测试组配备测试员2～3人，每组日测试量以不超过30人次为宜。

3. 试卷

(5) 试卷由国家语言文字工作部门指定的测试题库提供。

(6) 试卷由专人负责，各环节经手人均应签字。

（7）试卷为一次性使用，按照考场预定人数封装。严格保管多余试卷。

（8）当日测试结束后，测试员应回收和清点试卷，统一封存或销毁。

4. 测试

（9）测试员和考场工作人员佩戴印有姓名、编号和本人照片的胸卡，认真履行职责。

（10）应试人持准考证和有效身份证件按时到达指定考场，经查验无误后，按顺序抽取考题备测。应试人备测时间应不少于10分钟。

（11）执行测试时，测试室内只允许1名应试人在场。

（12）测试员对应试人身份核对无误后，引导应试人进入测试程序。

（13）测试全程录音。完整的测试录音包括：姓名、考号、单位以及全部测试内容，应声音清晰，音量适中，以利复查、录音。

（14）测试录音标签应写明考场、测试组别、应试人姓名、测试日期、录音人签名等项内容，录音内容应与标签相符。

（15）测试员评分记录使用钢笔或签字笔，符号清晰、明了，填写应试人成绩及登记应准确（测试最后成绩均保留一位小数）。

（16）测试结束时，测试员应及时收回应试人使用的试卷。

（17）同组测试员对同一应试人的评定成绩出现等差时由该测试组复议，出现级差时由考场负责人主持再议。

（18）测试评分记录表和应试人成绩单均签署测试员全名和测试日期。

（19）测试结束，考场负责人填写测试情况记录。

5. 质量检查

（20）省级测试机构应对下级测试机构测试过程进行巡视。

（21）检查测试质量主要采取抽查复听测试录音的方式。抽查比例由省级测试机构确定。

（22）测试的一级甲等成绩由国家测试机构复审，一级乙等成绩由省级测试机构复审。

（23）复审应填写复审意见。复审意见应表述清楚、具体、规范，有复审者签名。

（24）复审应在收到送审材料后的30个工作日内完成，并将书面复审意见反馈送审机构。

6. 等级证书

（25）省级语言文字工作部门向测试成绩达到测试等级要求的应试人发放测试等级证书，加盖省级语言文字工作部门印章。

（26）经复审合格的一级甲等、一级乙等成绩应在登记证书上加盖复审机构印章。

7. 应试人档案

（27）应试人档案包括：测试申请表、试题、测试录音、测试员评分记录、复审记录、成绩单等。

（28）应试人档案保存期不少于2年。

（二）计算机辅助普通话水平测试规程

1. 报名

（1）普通话水平测试采取考生个人报名和集体报名两种方式，并提前公告。在未开通网上报名系统的情况下，考生信息由考点工作人员录入管理系统。

（2）采取集体报名方式的单位，按指定方式领取或下载"报名登记表"，组织本单位应试人统一报名。

（3）采取个人报名方式的，应试人应持本人有效身份证件，在规定时间到指定地点报名，如实填写"报名登记表"，进行电子采像或提供近期照片。由他人代办报名手续的，除提供应试人有效身份证件外，还需提供代办者的有效身份证件。工作人员应认真查验有关证件。

（4）应试人或代办人报名时需按规定缴纳相关费用，领取普通话水平测试准考证，并认真核对准考证上的所有信息。

2. 考场

（5）考场设置的总体要求：相对封闭、布局合理、设施完善、整洁肃静、标志清晰，并在适当位置张贴"计算机辅助普通话水平测试考场规则"和"计算机辅助普通话水平测试应试指南"。

（6）考场设置考务办公室、候测室、备测室、测试室。测试专用服务器（监考机）、测试专用电脑（考试机）应预装国家普通话水平测试信息管理系统（以下简称"管理系统"）软件，专用服务器（监考机）具备宽带上网条件。如采用网络版测试，测试专用电脑（考试机）与测试专用服务器（监考机）之间局域网必须畅通；如采用单机版测试，考点需配备移动硬盘用以收集单机上的语音数据。

（7）考务办公室负责相应的考务工作，须设在考点醒目位置。

（8）候测室供参加测试的人员（以下称"应试人"）等候测试用。通常应能容纳半天测试的1/3应试人数。

（9）备测室供应试人抽取试卷、准备测试。备测室须临近测试室，室内座位数应不少于测试用机位数。

（10）测试室供应试人测试使用，应有若干独立测试机位。如建单独测试机房，则应为2平方米以上，隔音效果良好，内置测试设备1套；如在教室、语音室或会议室内安装测试机位，则各机位的间隔不得少于3米。

（11）考点工作人员包括测试负责人、系统管理员和其他工作人员。工作人员须佩戴工作证，无证人员不得进入。

3. 测试

（12）应试人持本人准考证和与报名信息一致的有效身份证件，按规定的时间和地点参加测试。

(13) 应试人报到后，在工作人员引导下进入候测室，等候编组，并仔细阅读考场规则、应试指南，或观看培训课件等。
　　(14) 应试人在工作人员的引导下进入备测室，按随机分配（或抽取）的试卷准备考试。备测时间为15分钟。应试人随身携带物品由工作人员统一保管。
　　(15) 应试人在工作人员的引导下进入测试室，在指定机位前入座，按计算机辅助测试系统的提示进行操作，接受测试。每个机位只允许1人应试。
　　(16) 应试人完成测试。

4. 评分

　　(17) 第一项"读单音节字词"、第二项"读多音节词语"和第三项"朗读短文"由计算机自动评分；第四项"说话"由两名测试员人工评分。
　　(18) 测试员测评第四项时，无权查看应试人身份信息。
　　(19) 第四项评分结果为两名测试员打分平均分值。
　　(20) 前三项得分和第四项得分合计，为应试人测试初始成绩，经测试机构核查、复审后，即认定为最终成绩。

 读一读

计算机辅助普通话水平测试应试指南

1. 佩戴耳机（图8-1）

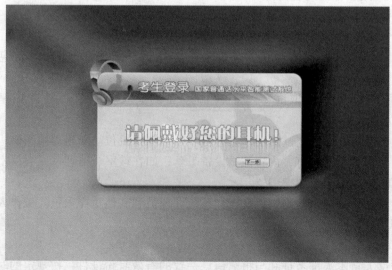

图8-1　佩戴耳机

(1) 应试人就座后请戴上耳机（麦克风戴在左耳），并将话筒置于口腔前方。
(2) 戴好耳机后单击"下一步"按钮。

2. 应试人登录（图8-2）

(1) 正确输入准考证编号。输入后，单击"进入"按钮继续。
(2) 如果输入有误，单击"修改"按钮重新输入。

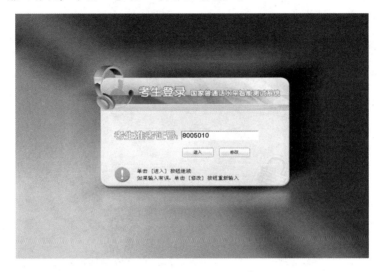

图8-2 应试人登录

3. 核对信息（图8-3）

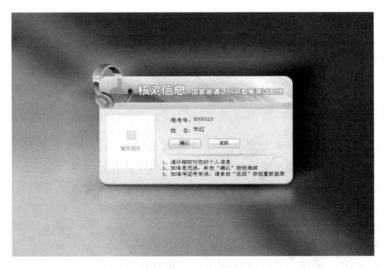

图8-3 核对信息

（1）应试人请仔细核对个人信息。
（2）如信息正确，请单击"确认"按钮继续。
（3）如信息有误，请单击"返回"按钮重新登录。

4. 确认试卷（图8-4）

如果出现如下页面，请单击"确认"按钮继续。

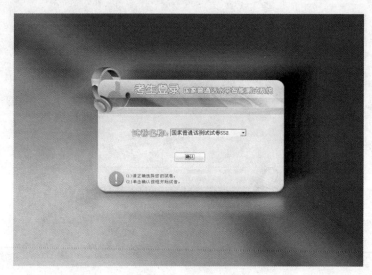

图8-4 确认试卷

5. 应试人试音（图8-5）

（1）应试人请根据系统提示要求进行试音。
（2）应试人请用适当的音量将页面呈现的句子朗读一遍。
（3）如试音顺利，系统会出现"试音结束"的对话框。请单击"确定"按钮，进入下一程序。

6. 开始测试

特别提示：

（1）普通话水平测试共有4个测试项，每个测试项开始时都有一段语言提示，语言提示结束会发出"嘟"的结束提示音，这时，应试人才可以开始测试。
（2）测试过程中，应试人应做到吐字清晰，语速适中，音量与试音时保持一致。
（3）测试过程中，应试人应根据屏幕下方时间提示条的提示，注意掌握时间。
（4）如某项测试结束，应试人可单击屏幕右下方"下一题"按钮，进入下一项测试。如某项测试规定的时间用完，系统会自动进入下一项试题。
（5）测试过程中，应试人不能说该测试项之外的其他内容，以免影响评分。
（6）测试过程中，如有问题，应试人应举手示意，请工作人员予以解决。

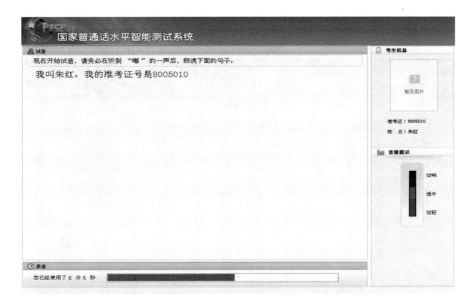

图8-5 应试人试音

第一项 读单音节字词（图8-6）
（1）请应试人横向依次朗读单字。
（2）100个单字以黑色字体和蓝色字体隔行显示，以便于应试人识别，应试人应逐行朗读，避免漏字、漏行。
（3）该项测试结束，应试人可单击屏幕右下方"下一题"按钮，进入下一项测试。
第二项 读多音节词语（图8-7）
（1）请应试人横向依次朗读词语，避免漏读。
（2）该项测试结束，应试人可单击屏幕右下方"下一题"按钮，进入下一项测试。
第三项 朗读短文（图8-8）
（1）请应试人注意语音清晰、语义连贯，防止添字、漏字、改字。
（2）该项测试结束，应试人可单击屏幕右下方"下一题"按钮，进入下一项测试。

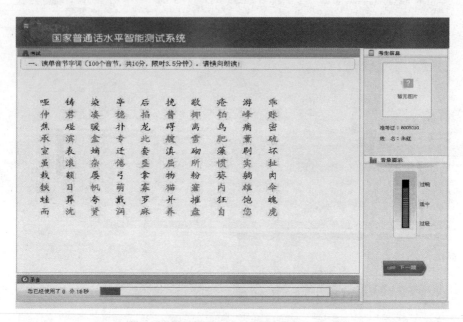

图 8-6 读单音节字词

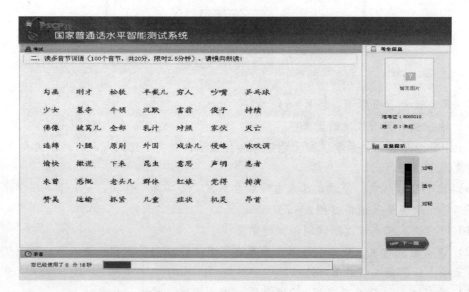

图 8-7 读多音节词语

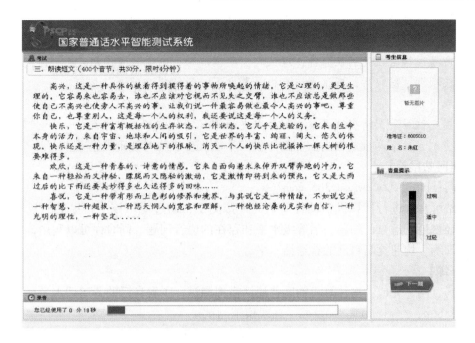

图8-8 朗读短文

第四项 命题说话（图8-9）

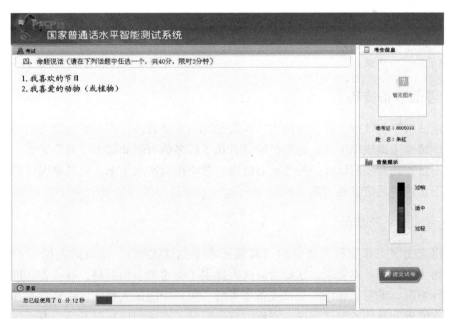

图8-9 命题说话

（1）该项测试开始后，应试人应先说所选的话题。例如：我说的话题是"我喜欢的节日"。

（2）命题说话必须说满3分钟，应试人应根据屏幕下方的时间提示条把握时间。

（3）该项测试结束后，应试人请点击屏幕右下方的"提交试卷"按钮。

7. 结束考试

（1）提交试卷后，请应试人单击屏幕中央的"确定"按钮，结束测试。

（2）应试人摘下耳机放在桌上，经工作人员确认后请及时离开测试室。

【经典网站推荐】

畅言网：http://www.isay365.com/

该网站可在线进行计算机辅助普通话的模拟测试，通过使用该网站提供的智能测试系统，可以轻松地了解自己的普通话等级水平和存在的语音问题。同时你可以利用该网站进行针对性的训练，快速提高自己的普通话水平。

【练一练】

注册畅言网，完成一次计算机辅助普通话模拟测试，了解自己的普通话水平。

网址：http://www.isay365.com/ 在线模拟测试

第二节 普通话水平测试应试技巧

普通话水平测试看起来很容易，好像只是动动口，读一读，说一说，但实际上普通话水平测试是对应试人的语言组织能力、口头表达能力、心理承受能力、应变能力等的综合考查，应试人要想在普通话测试中取得好的成绩，除了要有良好的语言表达能力外，还应掌握一些应试的策略和技巧。

一、考前准备技巧

在普通话水平测试中，有些应试者自认为普通话水平较高，用不着参加培训和花时间练习普通话，结果考试成绩不佳；也有些应试者花了较多的时间和精力练习普通话，但成效不大，屡考不过；还有些应试者一进考场心就慌，考不出真实水平来。究其原因，多是因为测试前准备不足或缺乏应试技巧造成的。

（一）考试内容的准备

国家语言文字工作委员会规定的《普通话水平测试大纲》，给应试人提供了学习的依据，也提出了测试的基本要求。这就为应试人提供了备考的书面材料，有些省、市结合当地的语言实际情况，编写了相应的测试或备考手册。每一个应试人都应该认真学习和领会测试大纲的基本要求和具体的测试程序、测试内容。应试者在考前应从以下几个方面进行准备。

1. 读准普通话常用单音节字词和多音节词语

测试中单音节字词和多音节词语两项合占普通话水平测试总分的30%，主要是测查应试者普通话声母、韵母、声调和轻声、儿化、变调读音的标准程度。这两项测试可以反映出应试人对普通话语音系统的掌握情况。

（1）正确朗读普通话词语表。

省语委编写的《普通话水平测试培训教程》第三部分"普通话水平测试字词练习"，是依据国家测试大纲"普通话（口语和书面语）常用词语""表一"和"表二"编制的分类练习词表，包括普通话常用单音节字词、常用词语、轻声词和儿化词语练习，应试者可在考前进行有针对性的朗读练习。熟记并读准常用单音节字词，就基本上掌握了普通话由21个声母、39个韵母、4个声调组成的基本音节。在此基础上，掌握"上声的变调"、"一、不"的变调、轻声及儿化的音变规律，就能读准那些多音节词语了。

（2）熟读《普通话异读词审音表》和《常用多音字表》（见附录B、附录C）。

要掌握《普通话异读词审音表》中的有异读的词和有异读的作为"语素"的字，如有把"号召 zhào"读成"zhāo"，把"角 júe 色"读成"角 jiǎo 色"就是不知道有些字的读音已经在《普通话异读词审音表》中作了规范，因此，在训练字词时，要结合审音表，对这些字进行重点掌握，避免受社会习惯的影响而读错音。另外，还应掌握《常用多音字表》中多音字的读音。按照"据词定音"的原则准确读出多音字在不同词语中的读音，如"处理"和"处所"。

2. 熟读60篇朗读作品

测试中朗读短文一项占普通话水平测试总分的30%，主要是测查应试者用普通话朗读书面作品的水平，在测查声母、韵母、声调读音标准程度的同时，重点测查连续音变、停连、语调及流畅程度。朗读作品是国家测试大纲规定的固定篇目，该项测试内容是应试者容易准备的一个方面，考前可以对这些作品进行充分的朗读练习。

（1）抓住重点难点，读音准确清晰。读准字音就是要读准每个音节的声、韵、调。朗读练习时，对作品中的多音字、形近字、生僻字要给予足够的重视，多查查工具书或相关的词语表，把字音搞清楚了再练习读。另外，要注意把作品中的轻声词、儿化词、音变词（上声和"一、不"）、语气词"啊"以及易错词挑选出来，重点练习，各个击破。

（2）词句语义连贯，内容准确无误。朗读练习时，要注意不要读破词或读破句，造成语义上的歧义；也不要一字一字地读或一词一停顿。要忠于原作，不能随意添字、去字和改字，内容朗读准确，才能完整无误地表达作者的思想。

（3）朗读速度适中，语调自然流畅。平时朗读练习时，注意速度不易过快，快了容易读错音，也不易过慢，慢了语意不连贯，养成用中速朗读的习惯。朗读语调应该做到自然而不造作，其高、低、升、降的变化要符合普通话的习惯，注意纠正方言语调。朗读练习时，有些人还要注意克服"回读"的不良习惯，尽量做到语句通顺流畅。

3. 围绕测试话题做有声的说话练习

测试中命题说话一项占普通话水平测试总分的40%，主要是考查应试者在无文字凭借的情况下运用普通话表述的能力及所能达到的规范程度。重点考查语音面貌、词汇语法规范程度和自然流畅程度3个方面。说话题目选自国家《普通话水平测试大纲》，该测试项由于没有文字凭借，可以看作是对应试者普通话口语能力的综合性考查，加之所占分值较大，考前做认真的准备和练习，是十分必要的。

(1) 围绕话题构思，说话内容具体。

普通话水平测试说话题目共100个，对这100个题目可以归类，如适合作叙述型的话题有"我的爸爸"、"我的妈妈"、"我最尊敬的老师"、"我最尊敬的人"、"记忆深刻的故事"、"童年趣事"等；适合作议论型的话题有"我和电视"、"学习普通话的体验"、"谈谈社会公德"、"广告评说"、"说勤俭"、"谦虚是美德"、"一句格言给我的启示"、"我看语言美"等；适合作说明型的话题有"我的学习生活"、"我的读书生活"、"我的业余爱好"、"我喜爱的体育运动"、"我最爱听的一首歌"、"我的家庭"、"我所在的集体"、"家乡新变化"等。其实，这些话题可以从不同角度、不同侧面，或叙述或议论或说明都可以。根据个人的情况选择一种自己擅长的类型来说。如果你以叙述为主，在准备时可以确定一到两个事例作为谈话的主要内容；如果你以议论为主，你的谈话可以围绕一个观点分层次加以阐述，既可讲道理，也可摆事实；如果你以说明为主，就应该特别注意说话内容的条理性，可拟出若干条提纲，分条加以解释说明即可。总之，说话内容要具体，要把话题落实到一个具体的事件或观点上，特别是那些总感到"无话可说"的应试者，选择一个自己熟悉的事例来主讲显得更为重要。

有了明确而丰富的说话材料，还要理清思路，先说什么、后说什么、讲究个先后顺序，做到心中有数，就可以使自己从容镇定，有条不紊地说下去，顺利地完成这项测试。

(2) 语音面貌标准，词汇语法规范。

普通话语音标准程度是说话测试项最重要的考查内容，应试者在考前进行说话练习时，就要有自觉的语音规范意识，注意每个字（音节）的声母、韵母、声调的发音要准确；变调、轻声、儿化和语气词"啊"的音变要正确。同时还要注意在组织语句时，使用普通话词汇，避免夹杂方言词汇，这些词多集中在表现生活用品、称谓等的名词和表现日常行为的动词上；要使用普通话的语法格式表达，避免典型的方言语法格式。

(3) 做有声说话练习，语言表达自然流畅。

说话测试项考查的是应试者在没有文字凭借情况下的普通话口语水平，如果平时根本不说普通话，到测试时才不得不说几句普通话应付，其结果必然是方音浓重，语调生硬，不自然。这就要求大家在平时就要注意自觉地使用普通话，如果能把普通话变成自己的日常用语，就会养成用普通话进行思维的习惯。这样，说起普通话来就会"得心应口"，流畅自然了。把话题按内容或按自己的情况分成若干组，针对话题拟出提纲，打好腹稿，然后做说话练习。练习时最好找家人或同事、朋友当听众提意见，这样既可以克服一些方音、方言词汇或方言语法，改进和提高自己的普通话水平，还可以锻炼自己的胆量，把话说得更加自然流畅。

4. 进行模拟测试

进行模拟测试是为了检测平时训练的成果，也是为了适应正式测试的环境和程序。测试的程序是先朗读后说话。朗读的次序是：读单音节字词100个，读双音节词语50个，朗读一篇400字左右的作品。朗读完毕后再说话。模拟测试也要采用这样的测试顺序，包括每一测试项目的时间记载，看自己的普通话水平达到什么程度，以便有针对性地进行训练。模拟测试可以由老师组织进行，也可以由几个同学组成测试小组，相互测试。模拟测试时，最好能录音，以便拟测完毕后自己审听。

（二）考前心理的准备

无论多么优秀的应试人，到考场后或多或少都会紧张，更何况普通话测试又有其特殊性。其一，考试时，每一位应试人单独应试，没有其他应试人在场；其二，一位应试人面对的是至少两位测试员，如若应试人心理素质不好，就容易产生恐惧心理。基础好的应试人，可能因心理压力大，而不能考出理想的成绩，更不用说基础较差的应试人了。故应试人的心理承受能力直接影响其考试成绩。如何提高应试人的心理承受能力是一个长期的、艰苦的工作。若是在校生，要尽量参加学校组织的各类活动，如演讲比赛、诗歌朗诵比赛、辩论赛、讲故事比赛等，这样才有机会将自己展示给人看，坚持下去，必有进步。其他应试人平时要有意识地对自己的心理承受能力进行锻炼，增加自信意识，敢于在众人面前表现真实的自我，敢于在陌生人面前平等、自由地交流，敢于面对批评、斥责，勇于承担责任，坚持这样去做，就能增强心理承受能力。

1. 明确测试意义，端正测试态度

应试者对普通话水平测试意义的正确认识和态度是心理准备的基础。首先应该认识到普通话水平测试的目的在于加快普通话的普及进程，不断提高全社会的普通话水平，同时也要认识到会说普通话是一个人文化修养的外在表现，是语言美的一个方面，也是当今社会各行各业必备的职业素质，它会直接或间接地影响个人的发展和社会的进步。思想是行动的基础，有了正确的思想认识，就会把"要我测"变为"我要测"，从而激发自己主动参加普通话水平测试的热情和提高学好普通话的积极性。

2. 了解测试规程，适应测试环境

在明确了普通话水平测试的意义之后，还要充分了解测试规程，这对于首次参加普通话水平测试的人来说，是很有必要的，这样可以提前做好充分的准备，为临场正常发挥打下基础。

每个测试考场一般有两名或三名测试员对应试者进行现场打分。每位应试者的测试有效时间为12分钟左右，测试过程现场录音，以备复查。考试前，应试者应在备考室待考。临考前提前10分钟进考场，不得携带与考试有关的材料，进入考场后首先向工作人员出示有效身份证件然后抽签，在指定的位置入座，填写普通话水平测试登记表并按抽签题号准备朗读作品和命题话题。测试时，当工作人员示意开始并按下录音键时，应试者先报自己的姓名、考号、工作单位和试卷号，然后按照测试项目逐题往下进行，中间不必中断。

3. 克服紧张情绪，增强测试信心

在普通话水平测试中，常常碰到一些应试者因为紧张把本来能发准的音可能也发不准了；朗读时结结巴巴，不是太快就是太慢，回读或者是停连不当；拿到说话题目脑子一片空白，无话可说或者语无伦次，有的人甚至紧张得纯粹用方言说话，不知道普通话该怎么说了，诸如此类，造成了许多不应有的失误，非常遗憾。究其原因，应试时的紧张、胆怯、自卑或侥幸等心理障碍是缺乏自信心造成的。对于那些普通话说得不太好的应试者来说，只要你平时做了充分的准备，就应该充满信心，大胆沉着，即使一次测试不达标，也不要紧，你可以申请下次再测试，紧张是无济于事的；对于那些普通话说得不错的应试者来说，也应该做一定的应试准备，否则，你会因为不了解测试规则或不熟悉测试内容而惊慌失措，影响水平的正常发挥；对于那些普通话还可以，但一进考场心就发慌的心理素质较差的应试者来说，在进入考场之前一定要通过有效途径，如转移注意力、自我暗示给自己壮胆、做深呼吸放松肌肉等方法克服心理压力，消除紧张情绪。

正常的心理是充分发挥水平的必要条件。俗话说："艺高人胆大"，应试者要想充满自信地参加测试，则需要刻苦学习，加强训练，不断提高普通话水平，还需要参加模拟测试，熟悉测试内容，适应测试环境和方式，讲究备考策略。

积极调理心态的方法

（1）心理暗示法。心理暗示指暗地里提示自己：我已经进行了充分的准备，所有的训练项目我都训练到了，所有的难点问题我都解决了，并且进行了模拟测试，正式测试无外乎就是那些内容，它难不倒我，我一定能考出我的实际水平。总之从正面提醒自己，切莫想到那些不利因素，给自己带来心理负担和压力。

（2）深呼吸法。按照生理学的观点，深呼吸能给体内增加充足的氧气，减缓心跳的速度，平衡心态。不少人心情紧张，心慌意乱，此法不妨一试。

（3）"目中无人"法。有的人害怕陌生人，加上面对的是高水平的主试人在测试自己的水平，所以不能老想着自己面前是高水平的人，他们在如何如何挑剔我的问题，甚至有的人看见主试人的笔动一下，就以为给自己扣了多少分，这些都是不必要的。测试时要想到，此时在测试我，我的水平没有谁能和我比，只有我是至高无上的，我读说的内容都是正确的，是无可挑剔的。

(4) 音乐调节法。音乐与人的生活息息相关，它能通过心理作用影响到人的情绪，陶冶性情，从而达到消除疲劳和振奋精神的目的。美妙动听的音乐不仅可令人心情舒畅，还可以从中得到美的享受，松弛情绪。可选择以下一些音乐：《梁祝》、《田园交响曲》、《春江花月夜》、《蓝色多瑙河》、《青春圆舞曲》等。

(5) 饮食调节法。饮食调理中，蛋白质中的氨基酸对振奋人的精神起着重要作用；B族维生素对维持神经、消化、肌肉、循环系统的正常功能有着重要的生理作用；钙和镁能影响肌肉收缩和神经细胞的转换，有利于缓解精神的紧张。所以考试前应适当增加含此类营养物质的食物的摄入量，这类食物主要有瘦猪肉、动物内脏、鱼类、鸡蛋、牛奶、豆类及其制品、海藻、杂粮、蔬菜中的西红柿、胡萝卜、菠菜、青菜、椰菜、水果等。但要注意由于是口试，所以应避免喝碳酸类和乳酸类的饮料，如可乐和酸奶等。

（三）考前应变能力的培养

普通话水平测试有其随意性，特别是说话项的测试，有些测试员看到应试人有背读的迹象，如出现这种情况，测试员便依据话题，提出看似随意的问题，以便更真实地考查应试人的普通话水平。另外，在测试过程中，有可能会出现突然停电，录音设备出现故障，考场纪律欠佳，中途测试组长因故叫停等，这就要求应试人具有一定的应变能力。作为应试人，对各种临时出现的意外情况，都应该从容对待，不急不躁，不怨不恨，以平和的心态求得测试的顺利进行。应变能力的培养不是一朝一夕的事情，也需要一个过程。应试人要在平时的学习工作中有意识地锻炼自己，如学习如何与陌生人打交道，学习冷静地处理突发事件。应变能力的提高，正如医院医生的临床经验的积累，见得多，做得多，经验自然就丰富，能力自然就提高了。

二、临场准备技巧

1. 提前熟悉测试环境

应试者最好提前到达测试现场，环视考场环境，观察备考室、考场所在方位，熟悉考场有关规定。一般情况下，普通话测试考场内有测试员 2～3 人，工作人员 1～2 人，设有备考席、应试席、测试员席、工作人员席。一般测试席上放有录音话筒，与测试员席相对而设。

2. 提前进入备考室待考

应试者进入考场后，要迅速向工作人员出示有效证件，领取字词试卷，抽取朗读、说话题签，填写普通话水平测试登记表，然后在备考席就座，并保持安静，等待工作人员叫号进入考场。平时测试中，就发现有的应试者不在备考室待考，工作人员叫号时人不在场，耽误了测试，给个人造成了损失。还有的应试者事先未准备好相关的证件，进了考场因找不到证件而手忙脚乱，既影响了测试进程，又耽误了备考的时间，还造成紧张情绪，从而影响测试成绩。

3. 测试前准备时间的分配

当你在测试室时，已经抽取了朗读和话题说话的试题，在候测席上也会看到前三项的试题，这时每位考生大概有15分钟左右的最后的准备时间。如何利用好这最后的宝贵时间做高效率的准备呢？建议采用"2+2+2+3+3+3"模式：第一步，花2分钟时间快速读一遍单音节字词，拿不准的音记下，放在一边，不要浪费时间；第二步，花2分钟的时间读一遍双音节的词语，注意轻声、儿化和变调，拿不准的音记下，放在一边；第三步，花2分钟的时间快速读一遍选择判断题，注意避免方言词汇、语法的影响；第四步，花3分钟的时间快速朗读短文，注意平时练习时容易读错的地方，例如：平卷舌、前后鼻音不分、语流音变、停连、语调等；第五步，花3分钟的时间迅速回顾考前练习时准备好的说话提纲，整理清楚话题说话的提纲并选择自己熟悉的例子，特别要注意开场白的设计，重视第一句话的表达；第六步，最后的3分钟用来查字典，弄准已经记下的读不准的音，保证自己充满自信地参加考试。

4. 沉着冷静接受测试

在应试席就座后，不要急于读试题，先做一到两次深呼吸，缓解一下紧张情绪。当测试员示意开始时，先报出自己的姓名、考号、工作单位、试卷编号，然后按照读单音节字词、读多音节词语、朗读短文、命题说话的测试顺序进入测试。测试完毕，即可离开考场。

三、临场控制技巧

1. 考试中遵循礼貌原则

这条原则可谓通则，任何人之间的交流都应遵循，普通话测试也不例外。应试人要尊重测试员，测试员也应尊重应试人，只有相互尊重，测试才能顺利地进行下去。

礼 貌 常 识

（1）谈话姿势：谈话的姿势往往反映出一个人的性格、修养和文明素质。所以，在测试时，首先要正视正视考官，不能东张西望，哈欠连天。否则，会给人心不在焉、傲慢无理等不礼貌的印象。

（2）坐姿：坐，也是一种静态造型。端庄优美的坐，会给人以文雅、稳重、自然大方的美感。正确的坐姿应该：腰背挺直，肩放松。女性应两膝并拢；男性膝部可分开一些，但不要过大，一般不超过肩宽。双手自然放在膝盖上或椅子扶手上。在正式场合，入座时要轻柔和缓，起座要端庄稳重，不可猛起猛坐，弄得桌椅乱响，造成尴尬气氛。不论何种坐姿，上身都要保持端正，如古人所言的"坐如钟"。

（3）递物与接物：递物与接物是生活中常用的一种举止。在测试过程中会存在接试卷或朗读题签和话题说话题签的情况，因此，递物时须用双手，表示对对方的尊重。

2. 考试中遵循合作原则

人和人之间的交流还有一条重要的原则就是合作原则。在测试中发现有些应试人和测试员的关系比较紧张，有个别的应试人对测试员怀有敌意，在测试的过程中，无论测试员对他说什么，他都认为这是不可信的，都持怀疑态度。测试在紧张之中进行，应试人的成绩或多或少都要受到影响。所以测试员应首先做到以礼待人，给应试人一个轻松的考试环境。作为应试人也应放松自己，心态平和、积极、主动配合测试员完成测试。

四、单项测试应试技巧

（一）单音节字词应试技巧

读单音节字词是普通话水平测试中的基础检测。读单音节字词 100 个（排除轻声、儿化音节），就是检测应试人 3 550 个常用字词的正确读音，考查应试人普通话声母、韵母和声调的发音水平。一个音节的声母、韵母、声调是一个完整的统一体，任何一项错了，这个音节就错了；如果读得不到位，不完整，就是缺陷或欠缺，错误扣 0.1 分，欠缺扣 0.05 分。

1. 看清字形再发音

在测试中，有些应试者由于紧张和大意把一些常见的字词读错了，认识的字也变得陌生了，如"拔"读成"拨"，"瘸"读成"拐"，"佘"读成"余"等。因此，考前要多读测试样卷，努力适应测试项目，测试时要沉着冷静看清字形，特别要注意区分形近字，意义相近或相同的词语，不要随意颠倒前后位置。

2. 声、韵、调发音准确到位

读单音节字词时，要注意把每个音节的声母、韵母、声调都读准，特别是韵母，不要丢失韵头，韵尾收音时发音部位要到位；而声调的调值也要注意平、升、曲、降发音准确到位。

3. 多音字可选读一音

单音节字词中有不少多音字，朗读时念任何一个音都是对的。比如"处"，念 chǔ 或 chù 都算对。不必费时间琢磨到底读哪一个音，分散精力，影响情绪。

4. 注意停顿和语速

读单音节字词，每个音节之间要稍作停顿，不要连读。语速过快，有的音发不准，容易误读；语速过慢，会因超时而失分。读单音节字词，只要每个音节读完整，一个接一个地往下读，就不会超时。有的人担心时间不够，快速抢读，有的字未读完全，"吃"掉了，降低了准确率。因此，语速适合用中速。

5. 充分利用推断和猜测能力

在字词测试时，不必一看到生字、生词就紧张，要根据平时的练习和相关的语言知识来推断、选择正确读音，对自己要有信心，不要轻易放弃不读，也不要因为碰到几个不认识的生字，就产生紧张情绪，影响后面字词的读音。

6. 读错了及时纠正

读单音节字词时，一个字允许读两遍，即应试者如果发觉第一次读音有误时，可以改读，测试员按第二次读音评判。但要注意自己觉得有把握就一定要"改读"，没有把握，不要因随意改读而失分。

找一份单音节字词的模拟试卷，在3分钟时间之内读完。并请同学记录哪些字读错了，错在哪里。

（二）双音节词语应试技巧

此项成绩占总分的20%，即20分。读错一个音节的声母、韵母或声调，扣0.2分。读音有明显缺陷，每次扣0.1分。朗读双音节词语50个，除考查应试人声母、韵母和声调的发音水平外，还要考查上声变调、儿化和轻声的读音。朗读双音节词语50个，实际上也是100个单音节，声母、韵母的出现次数大体与单音节字词相同。此外，上声和上声相连的词语不少于2次，上声和其他声调相连不少于4次；轻声不少于3次；儿化不少于4次。朗读双音节词的要求与单音节字词基本相同，但比朗读单音节字词有更高的要求。结合测试，提出以下几点要求和应注意的问题。

1. 读双音节词要区分几组并列在一起的难点音

（1）平翘相间音。

赞助 zàn zhù　　　　宗旨 zōng zhǐ　　　　珠子 zhū zi
尊重 zūn zhòng　　　储藏 chǔ cáng　　　　残虫 cán chóng
长处 cháng chu　　　插座 chā zuò　　　　声色 shēng sè
素食 sù shí　　　　　私事 sī shì　　　　　丧失 sàng shī

（2）边、鼻相间音。

嫩绿 nèn lǜ　　　　　老年 lǎo nián　　　　能量 néng liàng
冷暖 lěng nuǎn　　　奶酪 nǎi lào　　　　　烂泥 làn ní

（3）前后鼻韵母相间音。

烹饪 pēng rèn　　　　聘请 pìn qǐng　　　　成品 chéng pǐn
平心 píng xīn　　　　冷饮 lěng yǐn　　　　盆景 pén jǐng

（4）舌根音和唇齿音相间的音。

返还 fǎn huán　　　　　盒饭 hé fàn　　　　　粉红 fěn hóng
缝合 féng hé　　　　　　富豪 fù háo　　　　　黄蜂 huáng fēng

这里只是列举几组，可针对本地方言实际进行对比练习。

2. 读双音节词语要注意"上声"和"一、不"的变调

上声在阴平、阳平、去声、轻声前，即在非上声前，变成"半上声"。只读前半截，丢失了后半截，调值由214变为半上声21。即：上声+非上声（阴平、阳平、去声、轻声）变为"半上" +非上声。

训练：

雨衣 yǔ yī　　　　脚跟 jiǎo gēn　　　垦荒 kěn huāng　　卷烟 juǎn yān
史诗 shǐ shī　　　板书 bǎn shū　　　首先 shǒu xiān　　小说 xiǎo shuō
朗读 lǎng dú　　　古文 gǔ wén　　　口形 kǒu xíng　　　坦白 tǎn bái
老人 lǎo rén　　　解决 jiě jué　　　谴责 qiǎn zé　　　考察 kǎo chá
景色 jǐng sè　　　比较 bǐ jiào　　　改正 gǎi zhèng　　暖气 nuǎn qì
姐姐 jiě jie　　　椅子 yǐ zi　　　　指甲 zhǐ jia　　　哑巴 yǎ ba

3. 轻声词要准确判断

50个双音节词语中有不少于3个的轻声词，这些轻声词分散排列在中间，因此要准确判断哪些词是轻声词，并正确朗读。要防止受前面非轻声词的影响，把已经准确判断出来的轻声词读重了。读轻声词还要避免把轻声读得让人听不见，即所谓"吃"字。

4. 儿化词要把卷舌的色彩"儿化"在第二个音节上

50个双音节词语中一般有4个儿化词，儿化词有明显的标志，在第二个音节的末尾写有"儿"，不要把"儿"当作第三个音节读完整，要把"儿"音化在第二个音节的韵母之中。

5. 读准双音节词语中的多音字

可参照本书附录C中的常见多音字表读准双音节词语中的多音字，如下面的一些双音节词中的多音字经常容易读得不准确。

阿胶　扁舟　钥匙　乳臭　创伤　一撮毛　逮捕　当真　提防　缉鞋口

6. 读双音节词语要连贯

双音节词语一般是两个语素组合表示一个意义，也有的是两个音节构成的单纯词，分开不表示任何意义。朗读时不能把它们割裂开来一字一字地读。

7. 读双音字词语要读好中重音格式

双音节词语除轻声词之外，一般都是"中重"格式，即第二个音节读得重一些。例如：

豆沙　蜜蜂　车床　饼干　百货　清真　批发　类似　乐观
单凭　摄影　卧铺　遗嘱　尊敬　审核　溶解　朗诵　列车
名称　性能　卫星　旅馆　服装　出车　政策　早退　杂技

【练一练】

要求：

(1) 读音准确。注意上声、轻声、儿化等音变现象。
(2) 在 3 分钟之内读完。
(3) 指出语音错误，并予以纠正。

第一组

小说	英雄	洽谈	处方	运动	权限	卡车	贫穷	知识
开拓	犯罪	群众	一会儿	交流	被子	牙刷	姑娘	文件
好久	非常	纳闷儿	伤害	牢骚	仍然	对话	手表	节日
棺材	策略	萝卜	相当	走私	外婆	光明	配偶	村庄
疯狂	完成	请帖	快乐	差点儿	孙女	金鱼儿	西瓜	民主
审批	儿童	宣布	恩人	正确				

第二组

让座	朋友	操场	板擦儿	客串	夏天	确凿	顺便	快乐
功夫	碎步儿	劝阻	苦笑	而且	培训	统购	森林	旦角儿
暖气	琼脂	默认	钉子	美德	熊猫	一会儿	收入	酝酿
然后	选举	灯笼	跨越	锅贴儿	皇家	存在	分量	打搅
破旧	绳索	领先	搜查	水稻	肥沃	女士	化妆	品种
抓紧	扭转	综合	采访	坏死				

（三）朗读作品应试技巧

1. 注意发音和音变

由于各篇短文字数略有不同，为了做到评分标准的一致，朗读短文前 400 个音节，每篇短文在第 400 个音节后用"∥"标注，因此，应试者可以把第 400 个音节所在的句子读完整后停止朗读。"∥"前的 400 个音节的读音是测试员评分的依据，每读错一个音节（一个字）扣 0.1 分。因此，应试者要尽量读准每一个字音，特别要注意自己容易读错的词和多音多义词，做到声母、韵母、声调发音标准。同时还应注意音变正确，读准短文中的必读轻声词、儿化词、上声、"一、不"和"啊"的音变词。读错了千万不要回头，读漏了也千万不要返回补充。因为每次语音错误、漏字、添字都要扣 0.1 分，如果回头就等于错上加错，将扣双倍分。

2. 注意语调和语速

程度不同的语调偏误会在朗读短文测试项中失分，所以在朗读应试中，还应特别注意每个音节声调的发音到位，轻声、儿化、语气词"啊"的音变自然，按照普通话句调高低变化的基本类型（升、降、曲、平）恰当处理句调的重音和升降。同时，朗读短文还要避免出现语速过快（一般每分钟超过 270 个音节视为"过快"）或过慢（每分钟少于 170 个音节视为"过慢"),因为语速过快会影响音节的发音动程和归音不到位,语速过慢会造成语义表达不连贯和超时扣分。

3. 注意停连和流畅

"停连不当"和"朗读不流畅"也是朗读短文测试项的扣分指标,应试者在测试时要注意多音节词语和句子的停顿、连接要合乎情理并符合汉语的语法结构,否则,会造成对多音节词语的肢解,或造成对一句话、一段话的歧义,从而影响语义的表达。同时,还要注意在朗读短文过程中,如果偶尔读错了某个词语,不要自我纠正,造成"回读",这样就会使朗读的流畅程度大打折扣。

4. 注意音译外来词和地名的读音

有些短文中的音译外来词和地名,要注意必须按照普通话的字音来读,尤其要注意声调不要按照习惯音去读,如"哈萨克斯坦"中的"萨",应读四声,不要误读为一声。"亚布力"中的"亚"应读成四声,而不是三声。

(四)话题说话应试技巧

说话是四项测试内容中难度最大的一项。对于母语是方言的应试人来说,说话时既要表达流畅,又要语音标准,的确不易。建议注意以下几点。

1. 语音要标准

"语音面貌"占说话测试项的25分。应试者在说话发音时,声母、韵母、声调要正确;变调、轻声、儿化和"啊"的音变也要准确自然。不能把注意力全集中在考虑说话内容和组织语言上,还必须要有语音的规范意识,注意发音准确,避免方音的出现。

2. 避开难点音

由于多种原因,有些人对一些常用的字词就是说不好,可以把这些词改换成自己发音标准的词,用这种同义替换的办法"扬长避短",可以减少语音错误。

3. 注重口语化

命题说话时没有文字凭借,属于口头表达,可以多用短句、散句,句式可以灵活多变,少用结构复杂、成分较多的长句,因此在组织语言进行表达时,可以多用常用的口语词汇适当使用语气词如"吧"、"吗"、"呢"之类,慎用文言词和书面语。

4. 词汇语法要规范

词汇语法的规范程度也是命题说话考查的一项内容,也应引起足够的重视,不能忽略。有些人在说话时,语音面貌不错,但却因为不注意使用了方言词汇或典型的方言语法格式而失分,实在可惜。因此,在说话时,除了注意语音规范,还应有强烈的词汇语法规范意识。

5. 言语表达自然流畅

命题说话对自然流畅程度有一定要求,因此,应试者要注意说话语句通顺流畅,前后连贯不间断,语调自然不结巴。即使碰到自己准备充分的话题,也要把话的内容说出来,不要背话,因为测试时有背稿子的现象是要扣分的,再说"背稿"时一旦遗忘,就会因卡壳而不知所措，说话就会语无伦次，结结巴巴，不自然、不流畅。所以，应试者在说话时，只要按照考前准备的提纲，边想边说就可以了。

6. 把握说话时间

说话不足3分钟，在命题说话测试中是要酌情扣分的，因此，应试者要努力说满3分钟，如果准备的内容说完了，时间还不够，就继续往下说相关的内容，直到测试人员示意时间到后再停止。所以，考前话题准备的内容要充分一些，留有余地为好。

7. 语速适中可以提高发音的准确程度

日常生活中，人一紧张，语速就可能加快。测试时如果产生紧张心理说话速度就会过快，这样，一方面会提高单位时间的错误率，另一方面会更加重紧张的心理。但如果语速过慢，又会影响语句的完整和自然流畅度，因此必须注意把握说话的语速。应试者要注意语速适中，一般3分钟说550个音节左右为宜。

【练一练】

选择一套普通话测试试卷进行模拟训练，体会本节课介绍的一些方法和技巧。

第三节 普通话水平测试模拟训练

模拟试卷一　　　　北京市普通话水平测试样卷

单位：_____ 姓名：_____ 考号：_____

一、读单音节字词100个

九	晃	瞒	镶	理	日	容	旬	贰	彼	赐	废	宣
匀	索	始	砣	绝	内	絮	埠	凝	腔	王	颇	牛
怀	挖	磷	梯	瞥	翁	烟	甜	鸣	钉	丙	抛	堆
丛	农	筒	锣	穷	断	患	吨	薛	配	寺	钙	吼
藕	舟	丑	忍	阵	粉	蛇	考	脆	梢	娘	善	肠
蛆	促	捐	贫	框	论	窗	跨	进	表	法	城	争
忙	抓	问	搁	杂	也	赛	腰	则	招	败	车	涩
葬	钢	雄	下	加	癌	拨	块	池				

二、读双音节词语50个

| 车轴 | 别扭 | 顶端 | 陪葬 | 失去 | 邪门儿 | 加强 |
| 往常 | 胳膊 | 拼命 | 问题 | 比例 | 表演 | 一溜儿 |

病人	内容	农业	宣布	争论	改善	偶尔
次要	迟缓	挖掘	紧迫	飞快	满怀	巴结
寻找	分队	匆忙	豆芽儿	惩罚	白酒	宁日
哨所	敦促	落后	相似	考卷	赛跑	凶狂
瞎抓	同学	黄色	天真	拔尖儿	临床	允许
大量						

三、朗读作品：作品1号

为了看日出，我常常早起。那时天还没有大亮，周围很静，只听见船里机器的声音。天空还是一片浅蓝，很浅很浅的。转眼间，天水相接的地方出现了一道红霞。红霞的范围慢慢扩大，越来越亮。我知道太阳就要从天边升起来了，便目不转睛地望着那里。

果然，过了一会儿，那里出现了太阳的小半边脸，红是红得很，却没有亮光。太阳像负着什么重担似的，慢慢儿，一纵一纵地，使劲儿向上升。到了最后，它终于冲破了云霞，完全跳出了海面，颜色真红得可爱。一刹那，那深红的圆东西发出夺目的亮光，射得人眼睛发痛。它旁边的云也突然有了光彩。

有时候太阳躲进云里。阳光透过云缝直射到水面上，很难分辨出哪里是水，哪里是天，只看见一片灿烂的亮光。

有时候天边有黑云，云还很厚。太阳升起来，人看不见它。它的光芒给黑云镶了一道光亮的金边。后来，太阳慢慢透出重围，出现在天空，把一片片云染成了紫色或者红色。这时候，不仅是太阳、云和海水，连我自己也成了光亮的了。

这不是伟大的奇观么？

四、说话

我的业余生活

模拟试卷二　　　　上海市普通话水平测试样卷

单位：_____ 姓名：_____ 考号：_____

一、读单字（共10分）（限时3分钟）

牵	壑	澜	回	改	糟	肾	加	味	否（否定）
货	肉	连	蠢	罐	值	驯	卵	握	钢（钢铁）
厄	鹃	贷	洲	唤	声	觅	尚	熊	化（化肥）
催	灭	荒	酱	蹦	桩	粤	始	腥	禁（禁止）
焚	母	编	票	迭	逆	者	霞	所	踏（踏步）

渔 年 饼 但 蚯 跳 斟 秦 炭 撒（撒播）
快 酿 隔 右 瞧 漕 紫 宽 阿（阿姨） 轧（轧道机）
雪 冤 踩 戎 女 停 拷 雷 挨（挨打） 种（种类）
丞 刿 浓 朵 霎 炒 情 图 场（场地） 那（口语音）

二、读词语（共 20 分）（限时 3 分钟）

准儿	海军	一溜儿	商品	心软	餐车	骄傲	攒聚	警笛	什么
斗争	耍弄	大量	享乐	常用	写作	罚款	墨水儿	然后	撒开
觉悟	试验	罪孽	球儿（棉球儿）	暗暗	炮火	小雨	步兵	此外	对付
远方	执行	起草	态度	锁国	下游	捆绑	丢面子	手松	能力
文学	洽谈	崇高	墙头	接近	状况	本色儿	广播	专人	森林

三、选择、判断（共 10 分）（限时 3 分钟）

1. 读出每组词中的普通话词语（注意：下列每组词语各表达同一概念）
1）摆架子　摆份儿　　　　2）脚爪　爪子
3）蚕豆　寒豆　　　　　　4）座钟　台钟
5）爽快　爽气　　　　　　6）乌青块　血晕
7）跑路　走路　　　　　　8）渡船　摆渡船
9）风凉鞋　凉鞋　　　　　10）很好　蛮好

2. 给下面的名词搭配量词（例如：一条——鱼）
　　　　　张　粒　把　只　头
米　剪刀　狗　鸟　锁　种子　脸　驴　纸　蒜

3. 读出符合普通话说法的句子（注意：下列每组说法各表达同一意思）
1）A. 收收起来。　　　　B. 都收起来。
2）A. 春节在二月份。　　B. 春节在两月份。
3）A. 你看戏了没有？　　B. 你有看戏没有？
4）A. 我找他不到。　　　B. 我找不到他。
5）A. 他个子比我高得多。　B. 他个子比我长得多。

四、朗读（共 30 分）（限时 3 分钟）

这是入冬以来，胶东半岛上第一场雪。

雪纷纷扬扬，下得很大。开始还伴着一阵儿小雨，不久就只见大片大片的雪花，从彤云密布的天空中飘落下来。地面上一会儿就白了。冬天的山村，到了夜里就万籁俱寂，只听得雪花簌簌地不断往下落，树木的枯枝被雪压断了，偶尔咯吱一声响。

大雪整整下了一夜。今天早晨，天放晴了，太阳出来了。推开门一看，嗬！好大的雪啊！山川、河流、树木、房屋，全都罩上了一层厚厚的雪，万里江山，变成了粉妆玉砌的世界。落光了叶子的柳树上挂满了毛茸茸亮晶晶的银条儿；而那些冬夏常青的松树和柏树上，则挂满了蓬松松沉甸甸的雪球儿。一阵风吹来，树枝轻轻地摇晃，美丽的银条儿和雪球儿簌簌地落下来，玉屑似的雪末儿随风飘扬，映着清晨的阳光，显出一道道五光十色的彩虹。

大街上的积雪足有一尺多深，人踩上去，脚底下发出咯吱咯吱的响声。一群群孩子在雪地里堆雪人，掷雪球儿。那欢乐的叫喊声，把树枝上的雪都震落下来了。

俗话说，"瑞雪兆丰年"。这个话有充分的科学根据，并不是一句迷信的成语。寒冬大雪，可以冻死一部分越冬的害虫；融化了的水渗进土层深处，又能供应//庄稼生长的需要。我相信这一场十分及时的大雪，一定会促进明年春季作物，尤其是小麦的丰收。有经验的老农把雪比作是"麦子的棉被"。冬天"棉被"盖得越厚，明春麦子就长得越好，所以又有这样一句谚语："冬天麦盖三层被，来年枕着馒头睡"。

我想，这就是人们为什么把及时的大雪称为"瑞雪"的道理吧。

（节选自：峻青．第一场雪．）

五、说话（共30分）（不得少于3分钟）

一句格言给我的启示

模拟试卷三　　黑龙江省普通话测试用卷　　021号卷

姓名：_____　　单位：_____　　考号：_____

一、读单字

赛、膜、劝、陡、逛、淮、伞、侩、乏、瓦（瓦解）
名、举、国、奖、战、躲、唐、闪、误、嘿（嘿嘿一笑）
捻、坑、粉、揪、耗、膨、舔、是、乡、撒（撒播）
您、捆、进、翻、惠、咏、恰、守、需、读（阅读）
阔、扭、除、扉、贰、邹、箬、脑、则、嚷（叫嚷）
做、旁、疮、瘤、戳、民、鳅、容、利、脏（脏土）
侠、骗、锤、歌、轮、罪、匀、摘、磅（磅秤）、臊（腥臊）
料、丛、飘、磁、怎、锐、铁、俗、奔（奔走）、采（采访）
密、平、掭、惹、沟、软、朱、瘤、画（油画）、别（区别）
弯、祖、爹、挂、髋、郑、拟、篆、弹（弹琴）、更（更加）

二、读词语

重要、高空、侦察、等待、形成、风度、板刷

将军（将级军官）、接近、鬼魂、申请、天堂
分配、司法、围脖儿、语调、恩爱、贯彻、外电
偷偷、综合、专门、丈母、小学、送信儿、当然
病号儿、而且、座儿、擦音、收摊儿、拥护、爬犁
加工、看起来、没错、去年、听说、秦腔、变质
杂交、水草、文库、遗传、两极、贩卖、锥子
考场、哪个（书读音）、火势

三、朗读

爸不懂得怎样表达爱，使我们一家人融洽相处的是我妈。他只是每天上班下班，而妈则把我们做过的错事开列清单，然后由他来责骂我们。

有一次我偷了一块糖果，他要我把它送回去，告诉卖糖的说是我偷来的，说我愿意替他拆箱卸货作为赔偿。但妈妈却明白我只是个孩子。

我在运动场打秋千跌断了腿，在前往医院途中一直抱着我的，是我妈。爸把汽车停在急诊室门口，他们叫他驶开，说那空位是留给紧急车辆停放的。爸听了便叫嚷道："你以为这是什么车？旅游车？"

在我生日会上，爸总是显得有些不大相称。他只是忙于吹气球，布置餐桌，做杂务。把插着蜡烛的蛋糕推过来让我吹的，是我妈。

我翻阅照相册时，人们总是问："你爸爸是什么样子的？"天晓得！他老是忙着替别人拍照。妈和我笑容可掬地一起拍的照片，多得不可胜数。

我记得妈有一次叫他教我骑自行车。我叫他别放手，但他却说是应该放手的时候了。我摔倒之后，妈跑过来扶我，爸却挥手要她走开。我当时生气极了，决心要给他点儿颜色看。于是我马上爬上自行车，而且自己骑给他看。他只是微笑。

我念大学时，所有的家信都是妈写的。他//除了寄支票外，还寄过一封短柬给我，说因为我不在草坪上踢足球了，所以他的草坪长得很美。

每次我打电话回家，他似乎都想跟我说话，但结果总是说："我叫你妈来接。"

我结婚时，掉眼泪的是我妈。他只是大声擤了一下鼻子，便走出房间。

我从小到大都听他说："你到哪里去？什么时候回家？汽车有没有汽油？不，不准去。"爸完全不知道怎样表达爱。除非……

会不会是他已经表达了，而我却未能察觉？

四、说话

我尊敬的人

国家普通话水平智能测试系统

国家普通话水平智能测试系统是科大讯飞公司在国家语委"十五"重点科研项目支持下研发完成的。系统基于国家普通话水平测试大纲，可准确地对考生命题说话之外的所有测试题型进行自动评测，并可以自动检测发音者存在的语音错误和缺陷，对使用者高效提升普通话口语水平具有积极的指导意义。该系统应用于国家普通话水平测试当中，不仅可以提高普通话水平测试效率、降低测试成本和组织难度，同时也可以开展目前无法开展的考前模拟测试，为考生提供针对性的考前指导。

1. 系统目标

国家普通话水平智能测试系统的目标是建立一套方便的、开放的普通话测试平台，实现考生在计算机前完成普通话测试，计算机自动地对考生测试语音进行智能评测，并可以对全省的测试员进行分配和管理，实现资源的共享。系统严格按照国家语委普通话水平测试规程设计，在不改变现有的人工测试规范的情况下，可以方便地开展计算机测试。计算机测试系统的建设可以实现如下几个目的。

（1）测试中心、测试站可以根据需要，随时安排计算机测试，把一次组织过程复杂的大规模测试进行分解，降低组织的难度。

（2）基层单位只要具备计算机软硬件条件，也可以通过计算机的方式进行测试。

（3）解决了测试时经常出现的测试员不足的问题。计算机智能测试引擎可以完成对前三题的评测，测试员只需要对第四题进行评测，大大降低了测试员的工作量，提高了测试效率、降低测试成本。另外，计算机测试系统实现了评、测分离，可以避免对大量测试员的突发需求，把评测工作分配给一些高水平的测试员，保证了测试结果的合理性。

（4）提高测试结果的公正性。测试员和考生不直接面对面的接触，不知道自己评测的对象是谁，减少了评测中的人情因素的影响。

（5）系统实现了测试的数字化，测试语音、结果可以有效集中到测试管理部门，为科学研究和决策提供依据，这和国家语委提出的数字语委的思路也是吻合的。

2. 系统特点

国家普通话水平智能测试系统系统具有以下特点。

（1）自动化测试：测试现场不需要安排测试员，3~4名工作人员即可以完成一场大规模测试。考生测试结束，计算机即可以给出考生非命题说话部分的评测结果。

（2）简单易操作：所有操作由监考老师完成，考生根据计算机语音提示即可以轻松地完成测试。

（3）管理方便：监考老师通过监考机可以全程监控考生的整个测试过程，随时了解每位考生当前的测试情况。

（4）灵活实用：测试系统提供网络版、单机版两种应用方案，测试单位可以根据现有的计算机网络条件选择合适的版本进行测试，最大限度地降低应用门槛。

3. 计算机评测原理

普通话水平智能测试系统以《普通话水平测试实施纲要》为准则，以数十位一级甲等播音员的发音为标尺，以数千份由多位国家级测试员进行打分的实际普通话水平测试样本为范本，建立起计算机普通话水平测试的算法策略、标准发音模型以及综合评价模块，从而实现使用计算机对普通话水平测试应试人的发音水平进行评价和诊断。

《普通话水平测试实施纲要》作为普通话水平测试的权威规范，对普通话水平测试的各个环节都做出了科学合理的规定，特别是等级的划分和打分的具体实施方案，对全国各地的测试员的具体工作都具有非常强的指导意义。普通话水平智能测试系统的算法策略即是以《纲要》中的评分标准为准则，设计出与《纲要》相一致的算法策略，以保证计算机测试的科学性。

测试员在实施评分的过程中都是与自身所掌握的"标准"发音为标尺来对评分对象（声母、韵母、声调等）进行发音准确度的判断的，但事实上"标准"发音并不是指某个人的发音，而是存在多种可能性，包括不同的音色、风格等，那么计算机要建立这样一种标准的尺度，就需要考虑尽可能多的"标准"发音。普通话水平智能测试系统的标准发音模型是在搜集的近50位一级甲等播音员近250小时的发音数据上通过先进的数学建模技术而构建的，它囊括了大多数"标准"发音人的发音特性，能应对几乎所有应试者，对其发音元素的标准程度做出客观的评价。另外，通过对应试人的发音进行语音信号分析以消除应试者的年龄、音色以及录音环境等无关因素对评测结果的影响，从而保证计算评测的尺度一致性和评测结果的公正性。

在获得对每个发音元素的评价之后需要给出对应试者整体普通话水平的评分和等级评定，在发音元素的评价参数和总体评分上存在一种映射关系。在通过对数千份由多位国家级测试员进行打分的实际普通话水平测试样本的统计和分析之上得出了这一映射关系，使得计算机的评分和测试员的评分之间存在高度的一致性。我们对大量计算机实测数据进行统计分析，得出计算机评分与测试员之间的平均评分差异在 1.5 分左右，要略小于不同测试员之间的平均打分误差，可认为普通话水平智能测试系统的评价映射模型已经达到测试员的水平。

综上所述，普通话水平智能测试系统的核心评测引擎所依赖的准则、标尺和范本均具备科学性和权威性，其中所使用的技术在方法科学、在过程上严谨，最大限度地发挥了计算机在普通话测试中的作用，使得普通话水平智能测试系统的评测结果客观、准确、公正、合理。

4. 主要功能

智能测试系统包含监考机程序和考生机程序，在正式应用时，可以选择与省中心管理系统或评分工具配合使用。下面分别介绍各自的主要功能。

(1) 监考机程序。

① 考生信息导入：在正式开始考试之前，测试站考场服务器可以接收来自测试中心的参加测试的考生信息，也可以将考生信息统计表直接导入到系统中。

② 试卷导入：正式开始考试之前，测试站考场服务器可以接收测试中心下发的本次测试所用的试卷，也可以将试卷直接导入到系统中。

③ 试卷分配：系统提供自动和手动两种方式给每个考生分配试卷。试卷分配完成，每个考生测试的试题就已确定，系统生成详细的考生试卷分配表，测试站管理人员可以根据表格安排每个考生在考前进行准备。

④ 开始/结束考试：为方便管理，最大限度地降低考生之间的相互干扰，计算机测试采取统一开始/结束考试的方式。测试站管理人员可以通过监考机开始或结束一次考试，并可以在考试的过程中随时了解每一台考试机当前的状态。

⑤ 计算机智能评测：考生考试结束，考试语音从考试机上传到考场服务器中。考场服务器启动计算机智能评测引擎，对考生前三题进行自动评测，给出评测结果并保存在数据库中。

⑥ 数据上传：考生测试结束之后，系统将考生信息、考试的试卷、考试语音以及计算机评测的前三题结果等信息一起压缩，通过互联网传输到测试中心，测试中心收到以上信息后，将考试语音保存在数据库中，集中管理，并将第四题发给测试员进行人工评测。

(2) 考生机程序。

① 考生登录：考生进入考场以后，通过考生机输入准考证号，系统自动显示考生个人报名详细信息，考生仔细核对个人信息，如确定没有错误，单击"确定"完成登录。如准考证输入错误，可以返回重新输入。

② 试音：根据监考机发出的考场指令，考试机进入到试音程序。考生按提示戴上耳麦，把话筒调整到嘴边，说一句话，计算机根据考生说话声音的大小自动将麦克风的录音音量调节到合适大小。

③ 考试：考生根据计算机语音提示，朗读计算机屏幕显示的试题，每一题结束，单击"下一题"，第四题必须要说满3分钟。全部四题考完，单击完成考试，离开考场。

(3) 省中心管理系统。

① 测试站管理：根据各地区/学校参加普通话水平测试的人数不同和建立测试站的申请情况，测试中心酌情批准建立测试站。测试站建立后，由测试中心开通测试站账号，中心管理员可以分配给各测试站相关的权限，便于各个测试站登录系统进行信息沟通。主要功能包括：新建/删除测试站、编辑测试站信息；给测试站分配管理权限。

② 测试员管理：建立测试员专家库，测试中心管理员可以了解到任意测试员的基本情况，包括评测量、评测水平等相关信息，可以分配给测试员相关的权限，使测试员可以了解自己的测试情况。

③ 测试管理：这一部分是整个评测管理系统的核心，是实现第四题评测的手段。系统可以根据测试员以往的评分记录，测试员的工作量等情况，将需要评测的考试录音合理的分

配给相应的测试员。测试员登录系统以后会接收到管理中心分配的测试任务，进行在线评测。这样，测试员不再需要在现场对考生进行评测，大大简化了评测程序，降低了测试站组织评测的困难和成本。另外，给测试员分配考试录音时，系统提供全部录音和第四题录音两种可选数据分配形式。

④ 复审管理：为进一步确保测试质量，系统提供一级、偏差、抽查3种复审方式。

⑤ 短信通知模块：测试中心分配给测试员新的评测任务以后，系统自动产生一条短信，确保测试员在第一时间能够收到测试任务。

⑥ 成绩管理：系统提供完整的成绩查询、统计、打印等管理功能。

⑦ 证书打印：系统提供批量/单个证书打印功能。

⑧ 报表管理：根据各测试站的测试情况，系统自动产生统计报表，报表内容包括等级分布情况、职业构成情况等。报表以表格和柱状图、饼状图的方式显示，方便领导决策。

⑨ 数据管理：测试中心将考生的考试录音文件保存一段时间，并且实现第四题录音的分配和评测，需要在管理系统内针对考试录音数据进行管理，通过管理系统，中心管理员可以轻松地实现任意考生录音的查询、删除、备份功能。

⑩ 信息发布：为方便测试管理的需要，测试中心可以给各测试站发布一些如通知、会议等信息。

⑪ 系统管理：为方便系统的管理维护，为不同的用户（如测试站、测试员等）开通账户、设置权限，提供系统管理功能，系统管理由测试中心的系统管理员来操作。

（4）评分工具。

评分工具提供的主要是测试员对考生语音的评测，主要功能如下。

① 试题内容显示：自动显示考生测试的试题内容，供测试员打分时参考。

② 考生语音播放：按题播放考生语音，播放时计算机显示每一题考生所花的时间，测试员并可以拖动工具条测听任意一段语音内容。

评分：根据每一题的扣分项，测试员填写扣分。评测结束，评分结果以加密的方式保存在系统中。

【练一练】

(1) 用普通话向全班同学作自我介绍。

(2) 选一篇短小的诗文用普通话在班上朗读。

(3) 就是否有必要开设普通话训练课程谈谈自己的看法。

【经典网站推荐】

(1) 南京普通话培训网：http://www.pthxx.com

(2) 欣欣普通话在线：http://www.pthzx.net

(3) 在线学习—普通话学习：http://www.cso365.com/putonghua

(4) 中国语言文字网：http://www.china-language.gov.cn

附录 A　普通话水平测试大纲

（教育部　国家语委发教语用［2003］2号文件）

一、前言

国家推广全国通用的普通话。普通话是以汉语文授课的各级各类学校的教学语言；是以汉语传送的各级广播电台、电视台的规范语言，是汉语电影、电视剧、话剧必须使用的规范语言；是我国党政机关、团体、企事业单位干部在公务活动中必须使用的工作语言；是不同方言区以及国内不同民族之间人们的通用语言。

掌握和使用一定水平的普通话，是进行现代化建设的各行各业人员，特别是教师、播音员、节目主持人、演员等专业人员必备的职业素质。因此，有必要在一定范围内对某些岗位的人员进行普通话水平测试，并逐步试行持等级证书上岗制度。

普通话是汉民族的共同语，是规范化的现代汉语、共同的语言和规范化的语言是不可分割的，没有一定的规范就不可能做到真正的共同。普通话的规范指的是现代汉语在语音、词汇、语法各方面的标准。普通话水平测试是推广普通话工作的重要组成部分，是使推广普通话工作逐步走向科学化、规范化、制度化的重要举措。推广普通话促进语言规范化，是汉语发展的总趋势。普通话水平测试工作的健康开展必将对社会的语言生活产生深远的影响。

普通话水平测试不是普通话系统知识的考试，不是文化水平的考核，也不是口才的评估。根据国家语言文字工作委员会、国家教育委员会、广播电影电视部《关于开展普通话水平测试工作的决定》，普通话水平测试工作先在一定范围内对某些岗位的人员实行。（详见《决定》）

汉语方言复杂，语音乃至词汇、语法因时因地而异，毋庸讳言，有的地方话较为接近普通话的标准，而有的地方话跟普通话的标准则存在较大的差异。进行普通话水平测试必须坚持统一的标准，坚持测试的科学性和严肃性。鉴于普通话在一些地区还不够普及，以往在推广普通话工作中普及和提高的工作结合得还不够紧密，应该从实际出发，在一段时间内，对不同的方言区要求上要有所区别。

二、试卷编制和评分办法

试卷包括5个部分：

2.1　读单音节字词100个（排除轻声、儿化音节）。

目的：考查应试人声母、韵母、声调的发音。

要求：100个音节里，每个声母出现一般不少于3次，方言里缺少的或容易混淆的酌量增加1～2次；每个韵母的出现一般不少于2次，方言里缺少的或容易混淆的韵母酌量增加1～2次。字音声母或韵母相同的要隔开排列。不使相邻的音节出现双声或叠韵的情况。

评分：此项成绩占总分的10%，即10分。读错一个字的声母、韵母或声调扣0.1分。读音有缺陷每个字扣0.05分。一个字允许读两遍，即应试人发觉第一次读音有口误时可以改读，按第二次读音评判。

限时：3分钟。超时扣分（3～4分钟扣0.5分，4分钟以上扣0.8分）。

读音有缺陷只在2.1读单音节字词和2.2读双音节词语两项记评。读音有缺陷在2.1项内主要是指声母的发音部位不准确，但还不是把普通话里的某一类声母读成另一类声母，比如舌面前音j，q，x读得太接近z，c，s；或者是把普通话里的某一类声母的正确发音部位用较接近的部位代替，比如把舌面前音j，q，x读成舌叶音；或者读翘舌音声母时舌尖接触或接近上腭的位置过于靠后或靠前，但还没有完全错读为舌尖前音等；韵母读音的缺陷多表现为合口呼、撮口呼的韵母圆唇度明显不够，语感差；或者开口呼的韵母开口度明显不够，听感性质明显不符；或者复韵母舌位动程明显不够等；声调调形、调势基本正确，但调值明显偏低或偏高，特别是四声的相对高点或低点明显不一致的，判为声调读音缺陷；这类缺陷一般是成系统的，每个声调按5个单音错误扣分。2.1和2.2两项里都有同样问题的，两项分别都扣分。

2.2 读双音节词语50个。

目的：除考查应试人声母、韵母和声调的发音外，还要考查上声变调、儿化韵和轻声的读音。

要求：50个双音节可视为100个单音节，声母、韵母的出现次数大体与单音节字词相同。此外，上声和上声相连的词语不少于2次，上声和其他声调相连不少于4次；轻声不少于3次；儿化韵不少于4次（ar，ur，ier，üer），词语的排列要避免同一测试项的集中出现。

评分：此项成绩占总分的20%，即20分。读错一个音节的声母、韵母或声调扣0.2分。读音有明显缺陷每次扣0.1分。

限时：3分钟。超时扣分（3～4分钟扣1分，4分钟以上扣1.6分）。

读音有缺陷所指的除跟2.1项内所述相同的以外，儿化韵读音明显不合要求的应列入。

2.1和2.2两项测试，其中有一项或两项分别失分在10%的，即2.1题失分1分，或2.2题失分2分即判定应试人的普通话水平不能进入一级。

应试人有较为明显的语音缺陷的，即使总分达到一级甲等也要降等，评定为一级乙等。

2.3 朗读。从《测试大纲》第五部分朗读材料（1～50号）中任选。

目的：考查应试人用普通话朗读书面材料的水平，重点考查语音、连读音变（上声、"一"、"不"），语调（语气）等项目。

计分：此项成绩占总分的30%。即30分。对每篇材料的前400字（不包括标点）做累积计算，每次语音错误扣0.1分，漏读一个字扣0.1分，不同程度地存在方言语调一次性扣分（问题突出扣3分；比较明显，扣2分；略有反映，扣1.5分。停顿、断句不当每次扣1

分；语速过快或过慢一次性扣 2 分。

限时：4 分钟。超过 4 分 30 秒以上扣 1 分。

说明：朗读材料（1～50）各篇的字数略有出入，为了做到评分标准一致，测试中对应试人选读材料的前 400 个字（每篇 400 字之后均有标志）的失误做累积计算；但语调、语速的考查应贯穿全篇。从测试的要求来看，应把提供应试人做练习的 50 篇作品作为一个整体，应试前通过练习全面掌握。

2.4　判断测试。

目的：重点考查应试人员全面掌握普通话词汇、语法的程度。题目编制和计分：此项成绩占总分的 10%，即 10 分。

判断（一）：根据《测试大纲》第三部分，选列 10 组普通话和方言说法不同的词语（每组至少有两种不同的说法），由应试人判断那种说法是普通话的词语。错一组扣 0.25 分。对外籍人员的测试可以省去这个部分，判断（三）的计分加倍。

判断（二）：根据《测试大纲》第四部分抽选 5 个量词，同时列出可以与之搭配的 10 个名词，由应试人现场组合，考查应试人掌握量词的情况。搭配错误的每次扣 0.5 分。

判断（三）：根据《测试大纲》第四部分，编制 5 组普通话和方言在语序或表达方式上不一致的短语或短句（每组至少有两种形式），由应试人判定符合普通话语法规范的形式。判断失误每次扣 0.5 分。

在口头回答时，属于答案部分的词语读音有错误时，每次扣 0.1 分；如回答错误已扣分就不再扣语音失误分。

限时：3 分钟。超时扣 0.5 分。

2.5　说话。

目的：考查应试人在没有文字凭借的情况下，说普通话的能力和所能达到的规范程度。以单向说话为主，必要时辅以主试人和应试人的双向对话。单向对话：应试人根据抽签确定的话题，说 4 分钟（不得少于 3 分钟，说满 4 分钟主试人应请应试人停止）。

评分：此项成绩占总分的 30%，即 30 分。其中包括以下几点。

（1）语音面貌占 20%，即 20 分。其中档次如下。

一档 20 分　语音标准。

二档 18 分　语音失误在 10 次以下，有方音不明显。

三档 16 分　语音失误在 10 次以下，但方音比较明显；或方音不明显，但语音失误大致在 10～15 次之间。

四档 14 分　语音失误在 10～15 次之间，方音比较明显。

五档 10 分　语音失误超过 15 次，方音明显。

六档 8 分　语音失误多，方音重。

语音面貌确定为二档（或二档以下）即使总积分在 96 以上，也不能入一级甲等；语音面貌确定为五档的，即使总积分在 87 分以上，也不能入二级甲等；有以上情况的，都应在级内降等评定。

(2) 词汇语法规范程度占 5%。计分档次为：

一档 5 分　词汇、语法合乎规范；

二档 4 分　偶有词汇或语法不符合规范的情况；

三档 3 分　词汇、语法屡有不符合规范的情况；

(3) 自然流畅程度占 5%，即 5 分。计分档次为：

一档 5 分　自然流畅；

二档 4 分　基本流畅，口语化较差（有类似背稿子的表现）；

三档 3 分　语速不当，话语不连贯；说话时间不足，必须主试人用双向谈话加以弥补。

试行阶段采用以上评分办法，随着情况的变化应适当增加说话评分的比例。

三、试卷的分型和样卷

3.1　普通话水平测试试卷按照测试对象的不同分为 I 型和 II 型两类

I 型卷　主要供通过汉语水平考试（HSK）申请进行普通话水平测试的外籍或外族人员使用。I 型卷的出题范围是：

(1) 单音节字词和双音节词语都从《测试大纲》第二部分的"表一"选编，其中带两个星号的字词占 60%，带一个星号的字词占 40%。测试范围只限于"表一"。

(2) 朗读材料的投签限制在 40 个之内，依字数的多少减去字数较多的 10 篇。

由于普通话水平测试处于试行阶段，同时考虑到在校学生的学习负担，所以在 1996 年 12 月底以前，对中等师范学校和中等职业学校有关专业的学生以及小学教师进行普通话水平测试时也采用 I 型卷。

II 型卷　供使用 I 型卷人员以外的应试人员使用。II 型卷的出题范围是：

(1) 单音节字词和双音节词语按比例分别从《测试大纲》第二部分的"表一"和"表二"选编。选自"表一"占 70%，其中带两个星号的占 40%，带一个星号的占 30%；选自"表二"的占 30%。

(2) 朗读材料（1～50 号）全部投签。

3.2　样卷（不是标准卷，未经信度、区别度、难度分析）

I 型卷

(1) 读单音节字词 100 个。

吵	北	爱	词	岸	半	加	读	埠	菜
灯	脆	动	兵	春	洗	鱼	下	炸	质
热	自	破	蛇	我	鞋	坐	助	杂	足
思	沙	许	芽	抓	跃	嘴	咬	税	头
搜	天	完	味	幼	腿	小	暂	元	战
尊	专	香	庄	厅	翁	兄	争	损	真
弱	略	内	猫	所	驴	苗	流	门	老

您 乱 穷 金 矿 容 亲 胖 泉 评
青 让 群 君 枪 空 瓜 风 会 耕
黑 根 口 火 接 快 二 分 富 记

以上100个字词，都选自"表一"，其中带两个星号的60个；带一个星号的40个。

复盖声母情况：b：4，p：3，m：3，f：4，d：3，t：4，n：2，l：5，g：3，k：4，h：3，j：5，q：6，x：7，zh：8，ch：2，sh：3，r：4，z：9，c：3，s：4，零声母：13（y：6，w：4，φ：3）。

复盖韵母情况：i：2，-i（前）：3，-i（后）：1，u：3，ü：3，a：4，ia：3，ua：2，o：1，uo：5，e：2，ie：2，üe：2，ai：2，uai：1，ei：3，uei：6，ao：3，iao：3，ou：3，iou：2，an：4，ian：1，uan：3，üan：2，en：4，in：3，uen：3，ün：2，ang：2，iang：2，uang：2，eng：4，ing：4，ueng：1，ong：3，iong：2，er：1。

(2) 读双音节词语50个。

皮肤　报纸　女儿　玻璃　罪恶　哀悼　烹调　名字
通商　大学　木匠　的确　年头儿　旅游　萝卜　天真
光荣　灵魂　功夫　开会　选举　家伙　小孩儿　敏捷
所以　教师　权限　率领　人质　群众　内脏　响应
完整　英雄　阐述　乘客　处理　坑意儿　愉快　政策
音乐　委员　有用　云彩　写作　参照　纤维　一会儿
挖掘　金鱼儿

以上50个双音节词语都选自"表一"，其中带两个星号的30个（60个音节），带一个星号的20个（40个音节）。

覆盖声母情况：b：3，p：2，m：3，f：2，d：4，t：4，n：3，l：6，g：2，k：3，h：5，j：7，q：3，x：8，zh：7，ch：3，sh：4，r：2，z：4，c：3，s：2，零声母：21（y：14，w：5，φ：2）。

覆盖韵母情况：i：3，-i（前）：1，-i（后）：3，u：5，ü：5，a：1，ia：1，ua：1，o：2，uo：4，e：2，ie：2，üe：4，ai：4，uai：2，ei：2，uei：4，ao：4，iao：3，ou：1，iou：2，an：2，ian：4，uan：2，üan：3，en：2，in：3，uen：1，ün：2，ang：2，iang：2，uang：1，eng：4，ing：5，ong：4，iong：2，er：1。

含有5个轻声音节；儿化韵5个（tour, hair, yir, huir, yur）；上声接上声音节3对，上声接去声、阳平音节9对。

(3) 朗读：抽签选定朗读材料，从1～50号作品中选字数较少的40篇投签。

评分办法：详见2.3节。

(4) 选择、判断。

1) 从每组词中选出普通话的词语。

① 日里 日时 白天 日中 日头　② 鼻 鼻子 鼻公 鼻哥 鼻头

③ 冰箸 冰棒 雪条 冰棍儿
④ 吾爱 勿要 不要 吾要
⑤ 苍蝇 乌蝇 胡蝇 蚨蝇
⑥ 屎窖 屎坑 厕所 粪坑厝
⑦ 吹牛 吹大炮 车大炮
⑧ 银纸 纸票 钞票 铜钿 纸字
⑨ 卵糕 鸡卵糕 蛋糕
⑩ 丢失 螺脱 吾见

2）正确搭配下面的量词和名词
　　　把　　根　　棵　　条　　所
住宅　裤子　白菜　学校　竹竿　钥匙　毛巾　剪刀　柳树　冰棍儿
（例如：一条——鱼）

3）指出每组符合普通话的说法
① 给本书我。／给我一本书。／把本书我。
② 别客气，你走头先。／别客气，你走先。／别客气，你先走。
③ 他比我高。／他高过我。／他比我过高。
④ 这事我晓不得。／这事我知不道。／这事我不知道。
⑤ 你有吃过饭没有？／你吃过饭没有？

（5）说话：抽签选定题目，说4分钟。

附录B 普通话异读词审音表

说　明

该表是由国家语委、国家教委和广电部于1985年12月发布的。该表着眼于普通话词语的一些异读现象来审定读音，它继承了1963年发布的《普通话异读词三次审音总表初稿》的成果，重新审订了某些读音。到目前为止，它是关于异读词读音规范的最新的法定标准，是规范异读字读音的主要依据。

A

阿　（一）ā　~訇　~罗汉　~木林　~姨
　　（二）ē　~谀　~附　~胶　~弥陀佛
挨　（一）āi　~个　~近
　　（二）ái　~打　~说
癌 ái　（统读）
霭 ǎi　（统读）
蔼 ǎi　（统读）
隘 ài　（统读）
谙 ān　（统读）
埯 ǎn　（统读）
昂 áng　（统读）
凹 āo　（统读）
拗　（一）ào　~口
　　（二）niù　执~　脾气很~
坳 ào　（统读）

B

拔 bá　（统读）
把 bà　印~子
白 bái　（统读）
膀 bǎng　翅~

蚌　（一）bàng　蛤～
　　（二）bèng　～埠

傍 bàng　（统读）

磅 bàng　过～

龅 bāo　（统读）

胞 bāo　（统读）

薄　（一）báo（语）常单用，如"纸很～"。
　　（二）bó（文）多用于复音词。～弱　稀～　淡～　尖嘴～舌　单～　厚～

堡　（一）bǎo　碉～　～垒
　　（二）bǔ　～子　吴～　瓦窑～　柴沟～
　　（三）pù　十里～

暴　（一）bào　～露
　　（二）pù　一～（曝）十寒

爆 bào　（统读）

焙 bèi　（统读）

惫 bèi　（统读）

背 bèi　～脊　～静

鄙 bǐ　（统读）

俾 bǐ　（统读）

笔 bǐ　（统读）

比 bǐ　（统读）

臂　（一）bì　手～　～膀
　　（二）bei　胳～

庇 bì　（统读）

髀 bì　（统读）

避 bì　（统读）

辟 bì　复～

裨 bì　～补　～益

婢 bì　（统读）

痹 bì　（统读）

壁 bì　（统读）

蝙 biān　（统读）

遍 biàn　（统读）

骠　（一）biāo　黄～马
　　（二）piào　～骑　～勇

傧 bīn　（统读）
缤 bīn　（统读）
濒 bīn　（统读）
殡 bìn　（统读）
屏　（一）bǐng　～除　～弃　～气　～息
　　（二）píng　～藩　～风
柄 bǐng　（统读）
波 bō　（统读）
播 bō　（统读）
菠 bō　（统读）
剥　（一）bō（文）　～削
　　（二）bāo（语）
泊　（一）bó　淡～　飘～　停～
　　（二）pō　湖～　血～
帛 bó　（统读）
勃 bó　（统读）
饽 bó　（统读）
伯　（一）bó　～～（bo）　老～
　　（二）bǎi　大～子（丈夫的哥哥）
箔 bó　（统读）
簸　（一）bǒ　颠～
　　（二）bò　～箕
膊 bo　胳～
卜 bo　萝～
醭 bú　（统读）
哺 bǔ　（统读）
捕 bǔ　（统读）
鹁 bǔ　（统读）
埠 bù　（统读）

C

残 cán　（统读）
惭 cán　（统读）
灿 càn　（统读）
藏　（一）cáng　矿～

（二）zàng　宝~

糙 cāo　（统读）

嘈 cáo　（统读）

螬 cáo　（统读）

厕 cè　（统读）

岑 cén　（统读）

差（一）chā（文）不~累黍　不~什么　偏~　色~　~别　视~　误~　电势~一念之~　~池　~错　言~语错　一~二错　阴错阳~　~等　~额　~价　~强人意　~数　~异

　　（二）chà（语）　~不多　~不离　~点儿

　　（三）cī　参~

猹 chá　（统读）

搽 chá　（统读）

阐 chǎn　（统读）

羼 chàn　（统读）

颤（一）chàn　~动　发~

　　（二）zhàn　~栗（战栗）　打~（打战）

鞿 chàn　（统读）

伥 chāng　（统读）

场（一）chǎng　~合　~所　冷~　捧~

　　（二）cháng　外~　圩~　~院　一~雨

　　（三）chang　排~

钞 chāo　（统读）

巢 cháo　（统读）

嘲 cháo　~讽　~骂　~笑

耖 chào　（统读）

车（一）chē　安步当~　杯水~薪　闭门造~　螳臂当~

　　（二）jū　（象棋棋子名称）

晨 chén　（统读）

称 chèn　~心　~意　~职　对~　相~

撑 chēng　（统读）

乘（动作义，念 chéng）　包~制　~便　~风破浪　~客　~势　~兴

橙 chéng　（统读）

惩 chéng　（统读）

澄（一）chéng（文）　~清（如"~清混乱"、"~清问题"）

（二）dèng（语）单用，如"把水～清了"。

痴 chī　（统读）

吃 chī　（统读）

弛 chí　（统读）

褫 chǐ　（统读）

尺 chǐ　～寸　～头

豉 chǐ　（统读）

侈 chǐ　（统读）

炽 chì　（统读）

春 chōng（统读）

冲 chòng　～床　～模

臭　（一）chòu　遗～万年
　　（二）xiù　乳～　铜～

储 chǔ　（统读）

处 chǔ（动作义）　～罚　～分　～决　～理　～女　～置

畜　（一）chù（名物义）　～力　家～　牲～　幼～
　　（二）xù（动作义）　～产　～牧　～养

触 chù　（统读）

搐 chù　（统读）

绌 chù　（统读）

黜 chù　（统读）

闯 chuǎng（统读）

创　（一）chuàng　草～　～举　首～　～造　～作
　　（二）chuāng　～伤　重～

绰　（一）chuò　～～有余
　　（二）chuo　宽～

疵 cī　（统读）

雌 cí　（统读）

赐 cì　（统读）

伺 cì　～候

枞　（一）cōng　～树
　　（二）zōng　～阳〔地名〕

从 cóng　（统读）

丛 cóng　（统读）

攒 cuán　万头～动　万箭～心

脆 cuì　（统读）
撮　（一）cuō　～儿　一～儿盐　一～儿匪帮
　　（二）zuǒ　一～儿毛
措 cuò　（统读）

D

搭 dā　（统读）
答　（一）dá　报～　～复
　　（二）dā　～理　～应
打 dá　苏～　一～（12个）
大　（一）dà　～夫（古官名）　～王（如爆破～王、钢铁～王）
　　（二）dài　～夫（医生）　～黄　～王（如山～王）　～城〔地名〕
呆 dāi　（统读）
傣 dǎi　（统读）
逮　（一）dài（文）～捕
　　（二）dǎi　猫～老鼠
当　（一）dāng　～地　～间儿　～年（指过去）　～日（指过去）　～天（指过去）
～时（指过去）　螳臂～车
　　（二）dàng　一个～俩　安步～车　适～　～年（同一年）　～日（同一时候）
～天（同一天）
档 dàng　（统读）
蹈 dǎo　（统读）
导 dǎo　（统读）
倒　（一）dǎo　颠～　颠～是非　颠～黑白　颠三～四　倾箱～箧　排山～海
～板　～嚼　～仓　～嗓　～戈　潦～
　　（二）dào　～粪（把粪弄碎）
悼 dào　（统读）
纛 dào　（统读）
凳 dèng　（统读）
羝 dī　（统读）
氐 dī　〔古民族名〕
堤 dī　（统读）
提 dī　～防
的 dí　～当　～确
抵 dǐ　（统读）

蒂 dì　（统读）
缔 dì　（统读）
谛 dì　（统读）
点 diɑn　打～（收拾、贿赂）
跌 diē　（统读）
蝶 dié　（统读）
订 dìng　（统读）
都　（一）dōu　～来了
　　（二）dū　～市　首～　大～（大多）
堆 duī　（统读）
吨 dūn　（统读）
盾 dùn　（统读）
多 duō　（统读）
咄 duō　（统读）
掇　（一）duō（"拾取、采取"义）
　　（二）duo　撺～　掇～
裰 duō　（统读）
踱 duó　（统读）
度 duó　忖～　～德量力

E

婀 ē　（统读）

F

伐 fá　（统读）
阀 fá　（统读）
砝 fǎ　（统读）
法 fǎ　（统读）
发 fà　理～　脱～　结～
帆 fān　（统读）
藩 fān　（统读）
梵 fàn　（统读）
坊　（一）fāng　牌～　～巷
　　（二）fáng　粉～　磨～　碾～　染～　油～　谷～

妨 fáng （统读）

防 fáng （统读）

肪 fáng （统读）

沸 fèi （统读）

汾 fén （统读）

讽 fěng （统读）

肤 fū （统读）

敷 fū （统读）

俘 fú （统读）

浮 fú （统读）

服 fú ～毒 ～药

拂 fú （统读）

辐 fú （统读）

幅 fú （统读）

甫 fǔ （统读）

复 fù （统读）

缚 fù （统读）

G

噶 gá （统读）

冈 gāng （统读）

刚 gāng （统读）

岗 gǎng ～楼 ～哨 ～子 门～ 站～ 山～子

港 gǎng （统读）

葛 （一）gé ～藤 ～布 瓜～

　　（二）gě〔姓〕（包括单、复姓）

隔 gé （统读）

革 gé ～命 ～新 改～

合 gě （一升的十分之一）

给 （一）gěi（语）单用。

　　（二）jǐ（文） 补～ 供～ 供～制 ～予 配～ 自～自足

亘 gèn （统读）

更 gēng 五～ ～生

颈 gěng 脖～子

供 （一）gōng ～给 提～ ～销

（二）gòng　口～　翻～　上～

佝 gōu　（统读）

枸 gǒu　～杞

勾 gòu　～当

估（除"～衣"读 gù 外，都读 gū）

骨（除"～碌"、"～朵"读 gū 外，都读 gǔ）

谷 gǔ　～雨

锢 gù　（统读）

冠　（一）guān（名物义）　～心病
　　（二）guàn（动作义）　沐猴而～　～军

犷 guǎng（统读）

庋 guǐ　（统读）

桧　（一）guì〔树名〕
　　（二）huì〔人名〕"秦～"。

刽 guì　（统读）

聒 guō　（统读）

蝈 guō　（统读）

过（除姓氏读 guō 外，都读 guò）

H

虾 há　～蟆

哈　（一）hǎ　～达
　　（二）hà　～什蚂

汗 hán　可～

巷 hàng　～道

号 háo　寒～虫

和　（一）hè　唱～　附～　曲高～寡
　　（二）huo　搀～　搅～　暖～　热～　软～

貉　（一）hé（文）　一丘之～
　　（二）háo（语）　～绒　～子

壑 hè　（统读）

褐 hè　（统读）

喝 hè　～采　～道　～令　～止　呼幺～六

鹤 hè　（统读）

黑 hēi　（统读）

亨 hēng （统读）
横 （一）héng　～肉　～行霸道
　　（二）hèng　蛮～　～财
訇 hōng （统读）
虹 （一）hóng（文）　～彩　～吸
　　（二）jiàng（语）单说。
讧 hòng （统读）
囫 hú （统读）
瑚 hú （统读）
蝴 hú （统读）
桦 huà （统读）
徊 huái （统读）
踝 huái （统读）
浣 huàn （统读）
黄 huáng （统读）
荒 huang　饥～（指经济困难）
诲 huì （统读）
贿 huì （统读）
会 huì　一～儿　多～儿　～厌（生理名词）
混 hùn　～合　～乱　～凝土　～淆　～血儿　～杂
藿 huò （统读）
霍 huò （统读）
豁 huò　～亮
获 huò （统读）

J

羁 jī （统读）
击 jī （统读）
奇 jī　～数
芨 jī （统读）
缉 （一）jī　通～　侦～
　　（二）qī　～鞋口
几 jī　茶～　条～
圾 jī （统读）
戢 jí （统读）

疾 jí （统读）

汲 jí （统读）

棘 jí （统读）

藉 jí 狼～（籍）

嫉 jí （统读）

脊 jǐ （统读）

纪 （一）jǐ〔姓〕
　　（二）jì ～念　～律　纲～　～元

偈 jì ～语

绩 jì （统读）

迹 jì （统读）

寂 jì （统读）

箕 jī 簸～

辑 jí 逻～

茄 jiā 雪～

夹 jiā ～带藏掖　～道儿　～攻　～棍　～生　～杂　～竹桃　～注

浃 jiā （统读）

甲 jiǎ （统读）

歼 jiān （统读）

鞯 jiān （统读）

间 （一）jiān ～不容发　中～
　　（二）jiàn 中～儿　～道　～谍　～断　～或　～接　～距　～隙　～续　～阻　～作　挑拨离～

趼 jiǎn （统读）

俭 jiǎn （统读）

缰 jiāng （统读）

膙 jiǎng （统读）

嚼 （一）jiáo（语）　味同～蜡　咬文～字
　　（二）jué（文）　咀～　过屠门而大～
　　（三）jiào　倒～（倒嚼）

侥 jiǎo ～幸

角 （一）jiǎo 八～（大茴香）　～落　独～戏　～膜　～度　～儿（犄～）　～楼　钩心斗～　号～　口～（嘴）　鹿～菜　头～
　　（二）jué　～斗　～儿（脚色）　口～（吵嘴）　主～儿　配～儿　～力　捧～儿

脚 （一）jiǎo 根～

（二）jué　～儿（也作"角儿"，脚色）

剿　（一）jiǎo　围～

　　（二）chāo　～说　～袭

校 jiào　～勘　～样　～正

较 jiào　（统读）

酵 jiào　（统读）

嗟 jiē　（统读）

疖 jiē　（统读）

结（除"～了个果子"、"开花～果"、"～巴"、"～实"念 jiē 外，其他都念 jié）

睫 jié　（统读）

芥　（一）jiè　～菜（一般的芥菜）　～末

　　（二）gài　～菜（也作"盖菜"）　～蓝菜

矜 jīn　～持　自～　～怜

仅 jǐn　～～　绝无～有

馑 jǐn　（统读）

觐 jìn　（统读）

浸 jìn　（统读）

斤 jin　千～（起重的工具）

茎 jīng　（统读）

粳 jīng　（统读）

鲸 jīng　（统读）

境 jìng　（统读）

痉 jìng　（统读）

劲 jìng　刚～

窘 jiǒng　（统读）

究 jiū　（统读）

纠 jiū　（统读）

鞠 jū　（统读）

鞫 jū　（统读）

掬 jū　（统读）

苴 jū　（统读）

咀 jǔ　～嚼

矩　（一）jǔ　～形

　　（二）ju　规～

俱 jù　（统读）

龟 jūn　～裂（也作"皲裂"）
菌　（一）jūn　细～　病～　杆～　霉～
　　（二）jùn　香～　～子
俊 jùn（统读）

K

卡　（一）kǎ　～宾枪　～车　～介苗　～片　～通
　　（二）qiǎ　～子　关～
揩 kāi（统读）
慨 kǎi（统读）
忾 kài（统读）
勘 kān（统读）
看 kān　～管　～护　～守
慷 kāng（统读）
拷 kǎo（统读）
坷 kē　～拉（垃）
疴 kē（统读）
壳　（一）ké（语）　～儿　贝～儿　脑～　驳～枪
　　（二）qiào（文）　地～　甲～　躯～
可　（一）kě　～～儿的
　　（二）kè　～汗
恪 kè（统读）
刻 kè（统读）
克 kè　～扣
空　（一）kōng　～心砖　～城计
　　（二）kòng　～心吃药
眍 kōu（统读）
矻 kū（统读）
酷 kù（统读）
框 kuàng（统读）
矿 kuàng（统读）
傀 kuǐ（统读）
溃　（一）kuì　～烂
　　（二）huì　～脓

篑 kuì　（统读）
括 kuò　（统读）

L

垃 lā　（统读）
邋 lā　（统读）
罱 lǎn　（统读）
缆 lǎn　（统读）
蓝 lan　苤~
琅 láng　（统读）
捞 lāo　（统读）
劳 láo　（统读）
醪 láo　（统读）
烙 （一）lào　~印　~铁　~饼
　　（二）luò　炮~（古酷刑）
勒 （一）lè（文）　~逼　~令　~派　~索　悬崖~马
　　（二）lēi（语）多单用。
擂（除"~台"、"打~"读 lèi 外，都读 léi）
礌 léi　（统读）
羸 léi　（统读）
蕾 lěi　（统读）
累 （一）lèi　（辛劳义，如"受~"〔受劳~〕）
　　（二）léi　（如"~赘"）
　　（三）lěi　（牵连义，如"带~"、"~及"、"连~"、"赔~"、"牵~"、"受~"〔受牵~〕）
蠡 （一）lí　管窥~测
　　（二）lǐ　~县　范~
喱 lí　（统读）
连 lián　（统读）
敛 liǎn　（统读）
恋 liàn　（统读）
量 （一）liàng　~入为出　忖~
　　（二）liang　打~　掂~
踉 liàng　~跄
潦 liáo　~草　~倒

劣 liè　（统读）

捩 liè　（统读）

趔 liè　（统读）

拎 līn　（统读）

遴 lín　（统读）

淋（一）lín　～浴　～漓　～巴
　　（二）lìn　～硝　～盐　～病

蛉 líng　（统读）

榴 liú　（统读）

馏（一）liú（文）如"干～"、"蒸～"。
　　（二）liù（语）如"～馒头"。

镏 liú　～金

碌 liù　～碡

笼（一）lóng（名物义）　～子　牢～
　　（二）lǒng（动作义）　～络　～括　～统　～罩

偻（一）lóu　佝～
　　（二）lǚ　伛～

瞜 lou　瞘～

虏 lǔ　（统读）

掳 lǔ　（统读）

露（一）lù（文）　赤身～体　～天　～骨　～头角　藏头～尾　抛头～面　～头（矿）
　　（二）lòu（语）　～富　～苗　～光　～相　～马脚　～头

橹 lǔ　（统读）

捋（一）lǚ　～胡子
　　（二）luō　～袖子

绿（一）lǜ（语）
　　（二）lù（文）　～林　鸭～江

孪 luán　（统读）

挛 luán　（统读）

掠 lüè　（统读）

囵 lún　（统读）

络 luò　～腮胡子

落（一）luò（文）　～膘　～花生　～魄　涨～　～槽　着～
　　（二）lào（语）　～架　～色　～炕　～枕　～儿　～子（一种曲艺）
　　（三）là（语）遗落义　丢三～四　～在后面

M

脉（除"~~"念 mòmò 外，一律念 mài）

漫 màn （统读）

蔓 （一）màn（文）　~延　不~不支
　　（二）wàn（语）　瓜~　压~

牤 māng（统读）

氓 máng　流~

芒 máng（统读）

铆 mǎo（统读）

瑁 mào（统读）

虻 méng（统读）

盟 méng（统读）

祢 mí（统读）

眯 （一）mí　~了眼（灰尘等入目，也作"迷"）
　　（二）mī　~了一会儿（小睡）　~缝着眼（微微合目）

靡 （一）mí　~费
　　（二）mǐ　风~　委~　披~

秘（除"~鲁"读 bì 外，都读 mì）

泌 （一）mì（语）　分~
　　（二）bì（文）　~阳〔地名〕

娩 miǎn（统读）

缈 miǎo（统读）

皿 mǐn（统读）

闽 mǐn（统读）

茗 míng（统读）

酩 mǐng（统读）

谬 miù（统读）

摸 mō（统读）

模 （一）mó　~范　~式　~型　~糊　~特儿　~棱两可
　　（二）mú　~子　~具　~样

膜 mó（统读）

摩 mó　按~　抚~

嬷 mó（统读）

墨 mò（统读）

嚒 mò　（统读）
沫 mò　（统读）
缪 móu　绸~

N

难　（一）nán　困~（或变轻声）　~兄~弟（难得的兄弟，现多用作贬义）
　　（二）nàn　排~解纷　发~　刁~　责~　~兄~弟（共患难或同受苦难的人）
蝻 nǎn　（统读）
蛲 náo　（统读）
讷 nè　（统读）
馁 něi　（统读）
嫩 nèn　（统读）
恁 nèn　（统读）
妮 nī　（统读）
拈 niān　（统读）
鲇 nián　（统读）
酿 niàng　（统读）
尿　（一）niào　糖~症
　　（二）suī（只用于口语名词）　尿（niào）~　~脬
嗫 niè　（统读）
宁　（一）níng　安~
　　（二）nìng　~可　无~〔姓〕
忸 niǔ　（统读）
脓 nóng　（统读）
弄　（一）nòng　玩~
　　（二）lòng　~堂
暖 nuǎn　（统读）
衄 nǜ　（统读）
疟　（一）nüè（文）　~疾
　　（二）yào（语）　发~子
娜　（一）nuó　婀~　袅~
　　（二）nà〔人名〕

O

殴 ōu　（统读）

呕 ǒu （统读）

P

杷 pá （统读）
琶 pá （统读）
牌 pái （统读）
排 pǎi ～子车
迫 pǎi ～击炮
湃 pài （统读）
爿 pán （统读）
胖 pán 心广体～（～为安舒貌）
蹒 pán （统读）
畔 pàn （统读）
乓 pāng （统读）
滂 pāng （统读）
脬 pāo （统读）
胚 pēi （统读）
喷 （一）pēn ～嚏
　　（二）pèn ～香
　　（三）pen 嚏～
澎 péng （统读）
坯 pī （统读）
披 pī （统读）
匹 pǐ （统读）
僻 pì （统读）
譬 pì （统读）
片 （一）piàn ～子 唱～ 画～ 相～ 影～ ～儿会
　　（二）piān （口语一部分词）～子 ～儿 唱～儿 画～儿 相～儿 影～儿
剽 piāo （统读）
缥 piāo ～缈（飘渺）
撇 piē ～弃
聘 pìn （统读）
乒 pīng （统读）
颇 pō （统读）
剖 pōu （统读）

仆 （一）pū 前～后继
　　（二）pú ～从

扑 pū （统读）

朴 （一）pǔ 俭～　～素　～质
　　（二）pō ～刀
　　（三）pò ～硝　厚～

蹼 pǔ （统读）

瀑 pù　～布

曝 （一）pù 一～十寒
　　（二）bào ～光（摄影术语）

Q

栖 qī　两～
戚 qī （统读）
漆 qī （统读）
期 qī （统读）
蹊 qī　跷
蛴 qí （统读）
畦 qí （统读）
萁 qí （统读）
骑 qí （统读）
企 qǐ （统读）
绮 qǐ （统读）
杞 qǐ （统读）
憩 qì （统读）
洽 qià （统读）
签 qiān （统读）
潜 qián （统读）

荨 （一）qián（文）　～麻
　　（二）xún（语）　～麻疹

嵌 qiàn （统读）
欠 qian 打哈～
戕 qiāng （统读）
镪 qiāng　～水
强 （一）qiáng　～渡　～取豪夺　～制　博闻～识

（二）qiǎng　勉~　牵~　~词夺理　~迫　~颜为笑
　　（三）jiàng　倔~

襁 qiǎng （统读）
跄 qiàng （统读）
悄 （一）qiāo　~~儿的
　　（二）qiǎo　~默声儿的
橇 qiāo （统读）
翘 （一）qiào（语）　~尾巴
　　（二）qiáo（文）　~首　~楚　连~
怯 qiè （统读）
挈 qiè （统读）
趄 qie　趔~
侵 qīn （统读）
衾 qīn （统读）
噙 qín （统读）
倾 qīng （统读）
亲 qìng　~家
穹 qióng （统读）
黢 qū （统读）
曲 qū　大~　红~
渠 qú （统读）
瞿 qú （统读）
蠼 qú （统读）
苣 qǔ　~荬菜
龋 qǔ （统读）
趣 qù （统读）
雀 què　~斑　~盲症

R

髯 rán （统读）
攘 rǎng （统读）
桡 ráo （统读）
绕 rào （统读）
任 rén 〔姓，地名〕
妊 rèn （统读）

扔 rēng （统读）
容 róng （统读）
糅 róu （统读）
茹 rú （统读）
孺 rú （统读）
蠕 rú （统读）
辱 rǔ （统读）
挼 ruó （统读）

S

靸 sǎ （统读）
噻 sāi （统读）
散 （一）sǎn 懒～ 零零～～ ～漫
　　（二）sàn 零～
丧 sang 哭～着脸
扫 （一）sǎo ～兴
　　（二）sào ～帚
埽 sào （统读）
色 （一）sè （文）
　　（二）shǎi （语）
塞 （一）sè （文）动作义。
　　（二）sāi （语）名物义，如"活～"、"瓶～"；动作义，如"把洞～住"。
森 sēn （统读）
煞 （一）shā ～尾 收～
　　（二）shà ～白
啥 shá （统读）
厦 （一）shà （语）
　　（二）xià （文） ～门 噶～
杉 （一）shān （文） 紫～ 红～ 水～
　　（二）shā （语） ～篙 ～木
衫 shān （统读）
姗 shān （统读）
苫 （一）shàn （动作义，如"～布"）
　　（二）shān （名物义，如"草～子"）
墒 shāng （统读）

猞 shē （统读）
舍 shè 宿~
慑 shè （统读）
摄 shè （统读）
射 shè （统读）
谁 shéi，又音 shuí
娠 shēn （统读）
什（甚）shén ~么
蜃 shèn （统读）
葚 （一）shèn（文） 桑~
　　（二）rèn（语） 桑~儿
胜 shèng （统读）
识 shí 常~ ~货 ~字
似 shì ~的
室 shì （统读）
螫 （一）shì（文）
　　（二）zhē（语）
匙 shi 钥~
殊 shū （统读）
蔬 shū （统读）
疏 shū （统读）
叔 shū （统读）
淑 shū （统读）
菽 shū （统读）
熟 （一）shú（文）
　　（二）shóu（语）
署 shǔ （统读）
曙 shǔ （统读）
漱 shù （统读）
戍 shù （统读）
蟀 shuài （统读）
孀 shuāng（统读）
说 shuì 游~
数 shuò ~见不鲜
硕 shuò （统读）

朔 shuò　（统读）

艘 sōu　（统读）

嗾 sǒu　（统读）

速 sù　（统读）

塑 sù　（统读）

虽 suī　（统读）

绥 suí　（统读）

髓 suǐ　（统读）

遂　（一）suì　不～　毛～自荐
　　（二）suí　半身不～

隧 suì　（统读）

隼 sǔn　（统读）

莎 suō　～草

缩　（一）suō　收～
　　（二）sù　～砂密（一种植物）

嗍 suō　（统读）

索 suǒ　（统读）

T

趿 tā　（统读）

鳎 tǎ　（统读）

獭 tǎ　（统读）

沓　（一）tà　重～
　　（二）ta　疲～
　　（三）dá　一～纸

苔　（一）tái（文）
　　（二）tāi（语）

探 tàn　（统读）

涛 tāo　（统读）

悌 tì　（统读）

佻 tiāo　（统读）

调 tiáo　～皮

帖　（一）tiē　妥～　伏伏～～　俯首～耳
　　（二）tiě　请～　字～儿
　　（三）tiè　字～　碑～

听 tīng （统读）
庭 tíng （统读）
骰 tóu （统读）
凸 tū （统读）
突 tū （统读）
颓 tuí （统读）
蜕 tuì （统读）
臀 tún （统读）
唾 tuò （统读）

W

娲 wā （统读）
挖 wā （统读）
瓦 wà ～刀
喎 wāi （统读）
蜿 wān （统读）
玩 wán （统读）
惋 wǎn （统读）
脘 wǎn （统读）
往 wǎng （统读）
忘 wàng （统读）
微 wēi （统读）
巍 wēi （统读）
薇 wēi （统读）
危 wēi （统读）
韦 wéi （统读）
违 wéi （统读）
唯 wéi （统读）
圩 （一）wéi ～子
　（二）xū ～（墟）场
纬 wěi （统读）
委 wěi ～靡
伪 wěi （统读）
萎 wěi （统读）
尾 （一）wěi ～巴

（二）yǐ　马~儿

尉 wèi　~官
文 wén　（统读）
闻 wén　（统读）
紊 wěn　（统读）
喔 wō　（统读）
蜗 wō　（统读）
硪 wò　（统读）
诬 wū　（统读）
梧 wú　（统读）
牾 wǔ　（统读）
乌 wù　~拉（也作"靰鞡"）　~拉草
杌 wù　（统读）
鹜 wù　（统读）

X

夕 xī　（统读）
汐 xī　（统读）
晰 xī　（统读）
析 xī　（统读）
皙 xī　（统读）
昔 xī　（统读）
溪 xī　（统读）
悉 xī　（统读）
熄 xī　（统读）
蜥 xī　（统读）
螅 xī　（统读）
惜 xī　（统读）
锡 xī　（统读）
樨 xī　（统读）
袭 xí　（统读）
檄 xí　（统读）
峡 xiá　（统读）
暇 xiá　（统读）
吓 xià　杀鸡~猴

鲜 xiān　屡见不～　数见不～

锨 xiān　（统读）

纤 xiān　～维

涎 xián　（统读）

弦 xián　（统读）

陷 xiàn　（统读）

霰 xiàn　（统读）

向 xiàng　（统读）

相 xiàng　～机行事

淆 xiáo　（统读）

哮 xiào　（统读）

些 xiē　（统读）

颉 xié　～颃

携 xié　（统读）

偕 xié　（统读）

挟 xié　（统读）

械 xiè　（统读）

馨 xīn　（统读）

囟 xìn　（统读）

行 xíng　操～　德～　发～　品～

省 xǐng　内～　反～　～亲　不～人事

兄 xiōng　（统读）

朽 xiǔ　（统读）

宿 xiù　星～　二十八～

煦 xù　（统读）

蓿 xu　苜～

癣 xuǎn　（统读）

削　（一）xuē（文）　剥～　～减　瘦～
　　（二）xiāo（语）　切～　～铅笔　～球

穴 xué　（统读）

学 xué　（统读）

雪 xuě　（统读）

血　（一）xuè（文）用于复音词及成语，如"贫～"、"心～"、"呕心沥～"、"～泪史"、"狗～喷头"等。

（二）xiě（语）口语多单用，如"流了点儿～"及几个口语常用词，如"鸡～"、"～晕"、"～块子"等。

谑 xuè　（统读）
寻 xún　（统读）
驯 xùn　（统读）
逊 xùn　（统读）
熏 xùn　煤气～着了
徇 xùn　（统读）
殉 xùn　（统读）
蕈 xùn　（统读）

Y

押 yā　（统读）
崖 yá　（统读）
哑 yǎ　～然失笑
亚 yà　（统读）
殷 yān　～红
芫 yán　～荽
筵 yán　（统读）
沿 yán　（统读）
焰 yàn　（统读）
夭 yāo　（统读）
肴 yáo　（统读）
杳 yǎo　（统读）
窈 yǎo　（统读）
钥　（一）yào（语）　～匙
　　（二）yuè（文）　锁～
曜 yào　（统读）
耀 yào　（统读）
椰 yē　（统读）
噎 yē　（统读）
叶 yè　～公好龙
曳 yè　弃甲～兵　摇～　～光弹
屹 yì　（统读）
轶 yì　（统读）

谊 yì　（统读）
懿 yì　（统读）
诣 yì　（统读）
艾 yì　　自怨自～
荫 yìn　（统读）（"树～"、"林～道"应作"树荫"、"林荫道"）
应　（一）yīng　～届　～名儿　～许　提出的条件他都～了　是我～下来的任务
　　（二）yìng　～承　～付　～声　～时　～验　～邀　～用　～运　～征　里～外合
萦 yíng　（统读）
映 yìng　（统读）
佣 yōng　～工
庸 yōng　（统读）
雍 yōng　（统读）
壅 yōng　（统读）
拥 yōng　（统读）
踊 yǒng　（统读）
咏 yǒng　（统读）
泳 yǒng　（统读）
莠 yǒu　（统读）
愚 yú　（统读）
娱 yú　（统读）
愉 yú　（统读）
伛 yǔ　（统读）
屿 yǔ　（统读）
吁 yù　　呼～
跃 yuè　（统读）
晕　（一）yūn　～倒　头～
　　（二）yùn　月～　血～　～车
酝 yùn　（统读）

Z

匝 zā　（统读）
杂 zá　（统读）
载　（一）zǎi　登～　记～
　　（二）zài　搭～　怨声～道　重～　装～　～歌～舞

簪 zān （统读）

咱 zán （统读）

暂 zàn （统读）

凿 záo （统读）

择 （一）zé 选～

　　 （二）zhái 　～不开　～菜　～席

贼 zéi （统读）

憎 zēng （统读）

甑 zèng （统读）

喳 zhā 　唧唧～～

轧（除"～钢"、"～辊"念 zhá 外，其他都念 yà）（gá 为方言，不审）

摘 zhāi （统读）

粘 zhān 　～贴

涨 zhǎng 　～落　高～

着 （一）zháo 　～慌　～急　～家　～凉　～忙　～迷　～水　～雨

　　 （二）zhuó 　～落　～手　～眼　～意　～重　不～边际

　　 （三）zhāo 　失～

沼 zhǎo （统读）

召 zhào （统读）

遮 zhē （统读）

蛰 zhé （统读）

辙 zhé （统读）

贞 zhēn （统读）

侦 zhēn （统读）

帧 zhēn （统读）

胗 zhēn （统读）

枕 zhěn （统读）

诊 zhěn （统读）

振 zhèn （统读）

知 zhī （统读）

织 zhī （统读）

脂 zhī （统读）

植 zhí （统读）

殖 （一）zhí 　繁～　生～　～民

　　 （二）shi 　骨～

指 zhǐ （统读）

掷 zhì （统读）

质 zhì （统读）

蛭 zhì （统读）

秩 zhì （统读）

栉 zhì （统读）

炙 zhì （统读）

中 zhōng 人～（人口上唇当中处）

种 zhòng 点～（义同"点播"。动宾结构念 diǎn zhǒng，义为点播种子）

诌 zhōu （统读）

骤 zhòu （统读）

轴 zhóu 大～子戏 压～子

碡 zhou 碌～

烛 zhú （统读）

逐 zhú （统读）

属 zhǔ ～望

筑 zhù （统读）

著 zhù 土～

转 zhuǎn 运～

撞 zhuàng（统读）

幢 （一）zhuàng 一～楼房

　　（二）chuáng 经～（佛教所设刻有经咒的石柱）

拙 zhuō （统读）

茁 zhuó （统读）

灼 zhuó （统读）

卓 zhuó （统读）

综 zōng ～合

纵 zòng （统读）

粽 zòng （统读）

镞 zú （统读）

组 zǔ （统读）

钻 （一）zuān ～探 ～孔

　　（二）zuàn ～床 ～杆 ～具

佐 zuǒ （统读）

唑 zuò （统读）

柞　（一）zuò　～蚕　～绸
　　（二）zhà　～水（在陕西）
做 zuò　（统读）
作（除"～坊"读 zuō 外，其余都读 zuò）

附录 C 常用多音字表

A 部

1. 阿① ā 阿罗汉 阿姨　　　　　　② ē 阿附 阿胶
2. 挨① āi 挨个 挨近　　　　　　② ái 挨打 挨说
3. 拗① ào 拗口　　　　　　　　　② niù 执拗

B 部

1. 扒① bā 扒开 扒拉　　　　　　② pá 扒手 扒草
2. 把① bǎ 把握 把持 把柄　　　② bà 印把 刀把 话把儿
3. 蚌① bàng 蛤蚌　　　　　　　　② bèng 蚌埠
4. 薄① báo（口语单用） 纸薄　　　② bó（书面组词） 单薄 稀薄
5. 堡① bǎo 碉堡 堡垒　　　　　　② bǔ 瓦窑堡 吴堡　　　③ pù 十里堡
6. 暴① bào 暴露　　　　　　　　　② pù 一暴十寒
7. 背① bèi 脊背 背景　　　　　　② bēi 背包 背枪
8. 奔① bēn 奔跑 奔波　　　　　　② bèn 投奔
9. 臂① bì 手臂 臂膀　　　　　　② bei 胳臂
10. 辟① bì 复辟　　　　　　　　　② pì 开辟
11. 扁① biǎn 扁担　　　　　　　　② piān 扁舟
12. 便① biàn 方便　　　　　　　　② pián 便宜
13. 骠① biāo 黄骠马　　　　　　　② piào 骠勇
14. 屏① bīng 屏营　　　　　　　　② bǐng 屏息 屏气
    ③ píng 屏幕 屏风
15. 剥① bō（书面组词）剥削（xuē） ② bāo（口语单用） 剥皮
16. 泊① bó 淡泊 停泊 漂泊　　　② pō 湖泊 血泊
17. 伯① bó 老伯 伯父　　　　　　② bǎi 大伯子（夫兄）
18. 簸① bǒ 颠簸　　　　　　　　　② bò 簸箕
19. 膊① bó 赤膊　　　　　　　　　② bo 胳膊
20. 卜① bo 萝卜　　　　　　　　　② bǔ 占卜

C 部

1. 藏① cáng 矿藏　　　　　　　　② zàng 宝藏
2. 差① chā（书面组词）偏差　差错　② chà（口语单用）差点儿　③ shā 刹车
3. 禅① chán 禅师　　　　　　　　② shàn 禅让　封禅
4. 颤① chàn 颤动　颤抖　　　　　② zhàn 颤栗　打颤
5. 场① cháng 场院　一场（雨）　② chǎng 场合　冷场　场面　场地
6. 嘲① cháo 嘲讽　嘲笑　　　　　② zhāo 嘲哳（zhāo zhā）
7. 车① chē 车马　车辆　　　　　② jū（象棋子名称）
8. 称① chèn 称心　对称　　　　　② chēng 称呼　称道
9. 澄① chéng（书面）澄清（问题）② dèng（口语）澄清（使液体变清）
10. 匙① chí 汤匙　　　　　　　　② shi 钥匙
11. 冲① chōng 冲锋　冲击　　　　② chòng 冲床　冲子
12. 臭① chòu 遗臭万年　　　　　　② xiù 乳臭　铜臭
13. 处① chǔ（动作义）处罚　处置　② chù（名词义）处所　妙处
14. 畜① chù（名物义）畜牲　　　　② xù（动作义）畜养　畜牧
15. 创① chuàng 创作　创造　　　　② chuāng 重创　创伤
16. 绰① chuò 绰绰有余　　　　　　② chuo 宽绰
17. 伺① cì 伺候　　　　　　　　　② sì 伺机　环伺
18. 枞① cōng 枞树　　　　　　　　② zōng 枞阳（地名）
19. 攒① cuán 攒动　攒射　　　　　② zǎn 积攒
20. 撮① cuō 一撮儿盐　　　　　　② zuǒ 一撮毛

D 部

1. 答① dā 答理　答应　答腔　　　② dá 答案　答复　答卷
2. 大① dà 大夫（官名）　　　　　② dài 大夫（医生）　山大王
3. 逮① dǎi（口语单用）逮蚊子　逮小偷
　　② dài（书面组词）逮捕
4. 单① dān 单独　孤单　　　　　　② chán 单于　　　　　　　③ shàn 单县　单姓
5. 当① dāng 当场　当今　当时　当年（均指已过去）　当日（当初）
　　② dàng 当日（当天）　当年（同一年）　当真
6. 倒① dǎo 颠倒　倒戈　倒嚼　　　② dào 倒粪　倒药　倒退
7. 提① dī 提防　提溜　　　　　　② tí 提高　提取
8. 得① dé 得意扬扬　　　　　　　② de 好得很　　　　　　　③ děi 得喝水了
9. 的① dí 的当　的确　　　　　　② dì 目的　中的

10. 都① dōu 都来了　　　　　　② dū 都市　大都（大多）
11. 掇① duō 采掇（拾取、采取义）　② duo 撺掇　掂掇
12. 度① duó 忖度　揣度　　　　② dù 程度　度量
13. 囤① dùn 粮囤　　　　　　　② tún 囤积

F 部

1. 发① fà 理发　结发　　　　② fā 发表　打发
2. 坊① fāng 牌坊　坊巷　　　② fáng 粉坊　染坊
3. 分① fēn 区分　分数　　　　② fèn 身份　分子（一员）
4. 缝① féng 缝合　　　　　　② fèng 缝隙
5. 服① fú 服毒　服药　　　　② fù 量词，也作"付"

G 部

1. 杆① gān 旗杆　栏杆（粗、长）　② gǎn 枪杆　烟杆（细、短）
2. 葛① gé 葛巾　瓜葛　　　　② gě（姓氏）
3. 革① gé 革命　皮革　　　　② jí 病革
4. 合① gě（十分之一升）　　　② hé 合作　合计
5. 给① gěi（口语单用）　给……　② jǐ（书面组词）补给、配给
6. 更① gēng 更换　更事　　　② gèng 更加　更好
7. 颈① jǐng 颈项　颈联　　　② gěng 脖颈子
8. 供① gōng 供给　供销　　　② gòng 口供　上供
9. 枸① gōu 枸橘　　　　　　② gǒu 枸杞　　　　　③ jǔ 枸橼
10. 估① gū 估计　估量　　　　② gù 估衣（唯一例词）
11. 呱① gū 呱呱　　　　　　② guā 呱呱叫　　　　③ guǎ 拉呱儿
12. 骨① gū 骨碌　骨朵（仅此二例）　② gǔ 骨肉　骨干
13. 谷① gǔ 谷子　谷雨　　　② yù 吐谷浑（族名）
14. 冠① guān（名物义）加冠　弹冠　② guàn（动作义）冠军　沐猴而冠
15. 桧① guì（树名）　　　　　② huì（人名）
16. 过① guō（姓氏）　　　　　② guò 经过

H 部

1. 蛤① há 虾蟆　　　　　　② xiā 对虾
2. 哈① hǎ 哈达　姓哈　　　② hà 哈什玛　　　　③ hā 哈萨克　哈腰
3. 汗① hán 可汗　大汗　　　② hàn 汗水　汗颜
4. 巷① hàng 巷道　　　　　② xiàng 街巷

5. 吭① háng 引吭高歌　　　　　　　② kēng 吭声
6. 号① háo 呼号　号叫　　　　　　② hào 称号　号召
7. 和① hé 和睦　和谐　　　　　　② hè 应和　和诗
　　③ hú 麻将牌戏用语，意为赢　　④ huó 和面　和泥
　　⑤ huò 和药　两和（量词）　　⑥ huo 掺和　搅和
8. 貉① hé（书面）一丘之貉　　　　② háo（口语）貉绒　貉子
9. 喝① hē 喝水　　　　　　　　　② hè 喝彩　喝令
10. 横① héng 横行　纵横　　　　　② hèng 蛮横　横财
11. 虹① hóng（书面组词）彩虹　虹吸　② jiàng（口语单用）
12. 划① huá 划船　划算　　　　　　② huà 划分　计划
13. 晃① huǎng 明晃晃　晃眼　　　　② huàng 摇晃　晃动
14. 会① huì 会合　都会　　　　　　② kuài 会计　财会
15. 混① hún 混浊　混活　　　　　　② hùn 混合　混沌
16. 哄① hōng 哄堂　　　　　　　　② hǒng 哄骗　　　　　　③ hòng 起哄
17. 豁① huō 豁口　　　　　　　　　② huò 豁亮　豁达

J 部

1. 奇① jī 奇偶　　　　　　　　　② qí 奇怪　奇异
2. 缉① jī 通缉　缉拿　　　　　　② qī 缉鞋口
3. 几① jī 茶几　几案　　　　　　② jǐ 几何　几个
4. 济① jǐ 济宁　济济　　　　　　② jì 救济　共济
5. 纪① jǐ 姓氏　　　　　　　　　② jì 纪念　纪律
6. 偈① jì 偈语　　　　　　　　　② jié（勇武）
7. 系① jì 系紧缰绳　系好缆绳　　② xì 系好马匹　系好船只
8. 茄① jiā 雪茄　　　　　　　　　② qié 茄子
9. 夹① jiā 夹攻　夹杂　　　　　　② jiá 夹裤　夹袄
10. 假① jiǎ 真假、假借　　　　　　② jià 假期　假日
11. 间① jiān 中间　晚间　　　　　② jiàn 间断　间谍
12. 将① jiāng 将军　将来　　　　　② jiàng 将校　将兵
13. 嚼① jiáo（口语）嚼舌　　　　　② jué（书面）咀嚼
14. 侥① jiǎo 侥幸　　　　　　　　② yáo 僬侥（传说中的矮人）
15. 角① jiǎo 角落　号角　口角（嘴角）　② jué 角色　角斗　口角（吵嘴）
16. 脚① jiǎo 根脚　脚本　　　　　② jué 脚儿（角儿，脚色）
17. 剿① jiǎo 围剿　剿匪　　　　　② chāo 剿袭　剿说
18. 教① jiāo 教书　教给　　　　　② jiào 教导　教派

19. 校① jiào 校场　校勘　　　　　　② xiào 学校　院校
20. 解① jiě 解除　解渴　　　　　　② jiè 解元　押解
　　③ xiè 解县　解不开
21. 结① jiē 结果　结实　　　　　　② jié 结网　结合
22. 芥① jiè 芥菜　芥末　　　　　　② gài 芥蓝
23. 藉① jiè 枕藉　慰藉　　　　　　② jí 狼藉
24. 矜① jīn 矜夸　矜持　　　　　　② qín 矜（矛柄）　锄镰棘矜
25. 仅① jǐn 仅有　　　　　　　　　② jìn 仅万（将近）
26. 劲① jìn 干劲　劲头　　　　　　② jìng 强劲　劲草
27. 龟① jūn 龟裂　　　　　　　　　② guī 乌龟　　　　　　　③ qiū 龟兹
28. 咀① jǔ 咀嚼　　　　　　　　　② zuǐ 嘴
29. 矩① jǔ 矩形　　　　　　　　　② ju 规矩
30. 菌① jūn 细菌　霉菌　　　　　　② jùn 香菌　菌子（同蕈 xùn）

K 部

1. 卡① kǎ 卡车　卡片　　　　　　② qiǎ 关卡　卡子
2. 看① kān 看守　看管　　　　　　② kàn 看待　看茶
3. 坷① kē 坷垃　　　　　　　　　② kě 坎坷
4. 壳① ké（口语）贝壳　脑壳　　　② qiào（书面）地壳　甲壳　躯壳
5. 可① kě 可恨　可以　　　　　　② kè 可汗
6. 克① kè 克扣　克服　　　　　　② kēi（口语，同"剋"）
7. 空① kōng 领空　空洞　　　　　② kòng 空白　空闲
8. 溃① kuì 溃决　溃败　　　　　　② huì 溃脓

L 部

1. 蓝① lán 蓝草　蓝图　　　　　　② lan 苤蓝（piě lan）
2. 烙① lào 烙印　烙铁　　　　　　② luò 炮（páo）烙
3. 勒① lè（书面组词）勒令　勒索　② lēi（口语单用）勒紧点儿
4. 擂① léi 擂鼓　　　　　　　　　② lèi 擂台　打擂（仅此二词）
5. 累① lèi（受劳义）劳累　　　　② léi（多余义）累赘
　　③ lěi（牵连义）牵累
6. 蠡① lí 管窥蠡测　　　　　　　② lǐ 蠡县
7. 俩① liǎ（口语，不带量词）咱俩　俩人
　　② liǎng 伎俩
8. 量① liáng 丈量　计量　　　　　② liàng 量入为出

③ liang 打量　掂量

9. 踉 ① liáng 踉踉（跳跃）　　　　　② liàng 踉跄（走路不稳）
10. 潦 ① liáo 潦草　潦倒　　　　　② lǎo（书面）积潦（积水）
11. 淋 ① lín 淋浴　淋漓　　　　　　② lìn 淋硝　淋盐
12. 馏 ① liú 蒸馏　　　　　　　　② liù（口语单用）馏饭
13. 镏 ① liú 镏金（涂金）　　　　　② liù 金镏（金戒）
14. 碌 ① liù 碌碡　　　　　　　　② lù 庸碌　劳碌
15. 笼 ① lóng（名物义）笼子、牢笼　② lǒng（动作义）笼络　笼统
16. 偻 ① lóu 佝偻　　　　　　　　② lǚ 伛偻
17. 露 ① lù（书面）露天　露骨　　　② lòu（口语）露头　露马脚
18. 捋 ① lǚ 捋胡子　　　　　　　　② luō 捋袖子
19. 绿 ① lǜ（口语）绿地　绿菌　　　② lù（书面）绿林　鸭绿江
20. 络 ① luò 络绎　经络　　　　　② lào 络子
21. 落 ① luò（书面组词）落魄　着落　② lào（常用口语）落枕　落色
     ③ là（遗落义）丢三落四　落下

M 部

1. 脉 ① mò 脉脉（仅此一例）　　　② mài 脉络　山脉
2. 埋 ① mái 埋伏　埋藏　　　　　② mán 埋怨
3. 蔓 ① màn（书面）蔓延　枝蔓　　② wàn（口语）瓜蔓　压蔓
4. 氓 ① máng 流氓　　　　　　　② méng（古指百姓）
5. 蒙 ① mēng 蒙骗　　　　　　　② méng 蒙昧　　　　　③ měng 蒙古
6. 眯 ① mí 眯眼（迷眼）　　　　　② mī 眯眼（合眼）
7. 靡 ① mí 靡费　奢靡　　　　　　② mǐ 萎靡　披靡
8. 秘 ① bì 秘鲁　秘姓　　　　　　② mì 秘密　秘诀
9. 泌 ① mì（口语）分泌　　　　　② bì（书面）泌阳
10. 模 ① mó 模范　模型　　　　　② mú 模具　模样
11. 摩 ① mó 摩擦　摩挲（用手抚摸）② mā 摩挲（sa）（轻按着并移动）
12. 缪 ① móu 绸缪　　　　　　　② miù 纰缪　　　　　③ miào 缪姓

N 部

1. 难 ① nán 困难　难兄难弟（贬义）② nàn 责难　难兄难弟（共患难的人）
2. 宁 ① níng 安宁　宁静　　　　　② nìng 宁可　宁姓
3. 弄 ① nòng 玩弄　　　　　　　② lòng 弄堂
4. 疟 ① nüè（书面）疟疾　　　　② yào（口语）发疟子

5. 娜① nuó 袅娜 婀娜　　　　　② nà（用于人名）安娜

P 部

1. 排① pái 排除 排行　　　　　② pǎi 排车
2. 迫① pǎi 迫击炮　　　　　　　② pò 逼迫
3. 胖① pán 心广体胖　　　　　　② pàng 肥胖
4. 刨① páo 刨除 刨土　　　　　② bào 刨床 刨冰
5. 炮① páo 炮制 炮格（烙）　　② pào 火炮 高炮
6. 喷① pēn 喷射 喷泉　　　　　② pèn 喷香
7. 片① piàn 影片儿　　　　　　　② piān 唱片儿
8. 缥① piāo 缥缈　　　　　　　　② piǎo 缥（青白色丝织品）
9. 撇① piē 撇开 撇弃　　　　　② piě 撇嘴 撇置脑后
10. 仆① pū 前仆后继　　　　　　② pú 仆从
11. 朴① pǔ 俭朴 朴质　　　　　② pō 朴刀
　　③ pò 厚朴 朴树　　　　　④ piáo 朴姓
12. 瀑① pù 瀑布　　　　　　　　② bào 瀑河（水名）
13. 曝① pù 一曝十寒　　　　　　② bào 曝光

Q 部

1. 栖① qī 两栖 栖息　　　　　② xī 栖栖
2. 蹊① qī 蹊跷　　　　　　　　② xī 蹊径
3. 稽① qí 稽首　　　　　　　　② jī 滑稽
4. 荨① qián（书面）荨麻　　　　② xún（口语）荨麻疹
5. 欠① qiàn 欠缺 欠债　　　　② qian 呵欠
6. 镪① qiāng 镪水　　　　　　　② qiǎng 银镪
7. 强① qiáng 强渡 强取 强制　② qiǎng 勉强 强迫 强词夺理　③ jiàng 倔强
8. 悄① qiāo 悄悄儿的 悄悄话　② qiǎo 悄然 悄寂
9. 翘① qiào（口语）翘尾巴　　　② qiáo 翘首 连翘
10. 切① qiē 切磋 切割　　　　② qiè 急切 切实
11. 趄① qiè 趄坡儿　　　　　　② qie 趔趄　　　　　　　　　③ jū 趑趄
12. 亲① qīn 亲近 亲密　　　　② qìng 亲家
13. 曲① qū 神曲 大曲 弯曲　　② qǔ 曲调 曲艺 曲牌
14. 雀① qiāo 雀子　　　　　　　② qiǎo 雀盲眼
　　③ què 雀斑 雀跃 麻雀

R 部

任① rén 任丘（地名） 任（姓）　　② rèn 任务 任命

S 部

1. 散① sǎn 懒散 零散（不集中）　　② sàn 散布 散失
2. 丧① sāng 丧服 丧乱 丧事 丧钟　　② sàng 丧失 丧权　　③ sang 哭丧着脸
3. 色① sè（书面）色彩 色泽　　② shǎi（口语）落色、颜色
4. 塞① sè（书面，动作义）堵塞 阻塞
   ② sāi（口语，名动义）活塞 塞车
   ③ sài 塞翁失马 边塞 塞外
5. 煞① shā 煞尾 收煞　　② shà 煞白 恶煞
6. 厦① shà 广厦 大厦　　② xià 厦门 噶厦
7. 杉① shān（书面）红杉、水杉　　② shā（口语）杉篙、杉木
8. 苫① shàn（动作义）苫屋草　　② shān（名物义）草苫子
9. 折① shé 折本　　② zhē 折腾　　③ zhé 折合
10. 舍① shě 舍弃 抛舍　　② shè 校舍 退避三舍
11. 什① shén 什么　　② shí 什物 什锦
12. 葚① shèn（书面）桑葚　　② rèn（口语）桑葚儿
13. 识① shí 识别 识字　　② zhì 标识 博闻强识
14. 似① shì 似的　　② sì 相似
15. 熟① shóu（口语）庄稼熟了 饭熟了
    ② shú 熟悉 熟谙 熟稔 熟思 熟习
16. 说① shuì 游说 说客　　② shuō 说话 说辞
17. 数① shuò 数见不鲜　　② shǔ 数落 数数（shù）
    ③ shù 数字 数目
18. 遂① suí 不遂 毛遂　　② suì 半身不遂
19. 缩① suō 缩小 收缩　　② sù 缩砂（植物名）

T 部

1. 沓① tà 杂沓 复沓 纷至沓来　　② dá 沓子
2. 苔① tái（书面）苍苔 苔藓　　② tāi（口语）青苔 舌苔
3. 调① tiáo 调皮 调配（调和配合）　　② diào 调换 调配（调动分配）
4. 帖① tiē 妥帖 伏帖　　② tiě 帖子
   ③ tiè 碑帖 法帖 习字帖 画帖

5. 吐① tǔ 谈吐 吐露 吐字　　　② tù 吐沫 吐血 吐沫
6. 拓① tuò 拓荒 拓宽　　　　② tà 拓本 拓片

W 部

1. 瓦① wǎ 瓦当 瓦蓝 砖瓦　　② wà 瓦刀 瓦屋瓦（wǎ）
2. 圩① wéi 圩子　　　　　　② xū 圩场
3. 委① wēi 委蛇=逶迤　　　② wěi 委曲（qū） 委屈（qu）
4. 尾① wěi 尾巴　　　　　　② yǐ 马尾
5. 尉① wèi 尉官 尉姓　　　② yù 尉迟（姓） 尉犁（地名）
6. 乌① wū 乌黑 乌拉（la，藏奴劳役）② wù 乌拉（la，草名）

X 部

1. 吓① xià 吓唬 吓人　　　② hè 威吓 恐吓
2. 鲜① xiān 鲜美 鲜明　　　② xiǎn 鲜见 鲜为人知
3. 纤① xiān 纤长 纤毫　　　② qiàn 纤夫 纤绳 纤手（仅此三词）
4. 相① xiāng 相当 相反　　　② xiàng 相册 相片 相机
5. 行① xíng 举行 发行　　　② háng 行市 行伍
　　③ hàng 树行子　　　　　④ héng 道行
6. 省① xǐng 反省 省亲　　　② shěng 省份 省略
7. 宿① xiù 星宿 二十八宿　② xiǔ 半宿（用以计夜）　③ sù 宿舍 宿主
8. 削① xuē（书面） 剥削 瘦削　② xiāo（口语） 切削 削皮
9. 血① xuè（书面组词） 贫血 心血　② xiě（口语常用） 鸡血 流了点血
10. 熏① xūn 熏染 熏陶　　　② xùn 被煤气熏着了（中毒）

Y 部

1. 哑① yā 哑哑（象声词）的学语　② yǎ 哑然 哑场
2. 殷① yān 殷红　　　　　　② yīn 殷实 殷切 殷朝
　　③ yǐn 殷殷（象声词，形容雷声）
3. 咽① yān 咽喉　　　　　　② yàn 狼吞虎咽　　　③ yè 呜咽
4. 钥① yào（口语） 钥匙　　② yuè（书面） 锁钥
5. 叶① yè 叶落归根　　　　② xié 叶韵（和谐义）
6. 艾① yì 自怨自艾 惩艾　　② ài 方兴未艾 艾草
7. 应① yīng 应届 应许　　　② yìng 应付 应承
8. 佣① yōng 雇佣 佣工　　　② yòng 佣金 佣钱
9. 熨① yù 熨帖　　　　　　② yùn 熨烫

10. 与① yǔ 赠与　　　　　　　　　② yù 参与
11. 吁① yù 呼吁　吁求　　　　　② yū 吃喝牲口（象形词）
　　　③ xū 长吁短叹　气喘吁吁
12. 晕① yūn 晕倒　头晕　　　　　② yùn 月晕　晕车

Z 部

1. 载① zǎi 登载　转载　千载难逢　② zài 装载　载运　载歌载舞
2. 择① zé 选择　抉择　　　　　　② zhái 择菜　择席　择不开（仅此三词）
3. 扎① zhá 挣扎　　　　　　　　② zhā 扎根　扎实
　　　③ zā 扎彩（捆束义）　一扎啤酒
4. 轧① zhá 轧钢　轧辊（挤制义）　② yà 倾轧　轧花　轧场（碾压义）
5. 粘① zhān（动词义）粘贴　粘连　② nián（形容词）粘稠　粘土
6. 涨① zhǎng 涨落　高涨　　　　　② zhàng 泡涨　脑涨
7. 着① zháo 着急　着迷　着凉　　② zhuó 着落　着重　着手
　　　③ zhāo 失着　着数　高着（招）
8. 正① zhēng 正月　正旦　　　　　② zhèng 正常　正旦（戏中称女主角）
9. 殖① zhí 繁殖　殖民　　　　　　② shi 骨殖
10. 中① zhōng 中国　人中（穴位）　② zhòng 中奖　中靶
11. 种① zhǒng 种类　种族　点种　　② zhòng 耕种　种植　点种（播种）
12. 轴① zhóu 画轴　轮轴　　　　　② zhòu 大轴戏　压轴戏
13. 属① zhǔ 属望　属文　属意　　　② shǔ 种属　亲属
14. 著① zhù 著名　著述　　　　　　② zhe（同"着"，助词）
　　　③ zhuó（同"着"）动词，穿著　附著
15. 转① zhuǎn 转运　转折　　　　　② zhuàn 转动　转速
16. 幢① zhuàng 一幢楼房　　　　　② chuáng 经幢
17. 综① zèng（织机零件之一）　　 ② zōng 综合　错综
18. 钻① zuān 钻探　钻孔　　　　　② zuàn 钻床　钻杆
19. 柞① zuò 柞蚕　柞绸　　　　　　② zhà 柞水（地名）
20. 作① zuō 作坊　铜器作　　　　　② zuò 工作　习作

参考文献

[1] 孟广智．普通话水平测试指南．哈尔滨：黑龙江教育出版社，2003．
[2] 胡习之．普通话学习与水平测试教程．北京：清华大学出版社，2007．
[3] 马显彬．普通话训练教程．广州：暨南大学出版社，2007．
[4] 朱道明．普通话教程．武汉：华中师范大学出版社，2006．
[5] 王宇红．朗读技巧．北京：中国广播电视出版社，2002．
[6] 宋新桥．普通话语音训练教程．北京：商务印书馆，2005．
[7] 杜青．普通话语音学教程．北京：中国广播电视出版社，2005．